南京大学奥美文创丛书

# 2016 中国数字营销蓝皮书

郑丽勇　陈徐彬◎主编

南京大学奥美创意研究院
中国商务广告协会数字营销研究中心
《数字营销》杂志社
联合出品

中国财富出版社

**图书在版编目（CIP）数据**

2016中国数字营销蓝皮书／郑丽勇，陈徐彬主编．—北京：中国财富出版社，2017.5

（南京大学奥美文创丛书）

ISBN 978－7－5047－6479－9

Ⅰ.①2… Ⅱ.①郑… ②陈… Ⅲ.①网络营销—研究报告—中国—2016 Ⅳ.①F724.6

中国版本图书馆CIP数据核字（2017）第095320号

**策划编辑** 刘 晗　**责任编辑** 梁 凡
**责任印制** 何崇杭 石 雷　**责任校对** 孙会香 张营营　**责任发行** 董 倩

---

**出版发行** 中国财富出版社
**社　　址** 北京市丰台区南四环西路188号5区20楼　**邮政编码** 100070
**电　　话** 010－52227588转2048/2028（发行部）　010－52227588转307（总编室）
010－68589540（读者服务部）　010－52227588转305（质检部）
**网　　址** http://www.cfpress.com.cn
**经　　销** 新华书店
**印　　刷** 北京京都六环印刷厂
**书　　号** ISBN 978－7－5047－6479－9/F·2748
**开　　本** 710mm×1000mm 1/16　**版　　次** 2017年5月第1版
**印　　张** 14.25　**印　　次** 2017年5月第1次印刷
**字　　数** 248千字　**定　　价** 58.00元

---

# 《2016中国数字营销蓝皮书》
# 编辑委员会

# 前　言

从全球角度观察，本轮以互联网技术为代表的科技驱动的新经济发展已经到了新的高度，这集中反映在两个方面。首先，数字经济的规模与其在国民经济中的份额达到了一个相当的水平，不论是发达国家还是新兴国家，数字经济在推动经济增长、国民就业和产业升级上都起到了核心的作用。在此过程中，整个社会信息基础设施及在此之上的治理规制都从根本上改变了经济运行的范式和模式。其次，数字经济早已超出狭义的互联网基础产业和技术应用（如互联网媒体、广告和电子商务），进而成为几乎全部产业、行业和企业进化的方向，特别是移动互联网、物联网、大数据、云、人工智能等技术日益商业化和产品化，这使传统实体经济的供应链、价值链、营销链和服务链都产生了变化，并同时催生了新的市场和服务，使其快速成长。

中国的广告与营销作为服务于社会经济和市场的服务性智慧行业，是最早应用互联网技术并深化其价值与作用的行业。经过近 20 年的探索、实践和发展，目前已经进入一个新的阶段。我们认为 2016 年是中国广告营销行业初步完成数字化转型的元年，因为在这一年中国数字营销市场规模占比超过整个广告市场的 50% ，这还没有包括更宽泛意义上的区域性的数字营销活动（含线上线下结合）、企业基于互联网应用或平台展开的针对自身业务的广告营销推广。这一结果也标志着中国数字营销的发展动能彻底摆脱了从传统广告营销存量市场获得份额发展的模式，进而发展为通过新技术能力实现对全地域、全行业、全客群、全时段和全场景的广告营销增量市场的挖掘、发现而获得持续增长。

纵观 2016 年，中国数字营销行业从市场环境、技术手段、商业模式和参与主体等多方面都发生着深刻的变化。首先是行业环境，一系列信息基础设施的完善和法规、政策的颁布增强了行业转换转化的能力，并降低了广告市场交易成本；同时，整体媒体和创意市场中的内容供给量、渠道规模也得到了极大增长，这进一步提升了市场供需双方的选择性和竞争性，从而在根本上改变了广告代理公司的核心地位。其次是技术手段，我们注意到除去“较为传统”的数字营销方式之外（如搜索、视频、社交、游戏等），新的数字营销方式在快速增长（如自媒体、个人直播），数字营销已经能较好地覆盖信息交流、商务沟通、娱乐生活和个人消费服务四大领域；在传统 DSP（需求方平台）和 LBS（基于移动位置服务）等技术方法之外，新的基于 big data（大数据）、AI（人工智能）的营销技术应用等方面也有了精确性、个性化、有效性的提升。在商业模式方面，广告与营销服务依旧是目前互联网企业（包括创新创业企业）最重要的收入模式和盈利模式；从行业市场的趋势来看，未来几年数字营销的广告模式将依旧保持较高的增长水平，并且我们认为，如何将数字营销与互联网日益增长的内容市场进行更有效的连接将是一个值得持续关注的方向。

马旗戟

2017 年 3 月 27 日

# 目 录

2016 中国数字营销蓝皮书

# 第一章 概 述

过去几十年时间里，随着云计算、大数据等信息技术的飞速发展，数字经济爆发出前所未有的活力和能量，在世界经济发展中的引领和主导作用也不断增强。当前，数字经济正在以每年10%的增长速度发展，是全球经济增速的三倍以上，世界各主要国家也正依靠发展数字经济增强自己的全球竞争力。2016年，美国、英国、日本这三个国家的数字经济规模在GDP（国内生产总值）的占比已经超过四成，其中美国的占比更是接近六成。

2016年，我国的数字经济规模达到22.4万亿元，占GDP的比重达到30.1%，成为全球第二大数字经济体。数字经济在国内经济中的辐射和带动作用进一步凸显，一方面是以互联网、物联网为代表的新一代信息技术快速成熟并投入产业化应用；另一方面是传统行业的数字化转型所带来的经济效益呈现出高速增长态势。

国内数字经济的快速发展一方面得益于政府的高度重视，"互联网+"行动计划、国家信息化发展战略、国家大数据战略等一系列重大战略和行动计划相继出台；另一方面，移动互联网、云计算、大数据、人工智能、物联网等新技术正产生出巨大的组合效应，驱动着数字经济快速增长。

在国内数字经济快速发展的浪潮下，文化创意产业作为第三产业的重要组成部分，已经成为数字经济中的一个重要增长极。其中，数字营销在传统企业的数字化转型过程中，更是发挥了关键的作用：一方面，数字营销着力以一种整合的姿态进行全媒体传播，传统企业时刻被数字营销的新观念、新形式所形塑；另一方面，随着数字营销技术不断发展和受众行为的数字化，传统广告业迎来数字化转型，数字营销行业的市场规模不断增大，对数字经济的贡献也不断增加。

2016年，中国数字营销行业呈现出一些新的趋势和变化：移动渠道规模不断扩大，移动端成为第一消费入口；数字技术驱动数字营销日益成为趋势；网红、直播、短视频成为年度关键词，社会化营销二次崛起；此外，广告代理公司的业态和形态也发生了改变，品牌主的营销目标发生改变，“去乙方化”态势开始形成。

从外部环境来看，2016年数字营销行业的变革主要受到以下方面影响：政策上，随着中国媒体评估委员会的成立，以及《互联网广告管理暂行办法》等一系列行业政策法规的出台，中国互联网行业目前进入行业自律、政府监管相结合的重要时期；市场方面，在供给侧改革和消费升级的背景下，国内的广告业的角色认知和营销理念也开始发生了改变，由“促进销售为王”向“打造品牌为王”转型升级；社会文化方面，直播、网红、短视频成为年度热门的关键词，随着自媒体平台的快速发展，内容营销也显得越发重要；技术方面，虚拟现实、人工智能、数据管理平台等新兴技术的出现，给数字营销带来了全新的玩法，驱动着数字营销的创意革新。

# 一、背景

## （一）全球数字经济概要

2016年，二十国集团（G20）杭州峰会发布的《G20数字经济发展与合作倡议》给了“数字经济”一个较为官方的解释：数字经济是指以使用数字化的知识和信息作为关键生产要素、以现代信息网络作为重要载体、以信息通信技术的有效使用作为效率提升和经济结构优化的重要推动力的一系列经济活动。过去几十年时间里，随着云计算和大数据技术的飞速发展，以信息技术为内在驱动的数字经济爆发出前所未有的活力和能量，在世界经济发展中的引领和主导作用也不断增强，当前数字经济正在以每年10%的增长速度发展，是全球经济增速的三倍以上。①

当前全球数字经济的发展主要包括两个方面：一是“数字经济基础部分”，互联网及物联网技术的成熟及其应用，推动了电子商务、软件业、互联

① 数据来源：华为.2016全球联接指数.

网产业等信息经济的发展；二是“数字经济融合部分”，信息通信技术对其他产业融合渗透带来的传统行业的数字化转型和商业模式的迭代，提高了经济的发展效率，也催生了新的增长活力。据埃森哲公司预测，行业数字化带来的社会效益，甚至可以远远超过其创造的行业价值，到2025年，各个行业的数字化转型有望集体带来100万亿美元的社会及商业潜在价值；其中，仅汽车、消费品、电力、物流四大行业的数字化转型就将为社会和行业带来超过20万亿美元的潜在累积价值。

各国政府和经济体都意识到数字经济的重要性，相继出台数字经济发展战略。比如，英国的《数字经济法案》，澳大利亚政府启动的“国家数字经济战略”，日本政府的“I－Japan战略2015”，新加坡的“智慧国2015计划”和欧盟委员会2015发布的“数字单一市场”战略。此外，世界银行、经济合作与发展组织、世界贸易组织等国际组织也密切关注数字经济的发展动向，发布多项研究报告。由此可见，发展数字经济已成为全球共识。

世界各主要国家正在依靠数字经济对国内经济的驱动作用，抢占全球竞争的制高点。2016年，美国数字经济总量达到11万亿美元，占GDP比重为59.2%；日本的数字经济总量约2.3万亿美元，占GDP比重为45.9%；英国的数字经济总量约1.43万亿美元，GDP占比也达到54.5%。[①] 由此可见，数字经济的发展已经成为推动世界经济以及区域经济发展的重要驱动力和新引擎。

## （二）中国数字经济概要

### 1. 中国总体经济环境

2016年，国内经济缓中趋稳，稳中向好，国内生产总值达到74.4万亿元，增长6.7%，名列世界前茅，对全球经济增长的贡献率超过30%。2016年，国内改革开放深入推进，经济结构也加快调整，“消费升级”“供给侧改革”“新经济”成了经济发展的几大关键词。

“供给侧改革”无疑是2016年中国经济改革的一大关键词。2015年11月召开的中央财经领导小组第十一次会议上，习近平总书记提出“在适度扩大

① 数据来源：中国信息百人会．“数字经济”写入政府工作报告 2016年我国数字经济规模达22.4万亿．

总需求的同时，着力加强供给侧结构性改革，着力提高供给体系质量和效率，增强经济持续增长动力，推动我国社会生产力水平实现整体跃升。”当前，人民的需求发生了改变，但供给的产品却没有变，质量、服务跟不上，已不能满足需求的变化，而这种结构性问题单纯依靠刺激内需是难以解决的。因此，要通过改善供给结构，实现由低水平供需平衡向高水平供需平衡跃升，不断创造和引领新的需求。

消费升级之于国民经济具有重要意义，目前国内的消费升级主要体现在以下三个方面：一是80后、90后逐渐成为消费的主力人群，消费结构已经从生存型消费向享受型消费、发展型消费转变，消费者也越来越注重品牌、品质和服务；二是此轮消费升级是由科技创新带来的前所未有的消费内容和消费形式的升级，也产生诸多的新商品品类与服务类型，比如电子商务使得市场无界，消费过程更加注重体验满足等；三是在消费升级的过程中，消费与生产一体化，消费者和生产者融合，比如你在网络上看资讯并热切评论的时候，就不仅是内容的消费者还是生产者。

在国内资本市场低迷的情况下，2016 年以共享单车为代表的共享经济（分享经济）却取得了瞩目的成绩，迎来“发展元年”。2016 年我国分享经济市场交易额超 3 万亿元，比 2015 年增长 103%，共有 6 亿人参与，比 2015 年增加 1 亿人；此外，2016 年分享经济企业的融资规模达 1710 亿元，比 2015 年增长 130%，其中，知识付费、网络直播、单车分享呈现爆发式增长。①

**2. 中国数字经济发展趋势**

在中国经济新常态的大背景下，数字经济在国内经济中的辐射和带动作用越发凸显，逐渐成为国家经济稳定增长的主要动力。2016 年我国的数字经济规模占 GDP 的比重达到 30.1%，相比于 1996 年提升了 25.1%，也显著高于同期6.7%的 GDP 增速；经济规模首次超过20 万亿元，达22.4 万亿元，折合约 3.8 万亿美元，超过日本、英国，成为全球第二大数字经济体，仅次于美国数字经济总量。②

虽然我国数字经济占 GDP 比重迅速提升，但与世界主要国家相比仍有明显差距，美国的数字经济占比已经达到 59.2%、英国是 54.5%。不过，中国的数

① 数据来源：国家信息中心，中国互联网协会．中国分享经济发展报告 2017.

② 数据来源：中国信息百人会．“数字经济”写入政府工作报告　2016 年我国数字经济规模达 22.4 万亿．

字经济发展势头正呈现出加速的状态，2016 年的增速更是高达 16.6%，分别是美国（6.8%）的 2.4 倍、日本（5.5%）的 3 倍和英国（5.4%）的 3.1 倍。[①]

未来几年，数字经济在推动我国经济社会发展、增加国际竞争力方面的重要作用也将快速凸显。据预计，2035 年中国数字经济规模将接近 16 万亿美元，中国数字经济渗透率达到 48%，中国数字经济的总就业容量将达到 4.15 亿人。[②]

**3. 中国数字经济的主要构成**

当前，我国数字经济的发展成果主要来源于两个方面。一方面是以互联网、物联网为代表的新一代信息技术快速成熟并投入产业化应用，比如电子商务、智能硬件、网络媒体等新生型信息经济的加速发展。2015 年，中国基础型信息经济增速达到 13.5%，创近 5 年新高，软件业与互联网产业主营业务收入增速分别达到 15.7% 和 30.5%，成为拉动基础型信息经济增长的重要动力。[③] 另一个方面是传统行业的数字化融合发展成果。数字技术的发展，推动了我国传统产业的转型升级，当前我国传统产业数字化所带来的经济效益呈现出高速增长态势，在数字经济中的占比逐年提升。2016 年，我国数字经济基础部分在数字经济中约占 23.8%；而数字经济融合部分在数字经济中的比重已高达 76.2%，数字经济融合部分的主导地位更加巩固。[④]

**4. 中国数字经济的政策驱动**

数字经济对国内经济的驱动作用日益显著，我国政府高度重视数字经济的发展，"互联网 +" 行动计划、国家信息化发展战略、国家大数据战略等一系列重大战略和行动计划相继出台，致力于将发展数字经济作为推动国内经济发展的新动力。

2015 年，"互联网 +" 提升为国家战略，多个行业的 "互联网 +" 的政策措施密集出台，推动了互联网与各行业的融合与创新；2016 年 3 月，国家在 "十三五" 规划纲要中，明确提出要拓展网络经济空间，实施 "互联网 +" 行动计划，实施网络强国战略，发展物联网技术和应用，发展分享经济，促

---

① 数据来源：中国信息百人会．"数字经济" 写入政府工作报告　2016 年我国数字经济规模达 22.4 万亿．

② 数据来源：波士顿咨询公司．迈向 2035：4 亿数字经济就业的未来．

③ 数据来源：中国信息百人会．2016 中国信息经济发展报告．

④ 数据来源：中国信息百人会．2016 中国信息经济发展报告．

进互联网和经济社会融合发展；2016 年 9 月，二十国集团（G20）杭州峰会上，中国作为 2016 年二十国集团（G20）的主席国，首次将“数字经济”列为 G20 创新增长蓝图中的一项重要议题，会议期间还通过了《G20 数字经济发展与合作倡议》。该倡议，希望把握数字化带来的机遇，驱动世界经济摆脱低迷、复苏疲乏的现状。这也是全球首个由多国领导人共同签署的数字经济政策文件。

2017 年，“数字经济”已经被写入了政府的工作报告。李克强总理在 2017 年政府工作报告中强调，2017 年政府要“推动‘互联网 +’深入发展、促进数字经济加快成长，让企业广泛受益、群众普遍受惠”。

**5. 中国数字经济的技术发展**

数字技术的发展催生了数字经济时代的到来。当前，国内移动互联网、云计算、大数据、人工智能、物联网等新技术正产生出巨大的组合效应，驱动着数字经济快速增长。

移动互联网出现，使得人们摆脱了固定互联网的限制和束缚，拓展了互联网应用场景。伴随着移动互联网技术和移动终端设备的普及，移动互联网已逐渐成为国内消费者信息的第一接口。根据网易一项调查数据显示，手机已经成为消费者接触互联网的第一选择，占比达到 97%，电脑占比为 87.8%，Pad（平板电脑）占比为 40.1%，互联网电视占比为 26.8%。[①]

大数据时代，数据已经渗透到每一个行业和业务的职能领域，成为重要的生产因素。2016 年，全国大数据行业的发展水平虽总体仍处于起步阶段，但国内大数据管理机制已经初步形成，政府投资也持续攀升。[②]“十三五”规划纲要更是明确提出“实施国家大数据战略”，要加快推动数据资源共享开放和开发应用，建设国家大数据平台、数据中心等基础设施。

当前，中国人工智能产业正步入一个崭新的阶段，无论是从智能芯片到 IT（互联网技术）基础设施、底层架构到模型算法，还是从大数据到云平台、智能终端到智能应用，国内在各个层面均取得了突破性进展，阿里巴巴等一批国内企业在人工智能领域已经具备了和国际巨头抗衡的实力。此外，人工智能技术在国内的应用也正全面展开，交通、家居、教育、金融、大健康等

---

① 数据来源：网易有道，知萌咨询. 2016 情景营销白皮书.

② 资料来源：国家信息中心. 中国大数据发展报告（2017）.

众多领域都有人工智能技术的应用。

此外，国内云计算技术发展，降低了 IT 设施建设和运营维护成本，提升了 IT 设施承载能力；物联网技术的发展，使得数据采集和数据共享平台的建设进度加快，推动了商业应用和业务洞察力的提高。正是在“移、大、云、物、智”等多重技术的融合发展的背景下，国内数字经济得到了快速的发展。

### （三）数字经济与数字营销

#### 1. 数字经济中的文创与商业产业

在数字经济的浪潮下，文创与商业产业不断转向数字化的发展方向，成为数字经济中的一个重要增长极。数字经济中的文创与商业产业，是以创意为核心、数字技术引领的战略新兴产业，是第三产业的重要组成，主要包含数字文化创意产业与电子商务两个部分。

2015 年，我国数字创意产业规模达到 5939 亿元，主要包含网络文学、动漫、影视、游戏、创意设计、VR（虚拟现实）、在线教育 7 个细分领域，同比增长 22.9%，占 GDP 比重为 0.7%，但与欧美国家相比，还有十余倍的提升空间；此外，中国数字文化创意产业经济贡献高，目前长三角文化创意产业占 GDP 的比重在 5% 以上，逐渐成为区域经济发展的主力。①

在信息社会的大趋势下，政策红利的催化以及在大数据等信息技术的应用下，2016 年中国电子商务迎来了跨越式的发展。一方面，中国电子商务经济规模大，2016 年我国电子商务交易市场规模稳居全球第一，预计电子商务交易额超过 20 万亿元，占社会消费品零售总额的比重超过 10%；② 另一方面，中国电子商务发展速度快，2016 年上半年，中国电子商务交易规模达 10.5 万亿元，同比增长 37.6%，增幅上升 7.2 个百分点。③

#### 2. 数字营销对数字经济的融合与联结

在数字经济时代，数字营销是传统企业实现数字化转型过程中的一个关键组成部分。数字营销赋予了营销组合以新的内涵，其功能主要有信息交换、网上购买、网上广告、企业公关等，凭借着集成性、个性化、低成本、跨时

---

① 数据来源：中娱数字创意产业研究院 . 2016 中国数字创意产业发展报告 .

② 数据来源：京东，21 世纪经济研究院 . 2016 中国电商消费行为报告 .

③ 数据来源：中国电子商务研究中心 . 2016 年（上）中国电子商务市场数据监测报告 .

空、交互式、拟人化、高效性等优势，解决了企业营销信息不对称、促销局限、广告效率不高等问题，是数字经济时代企业的主要营销方式和发展趋势。

数字营销对于数字经济产生有两个作用。一是融合与联结，具体表现在品牌传播方面，数字营销着力以组合的方式进行全媒体传播，媒介渠道不断整合，线上线下结合发展，传统企业时刻被数字营销的新观念、新形式所形塑，数字营销以一种整合的姿态，促进了数字经济时代下企业的转型、融合与联结。二是收割与贡献，具体表现在广告方面，一方面数字营销技术不断发展，另一方面随着受众行为的数字化传统广告迎来数字化转型，数字营销行业的产值快速增长，对数字经济的贡献也不断增加，成为数字经济的一种收割方式。2016 年，中国网络广告年度市场规模为 2769 亿元，同比增长率为 29.7%，预计在 2019 年将超过 5400 亿元。①

**3. 中国数字营销发展趋势**

2016 年，中国数字营销规模不断扩大，增长速度不断提升，呈现以下几大特点和趋势：

一是移动端成为第一消费入口。2016 年移动营销市场规模将达到 1493.2 亿元人民币，同比增长 65%；② 87% 的广告主表示将在 2017 年进一步增加移动营销预算；③ 电商方面，2016 年上半年全球移动端消费超过 PC（个人计算机）端，移动设备已开始主导电子商务格局。④

二是数字技术驱动数字营销成为趋势。近年来，媒介技术创新屡见不鲜，数据技术突破局限，带来了全新的玩法。虚拟现实、人工智能、数据管理平台、移动程序化购买等新兴事物的出现，迎来以数据和智能技术为核心的营销 4.0 时代。数字营销与智能技术、移动技术、通信技术、交易技术的结合日益成为趋势，成为新技术驱动创意革新的有效途径。

三是投放渠道聚焦社交、视频、搜索。2016 年上半年，中国移动视频广告市场规模达 82.6 亿元，与 2015 年上半年相比增长了 87.3%，中国搜索引擎运营商市场规模为 388.2 亿元，同比增长 12.6%，2016 年第 1 季度，中国

---

① 数据来源：艾瑞咨询．中国电商导购行业研究报告（2017 年）．

② 数据来源：易观．2016 年上半年数字营销行业盘点．

③ 数据来源：AdMaster. 2017 数字营销趋势报告．

④ 数据来源：Criteo. 2016 年上半年移动电子商务报告．

社会化媒体广告及营销市场规模达到 46.0 亿元，同比增长 47.4%。[①] 三大渠道是数字营销投放渠道的三个增长极，成为了数字营销的关键平台。

四是社会化营销的二次崛起。网红、KOL（关键意见领袖）无疑是 2016 年互联网的关键词，随着自媒体影响力的增强、视频直播平台的兴起，内容营销显得越发重要。72% 的品牌主表示将在 2017 年增加社会化营销投入，其中 63% 的品牌主表示重点将放在网红、KOL 推广上。[②]

五是广告服务市场的业态和形态变化。首先，是营销目标的转变，品牌主对传统广告代理商的需求不再局限于传播层面，希望突破以“有创意的活动”为主导的内容营销模式，通过“有价值的服务”来推动更多的内容转化；其次，“去乙方化”态势正在形成，数字营销公司、咨询公司正在大规模入侵传统广告公司的市场，与此同时越来越多的品牌主也开始组建营销团队，试图更多地掌控广告决策的主导权；最后，广告主对于数字营销能力的需求正在增加，80% 以上的广告主表示将在 2017 年继续增加数字营销领域的预算，平均预算的增长量为 17%，其中预算增长量预计达到 10% 以上的品牌达 59%。[③]

### （四）中国数字营销宏观环境分析

#### 1. 行业政策

（1）《互联网广告管理暂行办法》正式实施

2016 年 7 月 8 日，国家工商总局正式发布《互联网广告管理暂行办法》（以下简称《办法》），已经于 2016 年 9 月 1 日起正式实施。为配合《办法》的施行，互联网广告监测中心同步开展互联网广告监测工作。

该《办法》不仅明确了互联网广告范围，将付费搜索、电商平台推广、自媒体广告等划入互联网广告范畴，纳入行政监管；还要求互联网广告应当具有可识别性，在显著位置标明“广告”，弹窗广告应当显著标明关闭标志，确保一键关闭；《办法》还首提广告程序化购买，并将 APP（手机软件）纳入了监管范围。

---

① 数据来源：易观 . 2016 年上半年数字营销行业盘点 .

② 数据来源：AdMaster. 2017 数字营销趋势报告 .

③ 数据来源：AdMaster. 2017 数字营销趋势报告 .

（2）中国媒体评估委员会（CMRC）正式成立

当前，中国已成为世界第二大互联网广告市场，但是行业发展的同时也产生了诸多问题，互联网广告行业亟须一套公平、高效的行业性监管体系和一个专门的认证、审计机构，确保交易的公平、可靠性。在这样的背景下，2016 年 8 月 10 日，中国媒体评估委员会（China Media Rating Council，CM-RC）在北京成立。CMRC 也是我国第一个联合行业共识而创建的媒体评估和认证机构。该机构以信任、贯标与审计为核心使命，是旨在利用非国有资产、秉承自愿举办的原则、从事非营利性在线媒体评估、第三方检测机构资质及监测服务审核的非政府组织。

**2. 市场环境**

（1）消费升级驱动营销理念变革

消费升级的背景下，国内中产阶级日益崛起，80 后、90 后成为消费的主力人群，他们的消费诉求也从生存型消费向享受型消费、发展型消费转变，更加青睐高品质、时尚化的商品和生活。用户消费习惯的改变必然带来营销方式的变革，传统的降价促销方式已不能完全满足年轻消费者的需求，国内的电商营销也开始转型升级，不仅仅体现在卖货的层次，并开始围绕精致的生活理念做起文章。以网易考拉海购为例，在其他电商平台宣传“买买买”的时候，网易考拉海购率先提倡“丢丢丢”的理念，借此帮助消费者做减法，引导他们理性消费，只买最值得购买的商品，“只过 1% 的生活”。

（2）广告业角色转变：由“销售为王”到“品牌为王”

在供给侧改革的背景下，国内的广告业的角色认知开始发生改变，由“促进销售为王”向“打造品牌为王”转型升级。首先，国内当前有影响力的品牌寥寥无几，经济处于全球产业链的低端，只有打造更多的全球性品牌，中国经济才能实现供给侧的结构性改革；其次，品牌化可以带来稳定的消费增长，推动消费整体升级，还可以形成诚信的消费文化；最后，所有的品牌都是在与消费者的关系深度发展中成长起来的，品牌化可以形成供给侧与需求侧互相促进、良性互动的大格局。

2016 年，央视（中央电视台简称）发布了“国家品牌计划”，提出要培育国家品牌，培育能够代表国家参与全球经济竞争、参与世界文化交流的品牌，这一计划在广告营销界引起了巨大的反响。央视认为，许多创新企业之所以半路夭折，不仅是钱没了，而是没有品牌，融资能力下降。所以，央视“国际品牌计划”准备用央视的黄金时间资源对这种创新型企业进行品牌方面的扶持。

（3）数字营销迎来“电商+社交”的营销时代

大数据、云计算等互联网技术的飞速进步正推动国内电商营销产业不断升级和变革。“电商+社交”的营销方式，最大特点就是精准定向、用户洞察和效果分析：电商平台向广告主提供开放的数据管理平台，将自身积累的用户消费行为数据、来自媒体的用户社交行为数据和来自广告主的真实用户购买数据进行对接和整合，精准描绘用户画像，以用户深度洞察助力广告主实现精准投放。以京东为例，2015 年，京东与腾讯联合发起“京腾计划”，首创“电商+社交”的跨界合作模式，数据融合与人群扩展助力广告主实现大规模精准投放；2016 年京东又与今日头条启动“京条计划”，不仅再次获得移动互联网上又一个超级流量入口，“购物+阅读”大数据的融合也将产生更多的营销可能。

（4）社交媒体的商业模式逐渐清晰

社交广告由于能够洞察用户的个性需求，在多场景中打动用户内心的情感诉求，越来越受到广告主的喜爱。2016 年，国内社交媒体平台的商业模式逐渐清晰，社交广告的增长已经成为腾讯和微博收入增长的新引擎。

2015 年第 4 季度，腾讯网络广告业务收入同比增长 118%，达到 57.33 亿元，效果广告收入同比增长 157%，达 29.16 亿元，主要的增量是来自 QQ 空间手机版、微信公众账号广告以及微信朋友圈广告的服务收入。[①] 2015 年第 4 季度，微博净营收较 2014 年同期增长 42%，达 1.49 亿美元，其中广告和营销营收较 2014 年同期增长 47%，达 1.295 亿美元。[②]

### 3. 社会环境

（1）全民直播时代的到来

2016 年，视频直播已全面移动化和泛娱乐化，随着新兴直播 APP 的兴起，视频直播全面注入社交基因，直播现场也从固定场景向任意场景延伸，运用社交关系或粉丝关系来进行直播已然将直播全面推向大众，全民直播时代已经到来。从目前的运营来看，直播的盈利十分可观，虎牙直播 2015 年第 4 季度营收同比增长 152.2%；根据华创证券预估，2020 年直播行业市场规模将由 2015 年的 120 亿元增长到 1060 亿元。

---

① 数据来源：腾讯.2015 年第四季度及全年财务报表.

② 数据来源：微博公司.2015 年第四季度及全年未经审计的财务报告.

（2）网红成为新媒介

随着新媒体技术的发展，社交媒体真正实现了“多点互动”的状态，自媒体时代催生出越来越多的网络红人。通过内容生产根植网络，产生粉丝效应，形成自带渠道与流量，甚至拥有人格化的个人品牌，这些原本都是诸如报纸、杂志这样的传统媒体的优势，如今网红几乎全部拥有，并逐渐演化成优质内容的专业生产者，甚至可以称之为一种新媒介。

信息化社会，信息爆炸的一个反面就是信息杂乱，而优质内容却很少。从受众需求层面来看，内容为王，对优质内容的期望远胜于媒介选择本身，这也是优质内容自媒体得以胜出的原因。所谓网红媒介化大抵就是这样一个过程。

（3）短视频营销成新风口

在移动端的强劲驱动下，中国网络视频市场迎来繁荣发展。2016 年第 1 季度虽面临传统广告淡季以及传统媒体对用户的争夺，中国网络视频广告市场规模仍达到 66.9 亿元，同比增长 62.8%。[①] 随着秒拍、美拍以及小咖秀的引爆微博，短视频也正成为新潮流。2016 年短视频内容创业产生了超过 30 笔融资，相关创业项目的融资规模达到了 53.7 亿元，其中“一条”完成了 1 亿元的 B + 轮融资，梨视频上线便拿到了 5 亿元投资。[②] 短视频具有短平快且承载信息量大的特点，加之智能手机和社交网络的兴起降低了视频制作和传播的门槛，对企业而言，是一项不错的营销工具。

**4. 技术发展**

（1）人工智能技术的发展：数字营销将变成智能营销

2016 年，人工智能机器人 Alpha Go（阿尔法围棋）与韩国围棋选手李世石的对战，让人们认识到人工智能技术的突破性进步。在营销领域，人工智能技术的发展也带来了许多的改变。比如，人工智能可以更好地理解内容，帮助营销者生产出更能打动读者的内容；还可以被用于搜索引擎优化领域，用来协助规范内容，发现策展相关内容，实现内容发行的自动化；此外，人工智能技术通过对大数据的分析，可以帮助分析用户行为，为营销人员提供策略建议，优化营销方案。2016 年“双十一”大战中，京东就引入了微软的人工智能管家小冰，小冰根据与用户聊天的数据挖掘、挑选最贴近用户需求

---

① 数据来源：易观．中国网络视频广告市场季度监测报告 2016 年第 1 季度．

② 数据来源：一下科技．2016 短视频内容生态白皮书．

和喜好的商品，进行了人工智能的探索和尝试。有研究认为，在人工智能技术的参与下，“数字营销”将变成“智能营销”。

（2）AR带来的体验式营销革命

2016年，AR（增强现实技术）应用领域出现不少令人眼前一亮的惊喜。比如，2016年的现象级手机游戏《Pokemon Go》。2016年9月，任天堂高管在苹果发布会上宣布，《Pokemon Go》下载量已超过5亿次。国内方面，支付宝在2016年12月21日也推出“AR实景红包”的新玩法，2016年爆款游戏《阴阳师》也推出了AR现实召唤功能。

相较于2015年爆红的VR技术，AR技术不是为用户营造一个虚拟的数字空间，而是让现实世界与在线网络无缝衔接起来。AR营销也回归营销本质，让互动体验成为核心。这一技术进一步挖掘，也可以在教育、工作、营销、娱乐、社交等移动生活的方方面面大放异彩。有分析认为，相较于VR技术，AR技术对互联网的改变可能是颠覆性的，是最有可能取代智能手机的下一代终端技术。

（3）“营销云”技术的布局和发展

如今，“云技术”被运用到了营销领域。随着营销技术增长到一定的程度，营销人希望拥有一个一站式大平台，可以最大化地整合行业优质资源、最先进的技术以及多方数据来源，有效辅助策略制定和实施的商业洞察，提升营销效果。“营销云”便是这样一个营销大平台。IT研究与顾问咨询公司Gartner认为，数字整合和创新正在加速到剧变的临界点，“营销云”也必将成为各个数字营销公司及投资人追逐的下一个热点。但目前，“营销云”在国内的发展还在起步阶段，在国内市场上，能够称得上真正意义上的“营销云”平台屈指可数。

## 二、概念界定

### ·数字营销

数字营销是以互联网、手机和其他互动渠道为基础，利用数字化的信息和数字媒体的交互性来辅助营销目标实现的一种新型的市场营销方式。[①] 数字营销包含了很多网络营销中的技术与实践，但它的范围要更加广泛，还包括

① 陈伟．汽车行业数字营销策略研究［D］．上海：复旦大学，2009.

了很多其他不需要互联网的沟通渠道。因此，数字营销的领域就涵盖了一整套元素，如手机、短信、显示广告以及数字户外广告等。

从营销渠道来讲，数字营销把基于互联网的网络营销，基于手机设备和移动互联网的无线营销，以及基于数字广告牌、IPTV（交互式网络电视）和游戏等新的数字媒体的营销方式统统纳入进来。① 从营销理念上讲，数字营销追求互动营销、分众营销、精准营销、整合营销等营销理念，追求营销的及时性和成本有效性，以及在网络及其他数字化世界中的品牌建设。②

从本质上讲，数字营销的本质是基于虚拟实践的营销，数字营销作用于消费者的虚拟体验，数字营销使创意与传播、传播与营销一体化。③ 近几年，数字营销呈爆炸式成长态势，随着虚拟生存的常态化，数字营销将成为虚拟生存时代最主要的营销形态，数字营销与传统营销方式的互动与整合会长期存在。

**·数字媒介**

数字媒介，分别从宏观与微观的角度来讲，最起码具有两方面的含义：一是指信息的载体，即以不同于以往的模拟信号，而以非连续的数字形式（0 和 1 为最基本的符号）存在的一种电子符号为载体，全方位交互传播信息的装置，如互联网、硬盘、DVD 播放器、数字电视、手机等；二是指被传递的内容，即以“比特”（bit）作为最小信息单位的信息本身。④ 本小节中的数字媒介无疑属于前一种，即信息的载体。由此看来，数字媒介所包含的具体媒介是又广又多的，不仅包括大众传播媒介，也包括信息存储装置；而数字化的大众媒介当中，又有数字电视、互联网、手机以及户外数字媒体等，可以说，凡是基于数字形式存在的都可以叫作“数字媒介”。我们所讨论的数字媒介是基于互联网络的、交互性的网络媒体，即以计算机与智能手机为代表的媒介。用户通过互联网终端使用互联网中的具体应用，来满足自己的需求，这些应用包括视频网站、门户与垂直网站、搜索引擎、网络游戏、社会化媒体与电子商务等。

**·用户**

用户，即使用者，也就是使用产品或服务的客户。“用户”一词一般在商业里被提及，但进入 21 世纪后在创新领域以及 ICT（信息、通信和技术）领

---

① 陈伟．汽车行业数字营销策略研究［D］．上海：复旦大学，2009.

② 陈伟．汽车行业数字营销策略研究［D］．上海：复旦大学，2009.

③ 姚曦，秦雪冰．技术与生存：数字营销的本质［J］．新闻大学，2013（6）．

④ 眭东仔．数字媒介对人际交往的影响［D］．南昌：南昌大学，2006（6）．

域里面的使用频率越来越高。在商业里面用户通常指产品或者服务的购买者；在科技创新里面，用户通常是指科技创新成果的使用者；在 IT 业里面，用户通常指网络服务的应用者。

目前，一般把 IT 领域中的门户网站、垂直网站、电子商务平台、社交媒体、移动平台、视频网站等互联网服务对象称为用户。

**·视频网站**

视频网站是指在完善的流媒体等技术支持下，让互联网用户在线流畅发布、浏览和分享视频作品的网络媒体。属于法律中规定的网络服务提供者（Internet Service Provider）范畴。YouTube、优酷土豆、搜狐视频等都是典型的视频网站。

**·搜索引擎**

搜索引擎是互联网广泛使用的基础应用之一，是指根据一定的策略、运用特定的计算机程序从互联网上搜集信息，在对信息进行组织和处理后，为用户提供检索服务，将用户检索相关的信息展示给用户的专门站点或服务器。包括全文索引、目录索引、元搜索引擎、垂直搜索引擎、集合式搜索引擎、门户搜索引擎与免费链接列表等。

**·社会化媒体**

社会化媒体是指人们彼此之间用来分享意见、见解、经验和观点的工具和平台，同时因为拥有大规模用户并占据用户大量时间的社会化媒体平台，又可以被认为是大部分品牌的营销投入重点。目前将即时通信、视频、音乐、微博客、社交网络、论坛、移动社交、社会化生活、电子商务这 9 类平台列为社会化营销核心平台。

**·电子商务**

电子商务，是通过使用互联网等电子工具在全球范围内进行的商务贸易活动，是以计算机网络为基础所进行的各种商务活动，包括商品和服务的提供者、广告商、消费者、中介商等有关各方行为的总和。人们一般理解的电子商务是指在网络信息技术的基础上，通过开放信息的互联网，实现消费者的网上购物、商户之间的网上交易和在线电子支付的一种商业运营模式。

**·门户网站**

门户网站，是指提供综合性互联网信息资源及其服务的应用系统。业界人士更为具体的解释为，门户由门、户、路组成，门即主页，户是主页上的各个板块，路是搜索引擎。目前国内主要有新浪、搜狐、网易等门户网站。

**·移动营销**

移动营销是指面向移动终端（手机或平板电脑）用户，在移动终端上以多种营销手段向分众目标受众定向和精确地传递个性化即时信息，通过与消费者的信息互动达到市场营销目标的行为。

**·垂直门户网站**

垂直网站服务集中在某些特定的领域或某种特定的需求，提供有关这个领域或需求的全部深度信息和相关服务。垂直门户网站则专注于某一领域如IT、娱乐、体育，力求成为关心某一领域内容的人上网的第一站，是伴随着受众对互联网使用程度的提升而兴起的。

**·网络游戏**

网络游戏又称“在线游戏”，简称“网游”。指以互联网为传输媒介，以游戏运营商服务器和用户计算机为处理终端，以游戏客户端软件为信息交互窗口的旨在实现娱乐、休闲、交流和取得虚拟成就的具有可持续性的个体性多人在线游戏。

**·广告主**

在传统营销模式中，“广告主”一词，能够作为传播活动中的主体，面向传播活动的客体——消费者，进行一系列广而告之的传递信息的活动。然而，随着技术更迭，“数字营销”的概念进入人们的视野，并且以难以阻挡的趋势蓬勃发展。但是，就目前而言，对于数字营销活动中的传播主体尚无明确定义进行界定与表达。因此，编委会暂以“广告主”作为以下正文的研究主体及对象。

从其内涵看，《中华人民共和国广告法》在法条中是这样界定“广告主”的：推销商品或者服务，自行或者委托他人设计、制作、发布广告的自然人、法人或者其他组织。罗子明在《广告主研究》中对“广告主”的定义是，“主要是指传播商品信息并销售产品或提供服务的经济组织。”① 《牛津词典》中对于“advertiser”的释义是，为其所属商品、服务或者事件发布广告的个人或者公司。②

① 罗子明．广告主研究［M］．北京：机械工业出版社，2009.

② 牛津词典．“advertiser”词条．www. oxforddictionaries. com/definition/english/advertiser.

就其外延而言，按广告主的性质划分，可以分为企事业单位、其他组织和个人；按经营规模和范围划分，则有跨国、全国、区域和地区广告主；按行业划分，则有交通类、餐饮类、房地产类和金融类广告主等。目前，国内学界与业界对于广告主的研究已渐成体系，围绕广告主所进行的研究不胜枚举，譬如，广告主的媒介选择研究、品牌传播策略研究、广告主的广告观以及新媒介对广告主的影响等。其中，近年来最为突出的研究趋势是，广告主在数字营销领域中的行为情况。

**·数字营销代理**

数字营销代理，主要通过数字渠道（互联网、移动互联网），以社交媒体互动营销、在线广告位购买、搜索引擎优化、实时竞价等数字技术为手段，为生产型、服务型企业、政府部门、个人等从事产品市场分析、品牌定位、广告宣传、销售渠道建设、产品销售、利润回收等一系列代理服务的组织机构。

## 三、数据来源

### （一）专业研究机构报告

（1）易观：《2016年上半年数字营销行业盘点》《中国网络视频广告市场季度监测报告2016年第1季度》《中国网络视频市场盘点专题2016Q[①]4》《2016年中国短视频市场专题研究报告》《中国移动互联网市场数据盘点专题研究分析2016年第3季度》《中国移动新闻资讯应用市场综合研究2016》《2016年Q3中国网络视频广告市场规模97.5亿》《中国社会化媒体广告及营销市场季度监测报告2016年第3季度》《2016年Q3中国社会化媒体广告及营销市场规模63.8亿元》《2016年Q3中国移动网购市场交易规模达9619.1亿元》《2016年中国在线度假旅游专题研究报告》《2016年Q3中国网页游戏市场规模为61.14亿元人民币》《2016年Q2中国移动游戏市场格局》《数字营销国际金奖案例统计分析》。

（2）艾瑞咨询：《中国电商导购行业研究报告（2017年）》《2016年9月新闻门户网站日均覆盖人数排名》《2016年Q3中国在线旅游市场规模1627.6

① Q是quarter的缩写，代表季度，即Q1代表第1季度，Q2代表第2季度，Q3代表第3季度，Q4代表第4季度。

亿元，机票交易占比53.6%》《2016 中国在线旅游度假用户研究报告》《2016 年中国90后汽车消费群体研究报告》《2016 年 Q3 中国移动搜索市场报告》《2016 年 Q3 中国网络购物市场交易规模为1.15 万亿元》《2016 年 Q1 中国房地产网络营销季度数据报告》《2016 年 Q3 中国房地产网络营销季度数据报告》《2016 年 Q2 中国房地产网络营销季度数据报告》《2016 年中国视频网站付费用户典型案例研究》《2017 年中国媒体价格增长趋势报告》《2016 年度发布数据集合报告》《2016 年新闻资讯渠道价值研究报告》《2016 年中国新闻媒体发展趋势专题解析》《2016 年1 月新闻门户网站行业排名 Top10》。

（3）中国信息百人会：《“数字经济”写入政府工作报告 2016 年我国数字经济规模达22.4 万亿》《2016 中国信息经济发展报告》。

（4）中国互联网络信息中心：《第38 次中国互联网络发展状况统计报告》《第39 次中国互联网络发展状况统计报告》。

（5）胜三咨询：《2016 年中国营销趋势研究》《2015 中国公关行业营销趋势研究》《2017 年中国广告代理商图谱》《2017 年中国媒体价格增长趋势报告》。

（6）TalkingData：《2016 中国移动游戏行业报告》《2016 年房产类应用行业研究报告》。

（7）麦肯锡：《2016 中国数字消费者调查报告》《2016 年中国汽车消费者调查》。

（8）DataEye&S+：《2016 年移动电竞行业报告》《2016 年中国移动游戏行业年度报告》。

（9）中商产业研究院：《2016 中国网络直播行业市场指数数据分析 2017 网络直播趋势预测》。

（10）中国音数协游戏工委、伽马数据、国际数据公司（IDC）：《2016 中国游戏产业报告》。

（11）国家信息中心、中国互联网协会：《中国分享经济发展报告 2017》。

（12）国家信息中心：《中国大数据发展报告（2017）》。

（13）央视视频用户调研：《2016 中国网络视听发展研究报告》。

（14）Criteo：《2016 年上半年移动电子商务报告》。

（15）AdMaster：《2017 数字营销趋势报告》。

（16）中娱数字创意产业研究院：《2016 中国数字创意产业发展报告》。

（17）艾媒咨询：《2016 年中国在线直播行业分析报告》《2016—2017 年

中国移动广告行业研究报告》。

（18）知萌咨询：《2016 双十一消费行为调查报告》。

（19）eMarketer：《2016 年中国网络视频受众将超过 5 亿占网民的 73.4%》。

（20）中国电子商务研究中心：《2016 年（上）中国电子商务市场数据监测报告》。

（21）波士顿咨询公司：《迈向 2035：4 亿数字经济就业的未来》。

（22）The Holmes Report：《2016 全球公关公司排行榜》。

（23）PRWeek：《2016 全球公关代理商业务报告》。

（24）实力媒体：《2017 年程序化预测报告》。

（25）RTBchina：《中国程序化广告技术生态图（2016）》。

（26）Econsultancy：《百大数字广告代理机构排名》。

（27）Stat Counter Global Stats：《全球 & 中国搜索引擎市场份额排行榜》。

（28）伽马数据：《2016 中国电竞产业报告》。

（29）站长之家：《房产网站排行榜》。

### （二）互联网公司报告

（1）企鹅智库：《智媒来临：2016 中国新媒体趋势报告》《2016 微博用户研究：新欢、旧爱、核心价值和迫切之疾》。

（2）京东、21 世纪经济研究院：《2016 中国电商消费行为报告》。

（3）腾讯：《2015 年第四季度财报》。

（4）微博公司：《2015 年第四季度及全年未经审计的财务报告》。

（5）一下科技：《2016 短视频内容生态白皮书》。

（6）网易有道、知萌咨询：《2016 情景营销白皮书》。

（7）微信团队：《2016 微信数据报告》。

### （三）其他报告

《2016 年度全球创意报告》（*The Gunn Report*）、华为：《2016 全球联接指数》。

### （四）公司数据

虎啸传媒、易观、艾瑞咨询、AdMaster 精硕科技。

# 第二章　数字媒介用户接触行为

本章主要从数字媒介用户的角度切入，具体从视频网站、搜索引擎、社会化媒体、电子商务、门户网站、垂直网站、网络游戏七个数字媒介平台来阐述数字媒介用户的基本特征以及媒介接触行为。

1. 视频网站

2016 年视频网站用户最显著的特色之一是移动化收视的趋势，手机、平板电脑等移动端依旧是视频网站用户观看视频的主要方式。短视频作为一种新生的视频应用，自 2015 年以来不断发展。短视频的内容生产是其发展的重要内容，也是下一步的投资热点。在线直播是 2016 年的关键词之一，多个直播平台迅速成长。

2. 搜索引擎

在 2016 年手机搜索的使用率首次超过了网络搜索的总体使用率。随着用户对本地化、个性化搜索的需求不断加强，搜索引擎企业也不断加强对前沿技术领域的投入。2016 年的社会化媒体持续稳定发展，互联网平台实现泛社交化。一方面，综合性社交应用引入直播等服务带来用户和流量的增长；另一方面，针对不同场景、不同垂直人群、不同信息承载方式的细分社交平台进一步丰富，向创新、小众化发展。

3. 社会化媒体

在微博中活跃、吸引粉丝与流量的网红无疑也是 2016 年的关键词之一，网红与在线直播、电子商务以及社交媒体都有着密不可分的关系。网红分类多种多样，关注网红的大多是沿海省份的年轻人，并且女性多于男性。一个典型的网红是生活在北上广等一线城市，职业是学生或模特的美女。网红变现形式丰富多样，但是其发展仍然存在多种问题。首先是低俗文化倾向；其次是运作模式的同质化与可复制性，易产生审美疲劳；再次，资本的介入将影响内容创作整体风格；最后，受众转移成本低，如何吸引和培养稳定的受众是网红需要考虑的一个问题。

4. 电子商务

网络购物已经成为人们习惯的购物方式之一，2016 年，很多消费者在网上购物要多于实体店购物。网络购物的移动化依然是 2016 年电子商务的趋势之一。电子商务的发展让跨境购物成为可能，热衷海淘的消费者越来越多。三、四线城市与农村的消费者依旧是电子商务的重要潜在对象，一旦开发，会成为一个庞大的电子商务消费群体。社会化媒体正逐渐成为网上购物的流量入口，将近一半的被调查者表示会通过社交媒体来了解产品、寻求产品的建议。而目前的社交媒体不仅影响消费者的购买决定，还直接引导消费者在这些平台上购买。

5. 门户网站

新闻资讯方面，2016 年网络新闻用户规模为 61390 万人，网民使用率为 84.10%，在各个互联网应用中用户规模排名第三，相较于 2015 年均有所上升，全年增长率 8.8%。各类手机互联网应用的统计调查结果显示，2016 年手机网络新闻的用户规模为 57126 万人，网民使用率为 82.2%，在各手机互联网应用中排名第二，相较于 2015 年均有上升，全年增长率为 18.6%。由此我们可以看到，与其他的数字媒介一样，网络新闻的移动化趋势也愈发明显。新闻资讯用户的学历、收入偏高，整体呈现年轻化现象。而社交媒介也越来越成为新闻资讯的重要入口之一。运营力、内容掌控力、分析计算力、产品创新力是新闻资讯应用发展的关键成功要素。

6. 垂直网站

垂直网站分别选取了 TOP3（前三名）的三种类型的垂直网站，即房产垂直网站、旅游垂直网站、汽车垂直网站。

7. 网络游戏

2016 年网络游戏是移动游戏大幅增长的一年，2016 年移动游戏的实际销售收入大幅度超过 PC 端游戏，成为网络游戏市场份额中最高的。同时 2016 年国家出台相关政策，对手游市场进行管控，大量低劣产品被淘汰，全年度都呈现出产品低增长率状况。但是市场全年收入持续扩张，除了国内玩家消费水平提升，消费观念转变之外，用户集中在部分优秀的头部产品也促使付费群体持续增长及整个收入规模不断扩大。

# 一、数字媒介用户接触行为概述

## （一）数字媒介用户总体情况[①]

### 1. 用户（即网民）总体规模

2016 年，中国网民规模达 7.31 亿人，全年共计新增网民 4299 万人。互联网普及率为 53.2%，较 2015 年提升 2.9 个百分点。

其中，移动互联网发展是带动网民规模增长的首要因素。2016 年，中国手机网民规模达 6.95 亿人，较 2015 年增加 7550 万人。网民中使用手机上网人群的占比由 90.1% 提升至 95.1%。

### 2. 用户年龄分布

2016 年，中国网民的年龄集中分布在 10～39 岁。其中，20～29 岁网民所占比例最多，为 30.3%，较 2015 年有所上升；30～39 岁网民占比次之，为 23.2%，较 2015 年略有下降；10～19 岁网民占比为 20.2%，排在第三位，较 2015 年有所下降。如表 2－1 所示。

表 2－1　数字媒介用户年龄情况

| 用户年龄 | 占比 | 排名 |
|---|---|---|
| 20～29 岁 | 30.3% | 1 |
| 30～39 岁 | 23.2% | 2 |
| 10～19 岁 | 20.2% | 3 |

### 3. 用户区域分布

网民数量排在前五位的省份分别为：广东（8024 万人）、山东（5207 万人）、江苏（4513 万人）、河南（4110 万人）、浙江（3632 万人）；网络普及率排名前五位的地区分别为：北京（77.8%）、上海（74.1%）、广东（74.0%）、福建（69.7%）、浙江（65.6%）。如表 2－2 所示。

① 数据来源：中国互联网络信息中心．第 39 次中国互联网络发展状况统计报告．

**表 2 – 2　　数字媒介用户区域分布**

| 网民规模 | | | 网络普及率 | | |
|---|---|---|---|---|---|
| 所在省份 | 网民数量 | 排名 | 所在地区 | 网络普及率 | 排名 |
| 广东 | 8024 万 | 1 | 北京 | 77.8% | 1 |
| 山东 | 5207 万 | 2 | 上海 | 74.1% | 2 |
| 江苏 | 4513 万 | 3 | 广东 | 74.0% | 3 |
| 河南 | 4110 万 | 4 | 福建 | 69.7% | 4 |
| 浙江 | 3632 万 | 5 | 浙江 | 65.6% | 5 |

### 4. 用户收入情况

网民遍布各个收入段人群，其中，2016 年我国网民排在前三位的月收入段分别为：3001 ~ 5000 元（23.2%）、2001 ~ 3000 元（17.7%）、500 元以下（13.8%）。如表 2 – 3 所示。

**表 2 – 3　　数字媒介用户收入情况**

| 用户收入 | 占比 | 排名 |
|---|---|---|
| 3001 ~ 5000 元 | 23.2% | 1 |
| 2001 ~ 3000 元 | 17.7% | 2 |
| 500 元以下 | 13.8% | 3 |

### 5. 用户学历情况

2016 年，中国网民学历分布比例前三位的分别为初中（37.3%）、高中/中专/技校（26.2%）、小学及以下（15.9%），此外，大学本科及以上占比 11.5%、大专占比 9.1%。如表 2 – 4 所示。

**表 2 – 4　　数字媒介用户学历情况**

| 用户学历 | 占比 | 排名 |
|---|---|---|
| 初中 | 37.3% | 1 |
| 高中/中专/技校 | 26.2% | 2 |
| 小学及以下 | 15.9% | 3 |
| 大学本科及以上 | 11.5% | 4 |
| 大专 | 9.1% | 5 |

## （二）数字媒介使用排名[①]

2016 年，中国网民各类互联网应用的使用率排在前十位的分别为：即时通信（91.1%）。网络新闻（84.0%）。搜索引擎（82.4%）。网络视频（74.5%）。网络音乐（68.8%）。网上支付（64.9%）。网络购物（63.8%）。网络游戏（57.0%）。网上银行（50.0%）。网络文学（45.6%）。如表 2－5 所示。可见即时通信越来越普及，是网民必不可少的数字媒介。除了在 PC 端使用各类数字媒介，数字媒介的使用也越来越呈现出移动化的趋势。

**表 2－5　　数字媒介使用排名**

| 互联网应用类型 | 使用率 | 排名 |
|---|---|---|
| 即时通信 | 91.1% | 1 |
| 网络新闻 | 84.0% | 2 |
| 搜索引擎 | 82.4% | 3 |
| 网络视频 | 74.5% | 4 |
| 网络音乐 | 68.8% | 5 |
| 网上支付 | 64.9% | 6 |
| 网络购物 | 63.8% | 7 |
| 网络游戏 | 57.0% | 8 |
| 网上银行 | 50.0% | 9 |
| 网络文学 | 45.6% | 10 |

## （三）数字媒介用户接触行为特性[②]

### 1. 用户的移动依赖

81.5% 的用户每日使用移动终端（手机、平板电脑）的时间在 1 小时以上，其中每天使用移动终端时间在 3 小时以上的用户比例为 46.6%，而日均使用超过 1 小时的用户占比达到 81.5%。可见数字媒介用户对于移动端的依赖。随着智能手机的不断发展与普及，人们使用手机上网早就不是什么新鲜事。移动端由于其便携性、方便与智能，越来越成为人们上网的主要终端。

① 数据来源：中国互联网络信息中心．第 39 次中国互联网络发展状况统计报告．

② 数据来源：企鹅智库．智媒来临：2016 中国新媒体趋势报告．

具体使用情况如表 2 – 6 所示。

表 2 – 6　　移动终端（手机、平板电脑）使用时间排名

| 使用时长 | 占比 | 排名 |
| --- | --- | --- |
| 1 ~ 3 小时 | 34. 9% | 1 |
| 3 ~ 5 小时 | 24. 1% | 2 |
| 5 小时以上 | 22. 5% | 3 |
| 30 分钟 ~ 1 小时 | 14. 1% | 4 |
| 30 分钟以内 | 4. 4% | 5 |

### 2. 用户的媒体入口

新闻资讯再也不是传统新闻类网站与传统媒体的专属。据调查，63% 的用户获取新闻资讯的主要渠道为新闻类网站或应用，49. 4% 的用户则通过社交应用（微信、微博等）获得新闻资讯，超过传统媒体。而传统媒体中，电视是用户获取新闻资讯最主要的渠道。

具体排名情况如表 2 – 7 所示。

表 2 – 7　　用户获取新闻资讯的渠道排名

| 渠道 | 占比 | 排名 |
| --- | --- | --- |
| 新闻类网站/应用 | 63. 0% | 1 |
| 社交应用（微信、微博等） | 49. 4% | 2 |
| 电视 | 22. 8% | 3 |
| 视频应用 | 5. 7% | 4 |
| 其他 | 2. 6% | 5 |
| 纸媒 | 2. 2% | 6 |
| 广播 | 2. 1% | 7 |

## 二、视频网站用户的数字媒介接触行为

### （一）视频网站用户总量统计[①]

2016 年，网络视频的用户规模达到 54455 万人，网民使用率为 74. 5%，

① 数据来源：中国互联网络信息中心．第 39 次中国互联网络发展状况统计报告．

在各互联网应用中，用户规模排名第四。而各类手机互联网应用统计调查结果显示，2016 年手机网络视频的用户规模为 49987 万人，网民使用率为 71.9%，在各手机互联网应用中排名第五。无论是 PC 端还是手机端，网络视频的用户规模及使用率较 2015 年均有所上升。

### （二）网络视频领域活跃用户规模①

根据易观国际的统计调查，2016 年 11 月移动视频应用活跃用户规模 TOP10（前十名）分别为：爱奇艺视频、腾讯视频、优酷视频、快手、乐视视频、芒果 TV、搜狐视频、暴风影音、PPTV 聚力、360 影视大全。具体活跃用户规模如表 2－8 所示。

**表 2－8　2016 年 11 月移动视频应用活跃用户规模 TOP10**

| 应用名称 | 11 月活跃用户（万人） | 排名 |
|---|---|---|
| 爱奇艺视频 | 20543.80 | 1 |
| 腾讯视频 | 20412.60 | 2 |
| 优酷视频 | 12265.50 | 3 |
| 快手 | 6295.06 | 4 |
| 乐视视频 | 5239.22 | 5 |
| 芒果 TV | 5165.80 | 6 |
| 搜狐视频 | 3013.06 | 7 |
| 暴风影音 | 2972.57 | 8 |
| PPTV 聚力 | 2001.23 | 9 |
| 360 影视大全 | 1923.11 | 10 |

2016 年 11 月综合视频领域活跃用户规模 TOP10 分别为：爱奇艺视频、腾讯视频、优酷视频、乐视视频、芒果 TV、搜狐视频、暴风影音、PPTV 聚力、咪咕视频、爱奇艺 PPS 影音。具体活跃用户规模如表 2－9 所示。

① 数据来源：易观．中国网络视频市场盘点专题 2016Q4.

表 2－9　　2016 年 11 月综合视频领域活跃用户规模 TOP10

| 应用名称 | 11 月活跃用户（万人） | 排名 |
| --- | --- | --- |
| 爱奇艺视频 | 20543.80 | 1 |
| 腾讯视频 | 20412.60 | 2 |
| 优酷视频 | 12265.50 | 3 |
| 乐视视频 | 5239.22 | 4 |
| 芒果 TV | 5165.80 | 5 |
| 搜狐视频 | 3013.06 | 6 |
| 暴风影音 | 2972.57 | 7 |
| PPTV 聚力 | 2001.23 | 8 |
| 咪咕视频 | 1892.28 | 9 |
| 爱奇艺 PPS 影音 | 1970.74 | 10 |

## （三）网络视频用户接触行为特性①

### 1. 网络视频用户内容偏好

2016 年，中国网络视频用户最经常观看的视频内容为电影（81.2%），其次为内地电视剧（72.6%），综艺节目（68.5%）第三。具体排名及占比如表 2－10 所示。

表 2－10　　2016 年网络视频用户偏好

| 内容名称 | 观看比例 | 排名 |
| --- | --- | --- |
| 电影 | 81.1% | 1 |
| 内地电视剧 | 72.6% | 2 |
| 综艺节目 | 68.5% | 3 |
| 新闻资讯节目 | 61.8% | 4 |
| 网友上传视频 | 46.2% | 5 |
| 美剧 | 43.8% | 6 |
| 动漫 | 38.5% | 7 |

① 数据来源：央视视频用户调研．2016 中国网络视听发展研究报告．

续 表

| 内容名称 | 观看比例 | 排名 |
| --- | --- | --- |
| 纪录片 | 37.7% | 8 |
| 体育节目 | 34.7% | 9 |
| 视频网站自制剧 | 32.4% | 10 |
| 日韩剧 | 32.1% | 11 |
| 港台电视剧 | 26.9% | 12 |
| 英剧 | 15.0% | 13 |

**2. 网络视频用户付费观看成新常态**

调查显示，2016 年上半年，35.5% 的网络视频用户有过付费观看视频的经历。而在这些付费网民中，男性占 59%，多于女性用户。

从视频网站付费用户的年龄结构来看，39 岁以下的用户是付费用户的主要群体，占比达到 90.7%。

从收入来看，月收入在 3000～5000 元的用户是付费用户的主力军，占比达 54.6%。

## （四）短视频[①]用户的特征[②]

**1. 短视频用户性别结构**

根据对四个主要短视频平台（小咖秀、秒拍、美拍、快手）的用户调查，总体上来说，短视频用户男女比例均衡，除了美拍的女性用户占比达到 78.2%，以女性居多，其他平台男女比例相差不大。具体性别比例如图 2－1 所示。

**2. 短视频用户年龄结构**

根据对四个主要短视频平台（小咖秀、秒拍、美拍、快手）的用户调查，短视频用户普遍呈年轻化。四个短视频平台中，30 岁以下的用户均占据了半壁江山。其中，美拍和快手的用户中，24 岁及以下的用户占比均达到了一半以上，占比分别为 51.0% 与 74.4%。

---

① 短视频：指视频长度不超过 20 分钟，通过短视频平台拍摄、编辑、上传、播放、分享、互动的，视频形态涵盖纪录短片、DV（数码摄像机）短片、视频剪辑、微电影、广告片段等的视频短片的统称。

② 数据来源：易观．中国短视频市场专题研究报告．

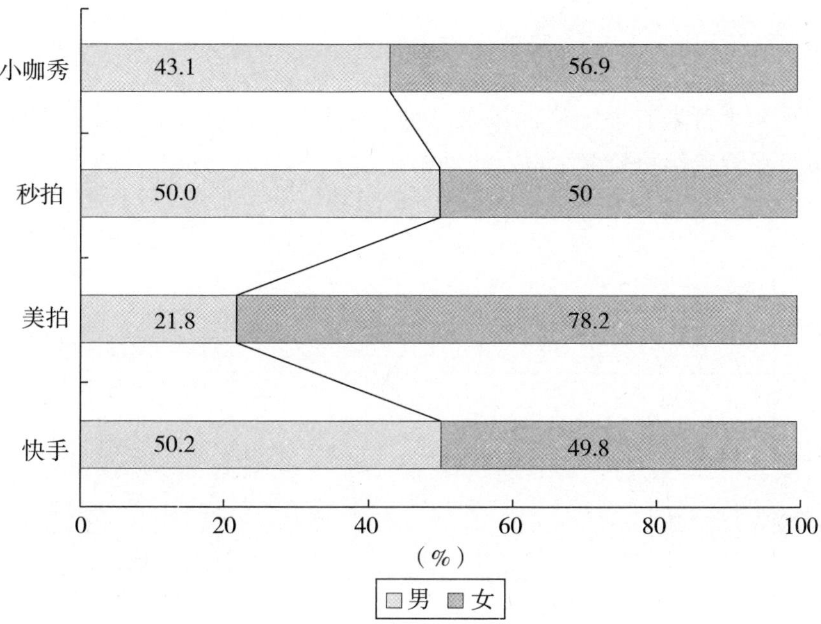


**图 2-1　典型短视频应用用户性别结构**

具体年龄结构如图 2-2 所示。

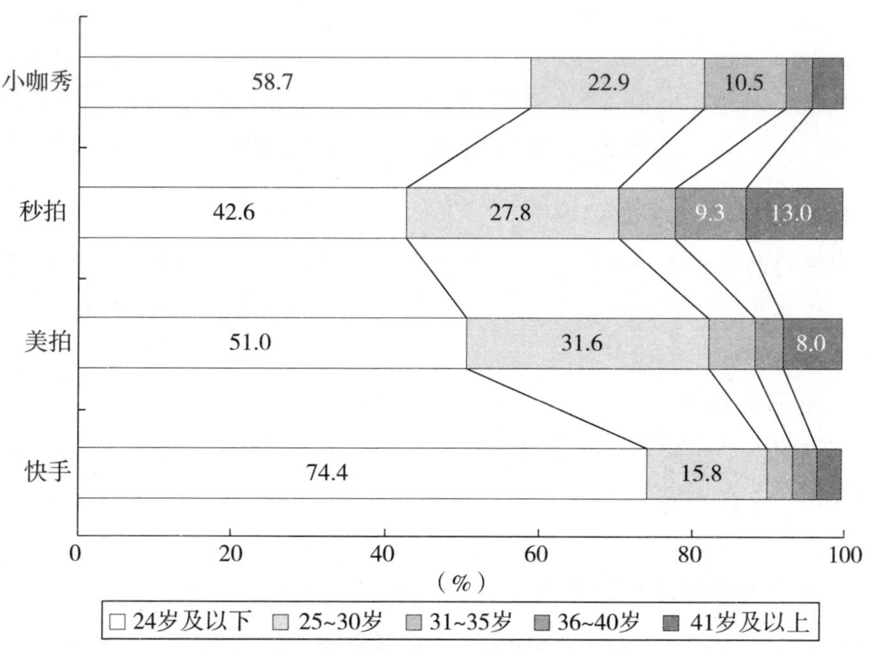


**图 2-2　典型短视频应用用户年龄结构**

### 3. 短视频用户地域结构

根据对四个主要短视频平台（小咖秀、秒拍、美拍、快手）的用户调查，四个短视频平台来自北上广深以及其他省会城市的用户均占据了半壁江山。由此可见短视频用户较多来自一线城市。

具体用户地域占比结构如图 2－3 所示。

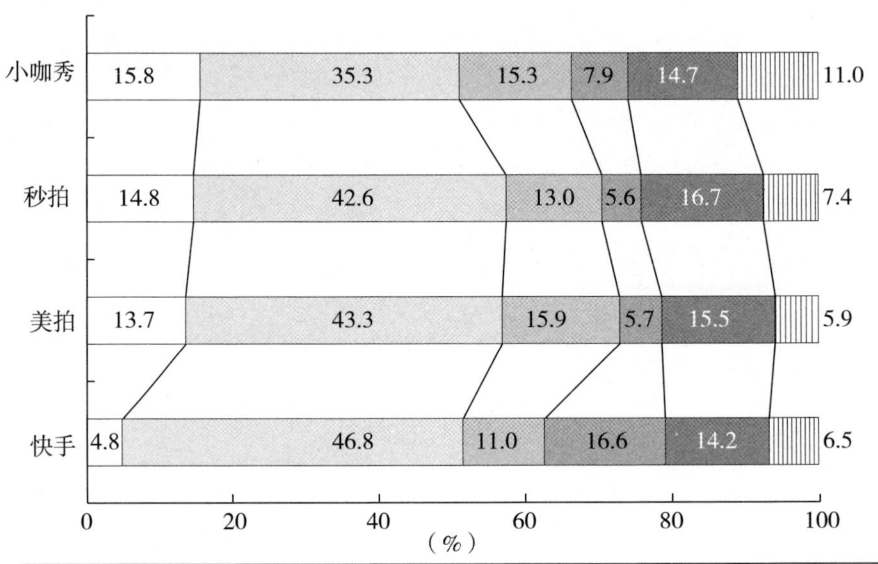


**图 2－3 典型短视频应用用户地域结构**

### 4. 短视频用户收入结构

根据对四个主要短视频平台（小咖秀、秒拍、美拍、快手）的用户调查，四个短视频平台用户收入情况如图 2－4 所示。1000 元以下的用户最多，可能与短视频用户的年龄偏低有关。

### 5. 短视频用户学历结构

根据对四个主要短视频平台（小咖秀、秒拍、美拍、快手）的用户调查，短视频用户中高中同等学力及以下的学历居多。尤其是快手，中低学历用户占比一半以上。

具体学历结构如图 2－5 所示。

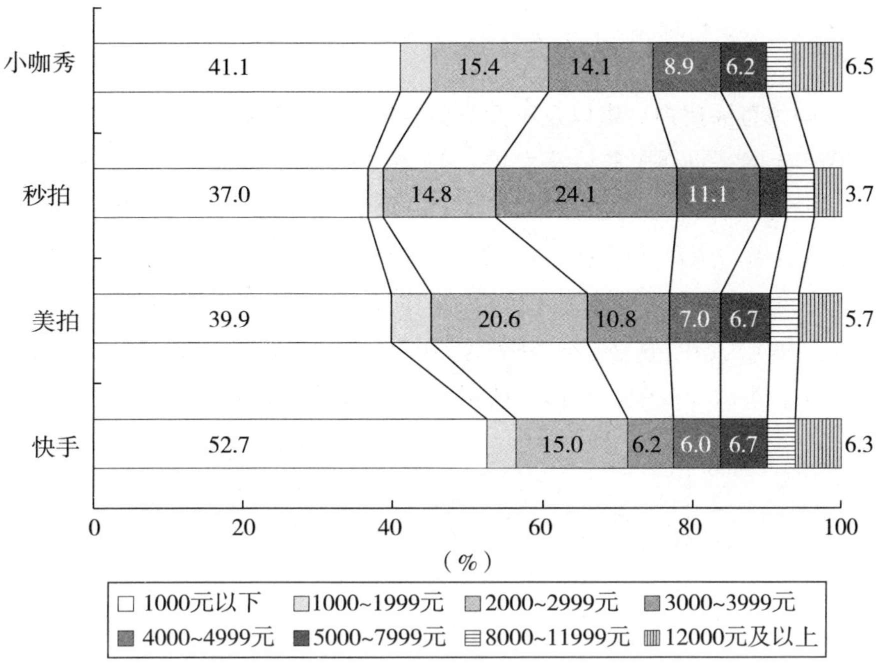


**图 2-4　典型短视频应用用户收入结构**

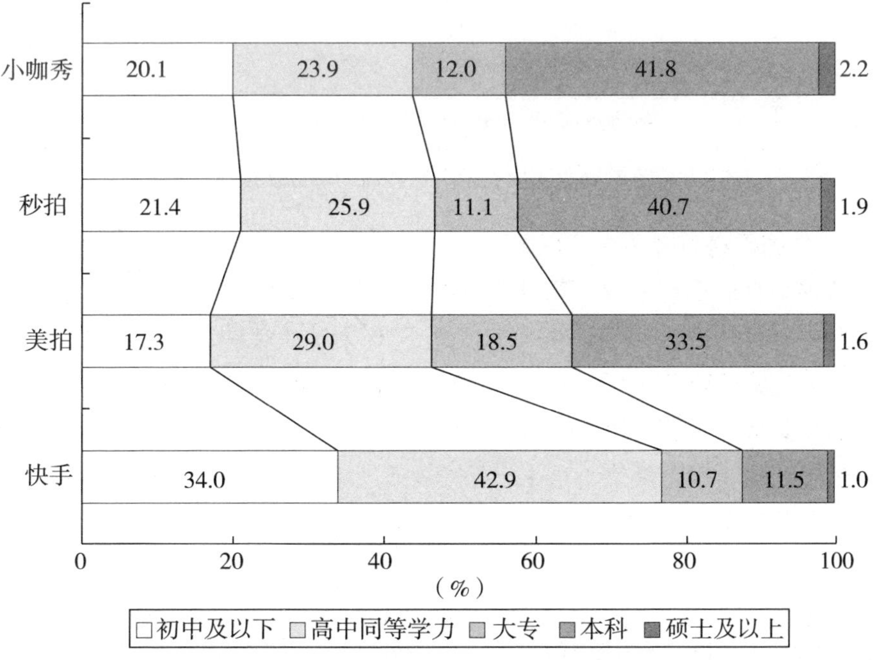


**图 2-5　典型短视频应用用户学历结构**

## （五）网络直播[①]用户的特征

### 1. 网络直播用户总量以及不同类型直播网民使用率[②]

2016 年网络直播服务持续发展，截至 2016 年 12 月，网络直播用户规模达到 3.44 亿人，占网民总体的 47.1%，较 2016 年 6 月增长 1032 万人。其中，游戏直播的用户使用率增幅最高，半年增长 3.5 个百分点。

2016 年各类游戏直播使用中，使用率最高的是体育直播，使用率为 20.7%；其次为游戏直播，使用率为 20.0%；真人聊天秀直播第三，使用率为 19.8%；最后为演唱会直播，使用率为 15.1%。如图 2－6 所示。

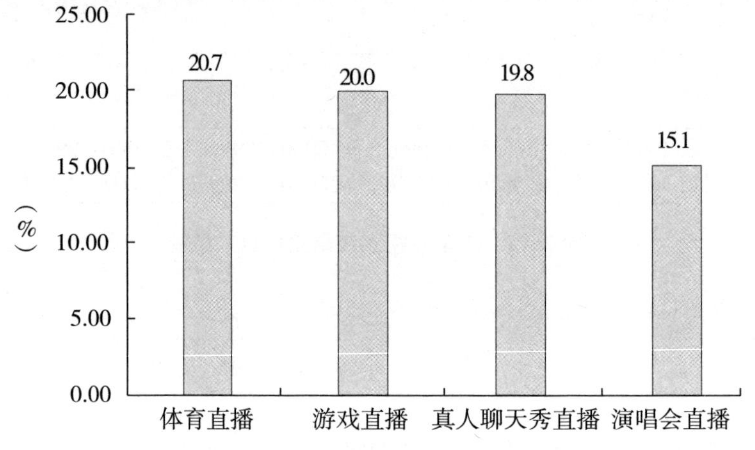


**图 2－6 不同类型网络直播的网民使用率**

### 2. 中国网络直播平台 20 强[③]

从移动直播平台累计下载量分布来看，YY 以 24.4% 的占比在众多网络直播平台中排名第一。YY 于 2005 年成立，2012 年在美国纳斯达克上市，2015 年向虎牙直播注资 7 亿元，坐稳了国内直播行业第一把交椅。

而斗鱼成长迅速，以 14.9% 的占比排行第二。斗鱼于 2014 年成立，短短两年时间跃居为国内网络直播平台第二把交椅，发展非常迅速，2016 年 3 月，腾讯等向其注资 1 亿美元，斗鱼逐步由游戏直播向体育、综艺、娱乐、户外

① 网络直播包括体育直播、真人聊天秀直播、游戏直播和演唱会直播等。

② 数据来源：中国互联网络信息中心．第 39 次中国互联网络发展状况统计报告．

③ 数据来源：艾媒咨询．2016 年中国在线直播行业分析报告．

等直播内容扩张。

具体网络直播平台20强如表2－11所示。

**表2－11　网络直播平台20强**

| 平台名称 | 排名 | 平台名称 | 排名 |
|---|---|---|---|
| YY | 1 | 熊猫TV | 11 |
| 斗鱼 | 2 | KK唱响 | 12 |
| 风云直播 | 3 | 么么直播 | 13 |
| 虎牙直播 | 4 | 六间房秀场 | 14 |
| 9158 | 5 | 繁星直播 | 15 |
| 直播吧 | 6 | 网易CC | 16 |
| 秀色秀场 | 7 | 花椒直播 | 17 |
| 映客直播 | 8 | 火猫 | 18 |
| 龙珠直播 | 9 | 我秀美女直播 | 19 |
| 战旗TV | 10 | 来疯直播秀 | 20 |

**3. 在线直播存在的问题及解决方法**[①]

在线直播普遍存在的问题为内容导向偏低以及低俗文化当道。

中国网民对在线直播平台的内容评价较低，77.1%的网民认为在线直播平台存在低俗内容，90.2%的网民认为在线直播平台的整体价值观导向为一般或偏低。而直播平台利用都市人群的猎奇、臆想和窥私心理，直播中涉及的黄、赌、毒等内容的传播，负面影响巨大。同时直播内容同质化严重，绕不开聊天、唱歌、化妆、逛街等内容，一旦用户新鲜感消失，注定有一大批公司将会倒闭，不利于行业良性发展。

艾媒咨询认为，有四种方法可以提高直播平台生命力，分别如下。

第一，专业内容制作能力不断升级：直播更像是一个工具，内容才是根本，低俗文化不可能成为市场主流，优质的内容才会开启吸金狂潮。第二，

---

① 数据来源：艾媒咨询.2016年中国在线直播行业分析报告.

网红孵化，组建联盟：粉丝真正忠于的不是直播平台，而是主播，主播一旦转移，流量将随之而去，这直接和直播平台的利益相关。因此有必要在内部把他们组建成联盟。第三，提高受众参与积极性：让用户参与到直播行为中，并且使他们的行为得到反馈，如体育直播平台抽奖送球星签名球衣、直播间的弹幕、新闻直播平台让用户参与新闻选题等，让用户主动参与其中。第四，直播主体多元化：未来一大批明星将利用移动端随时随地进行直播，他们比网络主播更容易聚集粉丝，这也是未来明星的收入模式之一。未来一些垂直细分领域的专业人士也将通过网络直播技术分享专业细分内容。

**4. 2017 年直播行业的趋势①**

根据2016 年网络直播行业发展情况，2017 年直播行业可能会有以下趋势。首先，平台并购与内容并购会发生，但并不是现象级的行业重组机会，一方面是巨头或大平台补足业务线与争夺流量入口，另一方面是中小型直播平台获得资源与资金；其次，直播会成为互联网基础建设与标配，成为每一家互联网巨头的工具，这一点在2016 年已经初步显现；再次，直播行业在方向上会更垂直与细分，而每一个垂直领域也许会出现各自的领先者；最后，整个直播行业会诞生平台级的巨头，而或许巨头就将在2017 年诞生。

### （六）视频网站用户媒介接触行为综述

综合以上数据，我们可以看到，2016 年视频网站依旧是数字媒介用户使用率较高的数字媒介之一，用户总体上男女比例持平。年龄段、学历等情况也各有分布。活跃用户规模排在前面的视频网站也基本稳定。值得注意的是除了爱奇艺视频等综合视频网站，如快手、美拍之类的短视频综合平台也日益显现出不容小觑的力量。总体来说，与2015 年一样，视频网站用户显著的特色之一是移动化收视的趋势，手机、平板电脑等移动端依旧是视频网站用户观看视频的主要方式。

内容方面，电影、电视剧与综艺节目是视频网站用户最常观看的内容。而网友上传视频以及视频网站自制剧也逐渐确立了自己的地位，成为视频网站用户经常观看的内容节目。

而始于2010 年的视频网站付费模式则在2016 年更进一步，越来越多的

---

① 数据来源：中商产业研究院. 2016 中国网络直播行业市场指数数据分析 2017 网络直播趋势预测.

视频网站用户选择付费观看视频内容，可见视频网站付费观看正日益成为视频网站的常态。

短视频作为一种新生的视频应用，自 2015 年以来不断发展。其用户呈现年轻化、低学历、集中于一线城市等特点。根据不同短视频平台的性质，男女比例也不一样，如美拍就以女性用户居多。2016 年，短视频的内容生产是其发展的重要内容，也是下一步的投资热点。同时短视频正在以工具属性为基础向社区、媒体平台演进。通过明星的影响力、通讯录及社交网站中的用户关系以及热门话题，不断推动用户增长。

2016 年作为在线直播爆发的一年，直播成为 2016 年的关键词之一。多个直播平台迅速成长。但直播行业存在内容导向偏低、低俗文化当道的情况，要想长久发展，直播行业的内容方面必须进行创新与发展。2016 年 9 月，国家新闻出版广电总局下发《关于加强网络视听节目直播服务管理有关问题的通知》，重申相关规定，要求网络视听节目直播机构依法开展直播服务。也就是业界所言的直播机构需要“持证上岗”。内容的同质化与低俗化，以及各种直播平台方兴未艾，加上政府对其管控，在市场与政策激流中存活下来的直播平台，一定会比原来更加专业化和规范化。

## 三、搜索引擎用户的数字媒介接触行为

### （一）搜索引擎用户总量统计①

2016 年网络搜索引擎的用户规模达到 60238 万人，网民使用率为 82.4%；各类手机互联网应用统计调查结果显示，2016 年手机搜索的用户规模为 57511 万人，网民使用率为 82.7%。可以看到，无论是网络搜索还是手机搜索，用户规模与使用率较 2015 年都有一定的上涨。

### （二）搜索引擎用户接触行为特性

#### 1. 搜索引擎使用的移动化

根据中国互联网络信息中心《第 39 次中国互联网络发展状况统计报告》

① 数据来源：中国互联网络信息中心．第 39 次中国互联网络发展状况统计报告．

提供的数据，2016 年搜索引擎用户手机搜索的使用率达到了 82.7%，首次超过网络搜索的使用率。移动搜索用户增速仍领先于整体增速水平。由此可以看出，在 2015 年的基础上，搜索引擎用户使用的移动化趋势更加明显。

**2. 国内各大搜索引擎市场份额排行榜①**

2016 年 12 月，百度国内市场份额从 9 月的 76.36% 上升至 79.07%，排名第一，上升 2.71 个百分点；360 搜索第二，市场份额从 10.18% 下降至 8.07%，下降 2.11 个百分点；神马第三，市场份额从 5.49% 上升至 6.09%，上升 0.60 个百分点；搜狗搜索第四，市场份额从 3.65% 下降至 3.12%，下降 0.53 个百分点；Google 第五，市场份额从 2.10% 下降至 1.74%，下降 0.36 个百分点；必应第六，市场份额从 1.46% 下降至 1.26%，下降 0.20 个百分点；其他搜索引擎的市场份额为 0.64%。由此可以看到国内搜索引擎市场仍然是百度一家独大，其市场份额呈稳定且维持上升态势。而其余各家市场份额虽有波动，但搜索引擎市场总体战局比较稳定，格局固定。

具体份额排名如表 2－12 所示。

**表 2－12　国内搜索引擎市场份额排行**

| 搜索引擎名称 | 市场份额 | 排名 |
|---|---|---|
| 百度 | 79.07%（↑） | 1 |
| 360 搜索 | 8.07%（↓） | 2 |
| 神马 | 6.09%（↑） | 3 |
| 搜狗 | 3.12%（↓） | 4 |
| Google | 1.74%（↓） | 5 |
| 必应 | 1.26%（↓） | 6 |
| 其他 | 0.64% | 7 |

## （三）搜索引擎用户媒介接触行为综述

综合以上数据，可以看到，经过多年的发展，搜索引擎用户规模趋于稳定，市场营收份额也趋于稳定，百度一直独占鳌头，成为中国搜索引擎的霸

① 数据来源：Stat Counter Global Stats. 全球 & 中国搜索引擎市场份额排行榜.

主，2016年依旧不例外。

移动化依旧是搜索引擎不断发展的趋势，并且在2016年手机搜索的使用率首次超过了网络搜索的总体使用率。随着智能手机等移动终端的普及，以及其特有的便利性，搜索引擎的移动化自然成为趋势。

随着用户对本地化、个性化搜索的需求不断加强，搜索引擎企业也不断加强对前沿技术领域的投入。语音和图像识别技术、基于大数据的信息推荐、人机交互等技术正在不断地与搜索引擎相结合，给用户提供更加个性化、场景化的精准信息搜索服务。

以搜索产品为流量入口、多种互联网服务互联互通的生态系统已经形成。搜索应用与信息类、娱乐类、商务消费类互联网应用不断融合，特别是快速发展的O2O（线上到线下）消费，正在成为搜索引擎市场创新价值挖掘点。

另外，由于2016年发生的一些搜索引擎营销的不良事件的影响，关于互联网信息搜索以及互联网广告的相关条例出台，对于互联网搜索信息环境的改良将有一定的作用。

## 四、社会化媒体用户的数字媒介接触行为

### （一）社会化媒体用户总量统计①

2016年即时通信用户规模为66628万人，网民使用率为91.1%，在各个互联网应用中用户规模排名第一，相较于2015年均有所上升；2016年微博的用户规模达到27143万人，网民使用率为37.1%。各类手机互联网应用的统计调查结果显示，2016年手机即时通信的用户规模为63797万人，网民使用率为91.8%，在各手机互联网应用中排名第一，相较于2015年均有上升。且在2016年手机即时通信的网民使用率首次超过即时通信的总体网民使用率。如表2－13所示。

可见用户更倾向于在移动终端使用即时通信。这可能主要得益于移动终端的方便、快捷，以及移动终端与移动通信技术的不断发展。

① 数据来源：中国互联网络信息中心．第39次中国互联网络发展状况统计报告．

表 2－13　2016 年社会化媒体应用情况

| 应用 | 用户规模 | 网民使用率 |
| --- | --- | --- |
| 即时通信 | 66628 万人 | 91.1% |
| 微博 | 27143 万人 | 37.1% |
| 手机即时通信 | 63797 万人 | 91.8% |

### （二）社会化媒体用户社交软件使用情况[①]

2016 年各类社交应用持续稳定发展，互联网平台实现泛社交化。一方面，综合性社交应用引入直播等服务带来用户和流量的增长；另一方面，针对不同场景、不同垂直人群、不同信息承载方式的细分社交平台进一步丰富，向创新、小众化发展。

排名前三位的典型社交应用仍属于综合性社交应用。微信朋友圈仍然占据社交应用的使用率第一，2016 年使用率达 85.8%，较 2015 年的 78.7% 有明显增长；排名第二的为 QQ 空间，2016 年的使用率为 67.8%，与 2015 年的 67.4% 相比增幅不大；而微博得益于名人明星、网红及媒体内容生态的建立与不断强化，以及在短视频和移动直播上的深入布局，用户使用率持续回升，从 2015 年的 34.0% 回升到 2016 年的 37.1%；排名第四的为垂直类社交应用豆瓣，2016 年的使用率为 8.1%，2015 年它的使用率则为 11.1%。

具体使用率及排名如表 2－14 所示。

表 2－14　2016 年典型社交应用使用率情况

| 社交应用 | 网民使用率 | 排名 |
| --- | --- | --- |
| 微信朋友圈 | 85.8% | 1 |
| QQ 空间 | 67.8% | 2 |
| 微博 | 37.1% | 3 |
| 豆瓣 | 8.1% | 4 |
| 知乎 | 7.6% | 5 |
| 天涯社区 | 7.0% | 6 |
| 领英 | 2.8% | 7 |

① 数据来源：中国互联网络信息中心．第 39 次中国互联网络发展状况统计报告．

## （三）典型社会化媒体——微信用户的特征[①]

### 1. 微信日登录用户与使用时长

微信平均日登录用户达7.68亿人，较去年增长35%。在这些用户中，多达50%的用户每天使用微信时长达90分钟。可见微信用户多为深度用户，且用户黏性较强。

### 2. 微信月活跃用户的构成

微信月活跃用户中，典型用户[②]占比65%，他们发送的信息占日发送消息总次数的80%。月活跃用户中，95后用户[③]占比14%、老年用户[④]占比1%。如图2-7所示。

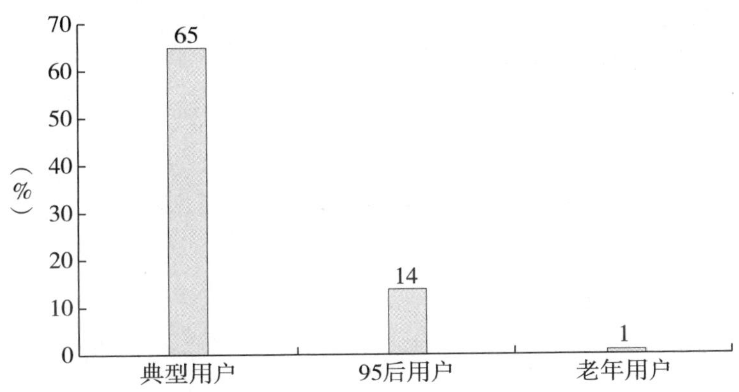


**图2-7 微信月活跃用户构成及占比**

### 3. 微信用户日发送消息情况

微信消息日人均发送次数如下：95后用户81次、典型用户74次、老年用户44次。如图2-8所示。而其中语音消息占比情况为：95后用户占比13%、典型用户占比16%、老年用户占比22%。可见相比年轻的微信用户，老年用户更加青睐于发送语音消息。这可能是因为对于老年用户来说，发送

---

① 数据来源：微信团队.2016微信数据报告.

② 本节中的典型用户均指满足日登录且每天使用微信时长达到90分钟、大部分为80后和90后的用户。

③ 本节中的95后用户均指17~21岁的用户。

④ 本节中的老年用户均指55岁以上的用户。

语音消息更加方便，且符合他们的交流习惯。

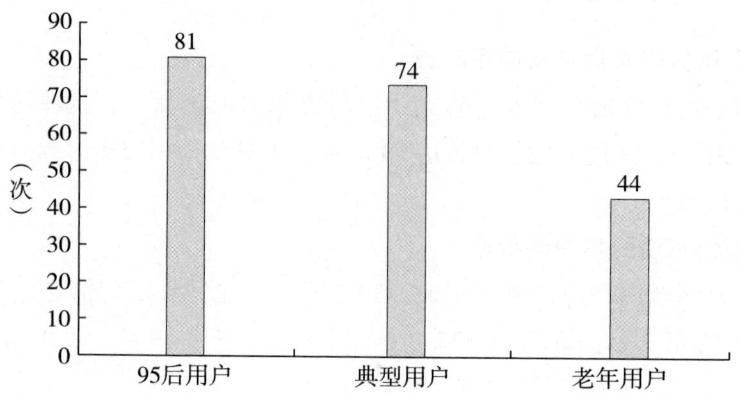


**图 2 –8　微信用户消息日人均发送次数情况**

### 4. 微信用户朋友圈发表原创内容情况

三类用户朋友圈发表原创内容的占比分别为：95 后用户 73%、典型用户 65%、老年用户 32%。如图 2 –9 所示。可见较年轻的用户，朋友圈原创内容发布也较活跃，老年用户较少使用微信朋友圈发布原创内容。

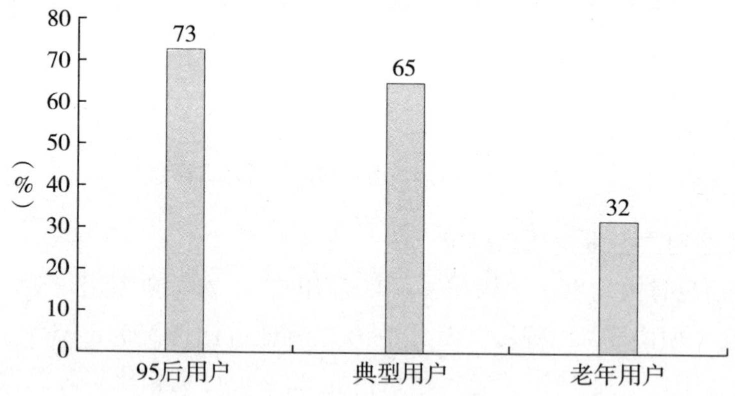


**图 2 –9　微信用户朋友圈发表原创内容比例**

### 5. 微信用户红包发送情况

2016 年微信用户月人均发送红包次数情况如下：95 后用户 20 次、典型用户 28 次、老年用户 25 次。如图 2 – 10 所示。而月人均发送红包金额为：95 后用户 370 元、典型用户 580 元、老年用户 380 元。可以看出，典型用户在红包发送上属于主力军，无论次数还是金额都领先。

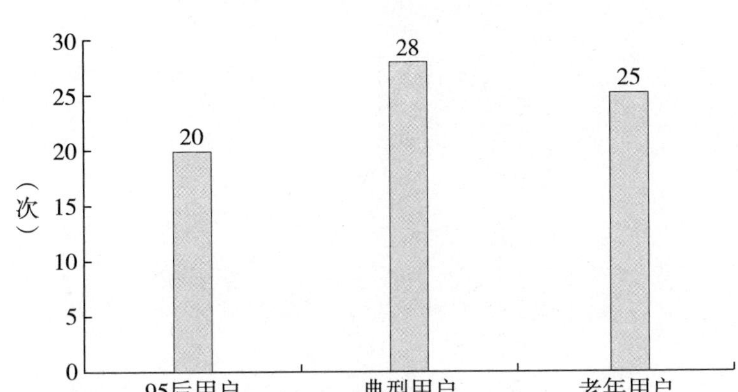


**图 2－10 微信用户红包发送情况**

## （四）典型社会化媒体——微博用户的特征[①]

### 1. 微博用户构成

微博作为中国社交网络的代表之一，经历了巅峰时期，也走过一轮低谷，流失了很多原有的用户。但是如今的微博却也不停地有新用户加入其中，使得其再次吸引人们的眼球。

根据企鹅智库对全国 8373 名网民进行的微博使用行为和价值认知的调研，使用新浪微博的用户可以分为四类，分别为：忠实用户，即一直使用新浪微博的用户，这一群体占比 31.2%；新增用户，即曾经不使用，最近开始使用的用户，这一群体占比 11.6%；流失用户，即曾经使用，现在不使用的用户，这一群体占比 28.9%；非用户，即从来不使用新浪微博的用户，这一群体占比 28.3%。如图 2－11 所示。

### 2. 微博忠实用户：什么最吸引他们

据调查结果显示，吸引微博忠实用户的原因主要有以下几点：喜欢在新浪微博上看热点事件（73.5%）、关注的名人明星在新浪微博上（47.2%）、喜欢写微博/转发/评论/点赞（即发布动态）（27.7%）、喜欢在微博上社交且愿意结识志同道合的人（14.4%）、其他（14.9%）。如图 2－12 所示。

---

① 数据来源：企鹅智库．2016 微博用户研究：新欢、旧爱、核心价值和迫切之疾．

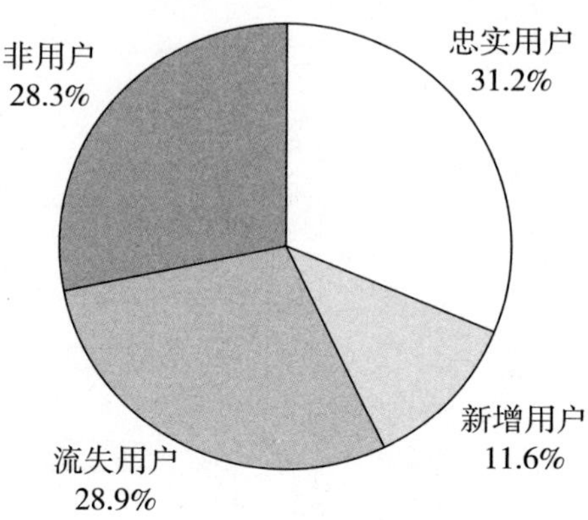


**图 2－11　微博用户构成情况**

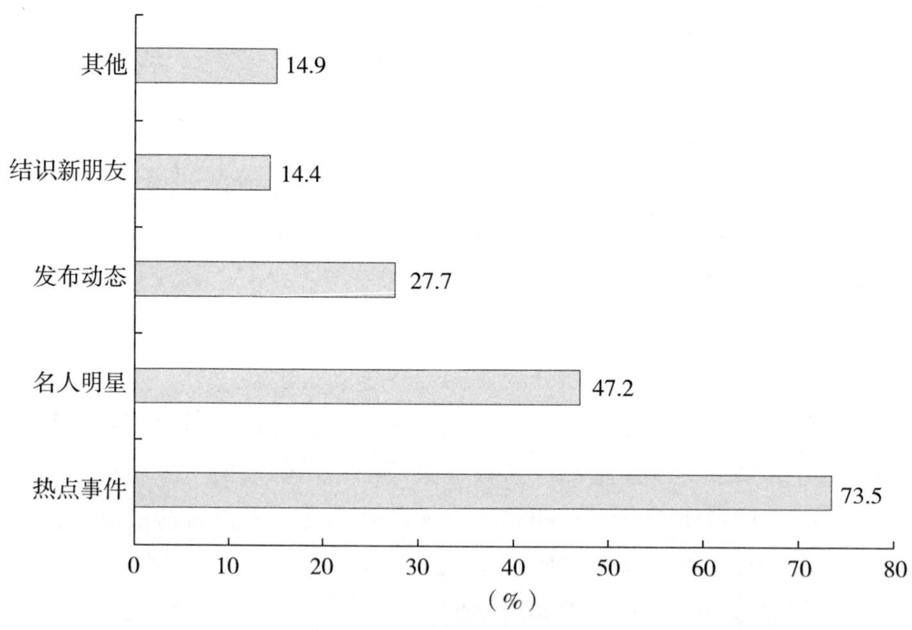


**图 2－12　微博有吸引力的地方**

### 3. 微博流失用户：为何不再使用

据调查结果显示，微博流失用户的原因主要有以下几点：精力转移到其他社交媒体（43.7%）、缺少真正有价值的内容（37.1%）、广告太多影响体验（31.6%）、周围人都不用了（29.4%）、被强行关注陌生账号（24.1%）、功能太多太杂（22.5%）。如图 2－13 所示。

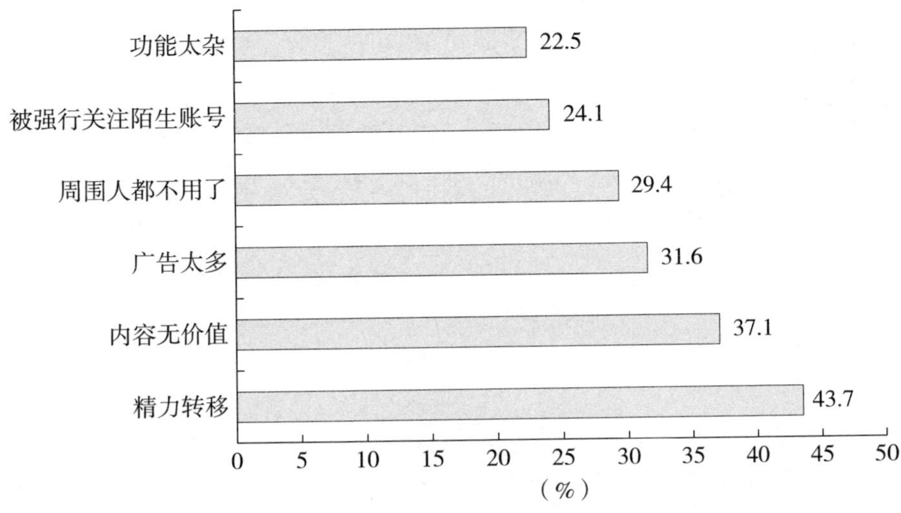


图 2－13　微博用户流失原因

4. 微博新增用户：为何开始使用

据调查结果显示，吸引微博新增用户的原因主要有以下几点：感兴趣的话题在微博上（43.8%）、关注的人在微博上（40.6%）、更切合时事热点（26.1%）、周围人都在用（17.0%）、喜欢新增的直播等功能（3.4%）、其他（15.3%）。如图 2－14 所示。

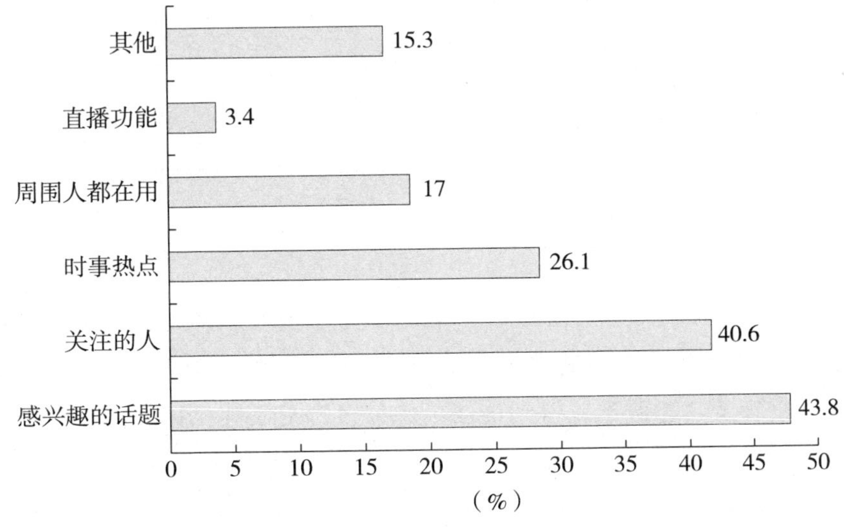


图 2－14　微博吸引新增用户的地方

### 5. 微博微信双用户：哪个吸引力更强

据调查结果显示，同时使用微信和微博的用户在微信和微博上使用的时间如下：看微博（41.3%）、用微信聊天（27.2%）、看/发微信朋友圈（21.8%）、看微信公众号信息（8.5%）、发微博（1.2%），其中微博占用的时间占两样社交媒体时间的42.5%，可以看到，总量上微信占优，但是微博的媒体属性更具优势。如图2－15所示。

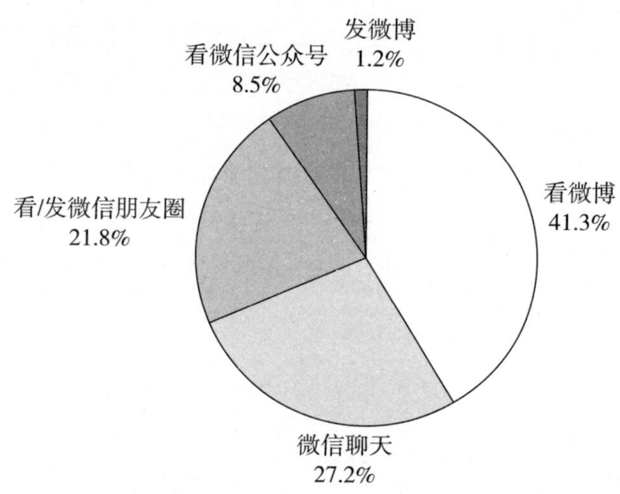


图2－15 双用户在微博、微信上分配的时间

## （五）活跃在社会化媒体之中的红人——网红①

### 1. 中国网红的发展历程与分类

普遍来说，网红是指通过网络而走红的一个群体。根据网络与社交媒体的发展，中国的网红也呈现出了以下三个阶段。

网红1.0阶段：互联网尚处于文字和图片时代，博客、BBS（公告板系统）是信息传播的主要阵地，主流声音虽然是大趋势，但是以恶俗和恶搞等"独具个性"的作风能迅速赢得网友的关注，例如凤姐、芙蓉姐姐等因颠覆了传统的大众审美情趣而迅速得到传播，恶俗及审丑文化由此在网络世界拉开序幕。

① 数据来源：艾媒咨询.2016年中国在线直播行业分析报告.

网红2.0阶段：互联网用户呈爆发性的增长，视频传播成为新的传播杠杆，网民的刺激、偷窥、臆想等对荷尔蒙的欲望追求为秀场主播的兴起提供了良好的土壤，以“出位”的表演来博眼球几乎成了主播们的“标配”，网络直播平台开始频现涉“黄”涉“低俗”的情况。周杰伦的一次演唱会最多几万人，而网红的一次视频直播规模可达几十万人，资本开始涌入直播行业。

网红3.0阶段：进入移动互联网时代，移动视频具有了其他传播方式所无法比拟的传播能力和营销价值，也让人人都具备了成为网红的可能。在团队的包装创作下，网红成为了一个个IP（知识产权），热点不断爆发，为他们获得了持久的关注度，精准的传播人群和趋于零的营销成本使得他们离“钞票”越来越近，网红经济火起来了。

中国的网红可以分为以下几类：自媒体网红，如Papi酱、艾克里里；话题型网红，如凤姐、犀利哥；电商类网红，如张大奕、雪梨；主播类网红，如Miss、沈曼。但是随着各个数字媒介平台的发展与融合，网红不仅仅具有以上一个特征，他们往往是同时具有多个特征的。比如电商类网红，他们在社交媒体上积聚粉丝与流量，同时会通过直播平台进行直播，获得打赏与吸粉，甚至会制造话题，获得关注度。

如今的网红经济已经初步形成了上、中、下游紧密联动的专业化产业链，网红更像是一种产品，上游负责生产产品，中游负责推广产品，下游负责销售产品，形成了拥有推广渠道、内容、销售途径等环节的营销闭环。不同网红变现方式也有所差异，但主要的变现渠道有广告、打赏、电商收入及付费服务，而当网红成为了IP之后，其变现能力将更加强大，形象代言、出书、进军影视界、衍生品制作等都可能作为变现的方式。

**2. 中国网红排行榜**

中国目前的网红排行前20位如表2－15所示。

**表2－15　中国网红排行榜**

| 网红名称 | 排名 | 网红名称 | 排名 |
| --- | --- | --- | --- |
| 王思聪 | 1 | 王尼玛 | 4 |
| Papi酱 | 2 | 叫兽易小星 | 5 |
| 奶茶妹妹 | 3 | 张大奕 | 6 |

续 表

| 网红名称 | 排名 | 网红名称 | 排名 |
|---|---|---|---|
| 凤姐 | 7 | 留几手 | 14 |
| 回忆专用小马甲 | 8 | 草图君 | 15 |
| 天才小熊猫 | 9 | 银教授 | 16 |
| 同道大叔 | 10 | 芙蓉姐姐 | 17 |
| 谷大白话 | 11 | 雪梨 cherie | 18 |
| 穆雅斓 | 12 | 刘楚恬 | 19 |
| 郭斯特 | 13 | 伟大的安妮 | 20 |

### 3. 用户眼中的“网红”

面对形形色色的网红，学界和业界都给予了关注，但是在用户眼中究竟哪些人算是“网红”呢？面对“您认为以下属于网红的是”这一问题，网络红人如 Papi 酱等获得了最多网民的选择，有 62.5% 的被调查者认为这一类属于网红；第二为直播间主播；第三为在线直播的明星；第四为电竞主播；第五为淘宝女郎。可见在大多数网民心中，网红与在线直播是有着密不可分的关系的。

具体调查情况如图 2－16 所示。

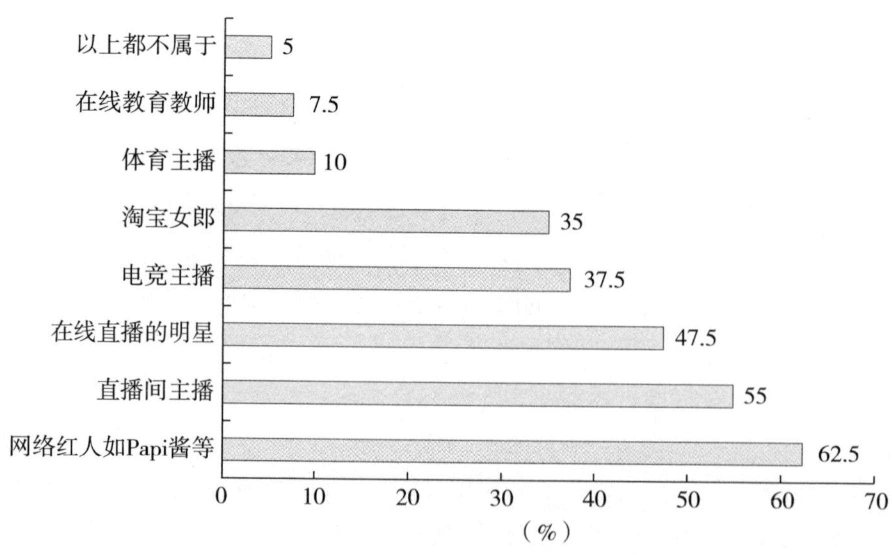


**图 2－16　“您认为以下属于网红的是？”的选择占比**

4. 哪些人最关注网红

调查数据显示，在最关注网红的地区中，广东、浙江和北京位列前三。对网红比较关注的省份大多是沿海省份，内陆省份仅有河南、四川入选前十。关注网红前十位的地区分别为：广东、浙江、北京、上海、江苏、山东、四川、河南、福建、辽宁。

年龄方面，网红关注者基本是年轻人，31 岁及以上的人群只有 4.3% 关注网红。21～25 岁是最关注网红的年龄段，该年龄段有 46.7% 的用户关注网红，其次是 20 岁及以下。如图 2－17 所示。

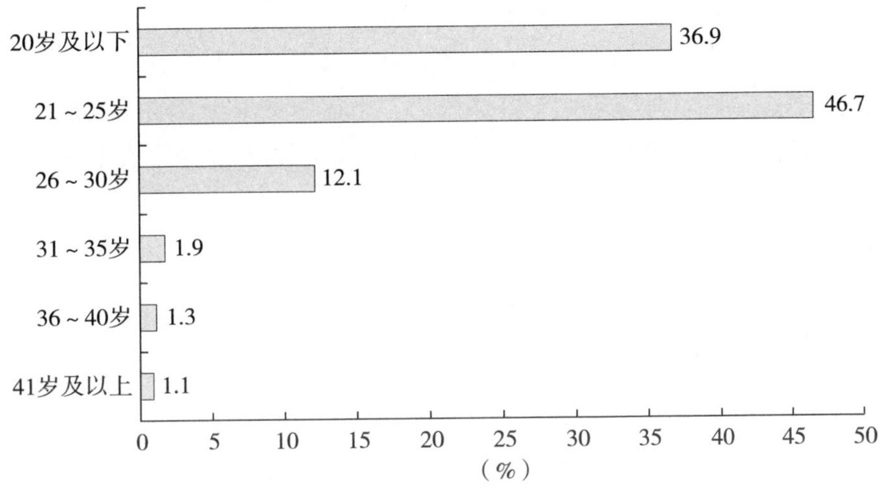


**图 2－17 中国网红关注者年龄分布**

在性别方面，女性关注网红的人数远多于男性，女性占比 68.4%，男性占比 31.6%。这与年轻人的猎奇心理以及女性热爱时尚和八卦的性格密切相关。

5. 网红都是哪些人

调查数据显示，超过 85% 的网红都是美女，超过 70% 的网红生活在北上广等一线城市，超过 10% 的网红承认自己进行过微整形。在职业属性方面，职业为学生或模特的网红占比最多。

网红的传播内容主要以原创内容为主，包括原创的文章、视频、漫画等。其次是产品导购，产品导购体现了网红作为流量变现入口的价值。爆料以及粉丝互动则凸显了粉丝经济的重要性。整合型内容仅占 3.8%，深耕特定领域从中提炼有价值的信息。

广告是网红经济主流变现模式，占比达50.6%；电商导流占比28.5%，网红挖掘了消费者的消费潜力；线下商务活动以及买书等明星效应也为网红们带来了一定的收益；内容消费占比较小，用户在线为网红付费的意愿仍有待提升。

### （六）社会化媒体用户媒介接触行为综述

综合以上数据，可以看到，2016年的社会化媒体持续稳定发展，互联网平台实现泛社交化。一方面，综合性社交应用引入直播等服务带来用户和流量的增长；另一方面，针对不同场景、不同垂直人群、不同信息承载方式的细分社交平台进一步丰富，向创新、小众化发展。

最受欢迎的社会化媒体依旧是综合性社交应用：微信、QQ以及微博。微信的用户依旧不断增加，且老年群体成为了微信用户中重要的组成部分。相比于年轻用户，老年用户群体更喜欢发送语音消息以及拨打语音电话。而微博在沉寂了一段时间之后，通过明星名人效应，以及直播等新功能的应用，重新吸引新的用户群体使用。但是不良广告依旧是微博用户反感的地方。同时，在对于各类用户使用原因的调查中，身边人是否使用这一社交媒介是影响数字媒介用户是否使用的重要原因之一。

在微博中活跃、吸引粉丝与流量的网红无疑是2016年的关键词之一，网红与在线直播、电子商务以及社交媒体都有着密不可分的关系。网红分类多种多样，关注网红的大多是沿海省份的年轻人，并且女性多于男性。一个典型的网红是生活在北上广等一线城市，职业是学生或模特的美女。网红变现形式丰富多样，但是其发展仍然存在多种问题。首先是低俗文化倾向；其次是运作模式的同质化与可复制性，易产生审美疲劳；再次，资本的介入将影响内容创作整体风格；最后，受众转移成本低，如何吸引培养稳定的受众是网红需要考虑的一个问题。

## 五、电子商务用户的数字媒介接触行为

### （一）电子商务用户总量统计[①]

据调查结果显示，2016年网上支付的用户规模达到47450万人，网民使

① 数据来源：中国互联网络信息中心．第39次中国互联网络发展状况统计报告．

用率为 64.9%，较 2015 年增长 14.0%；2016 年网络购物的用户规模达到 46670 万人，网民使用率为 63.8%，较 2015 年增长 12.9%；2016 年网上银行的用户规模达到 36552 万人，网民使用率为 50.0%，较 2015 年增长 8.7%；2016 年旅行预订用户规模达到 29922 万人，网民使用率为 40.9%，较 2015 年增长 15.3%；2016 年网上订外卖用户规模达到 20856 万人，网民使用率为 28.5%，较 2015 年增长 83.7%。其中，2016 年是网上订外卖疯狂发展的一年，其余的应用用户规模正常持续地增加。如表 2－18 所示。

而各类手机互联网应用统计调查结果显示，2016 年手机网上支付的用户规模为 46920 万人，网民使用率为 67.5%，较 2015 年增长 31.2%；2016 年手机网络购物的用户规模达到 44093 万人，网民使用率为 63.4%，较 2015 年增长 29.8%；2016 年手机网上银行的用户规模达到 33357 万人，网民使用率为 48.0%，较 2015 年增长 20.5%；2016 年手机旅行预订用户达到 26179 万人，网民使用率为 37.7%，较 2015 年增长 24.7%；2016 年手机网上订外卖用户达到 19387 万人，网民使用率为 27.9%，较 2015 年增长 86.2%。如表 2－16 所示。可以看见，2016 年各类电子商务应用都在走向移动化，且移动端的用户增长率高于总体用户的增长率。而新兴的外卖应用，从一开始移动端就是其主要场地。

**表 2－16　　2016 年各类电子商务应用使用情况**

| 应用类别 | 用户规模 | 网民使用率 | 较 2015 年增长率 |
|---|---|---|---|
| 网上支付 | 47450 万人 | 64.9% | 14.0% |
| 网络购物 | 46670 万人 | 63.8% | 12.9% |
| 网上银行 | 36552 万人 | 50.0% | 8.7% |
| 网上订外卖 | 20856 万人 | 28.5% | 83.7% |
| 旅行预订 | 29922 万人 | 40.9% | 15.3% |
| 手机网上支付 | 46920 万人 | 67.5% | 31.2% |
| 手机网络购物 | 44093 万人 | 63.4% | 29.8% |
| 手机网上银行 | 33357 万人 | 48.0% | 20.5% |
| 手机网上订外卖 | 19387 万人 | 27.9% | 86.2% |
| 手机旅行预订 | 26179 万人 | 37.7% | 24.7% |

## （二）移动购物平台使用情况①

2016 年第 3 季度各移动购物平台的用户使用与交易情况与占比如图 2 - 18 所示。其中，手机淘宝 + 天猫仍是一马当先，拿下了电子商务用户总体使用与交易数量的 85.4%；手机京东次之，占比 9.9%；手机唯品会第三，占比 2.3%。

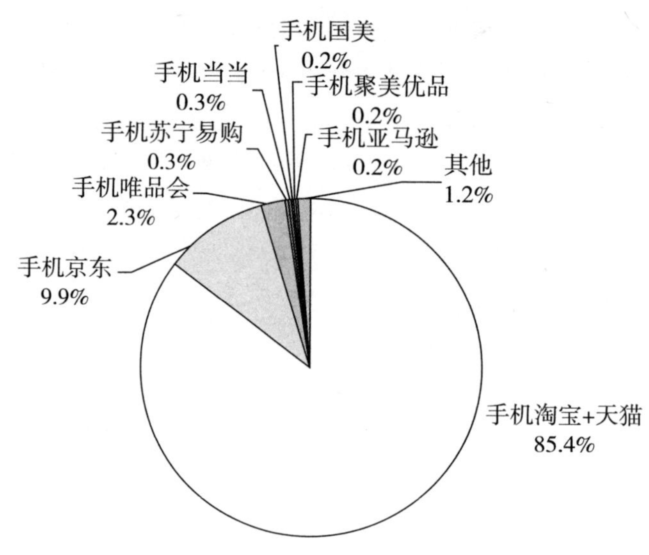


**图 2 - 18　各移动购物平台使用情况**

## （三）电子商务用户的媒介接触及消费行为特点②

### 1. 社交媒体成为催生网购需求的新动力

调查显示，将近一半的被调查者表示会通过社交媒体来了解产品、寻求产品的建议。而目前的社交媒体不仅影响消费者的购买决定，还直接引导消费者在这些平台上购买。2015 年，有 15% 的被调查者表示曾在微信上购物，而 2016 年这一比例增加到 31%。

微信购物的主要渠道有京东微信入口（32%）、公众号（23%）、微信群

① 数据来源：易观．中国移动互联网市场数据盘点专题研究分析 2016 年第 3 季度．

② 数据来源：麦肯锡．2016 中国数字消费者调查报告．

或朋友圈（23%）、链接其他应用（22%）。如图2－19所示。

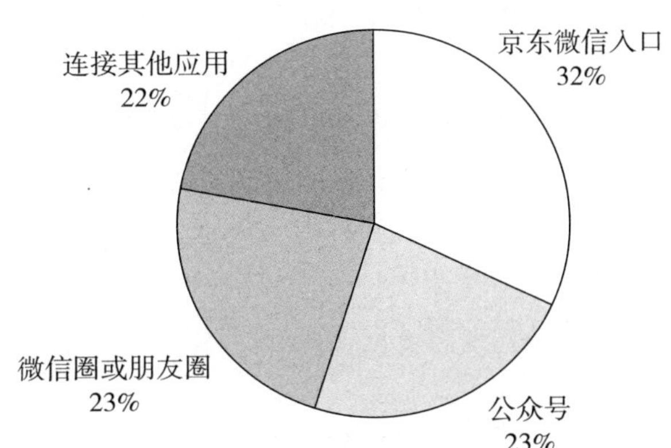


**图2－19　微信购物主要渠道**

微信购物的主要产品为服饰和个护用品。调查显示，60%的微信购物者购买过服饰，有41%的微信购物者购买过个护用品。

### 2. 海淘成为电子商务用户的消费新趋势

电子商务的发展让跨境购物成为可能，热衷海淘的消费者越来越多。近二成（19%）受访的数字消费者曾通过跨境电商海淘，尤其是国内买不到或太过昂贵的商品，如保健品、奢侈品与服饰。

调查显示，在一线城市中，有24%的电子商务用户进行过海淘购物；二线城市中，有23%的电子商务用户进行过海淘；三线城市中，有19%的电子商务用户进行过海淘；四线城市中，有16%的电子商务用户进行过海淘。如表2－17所示。可见大型城市的海淘率也相对较高，这可能与城市居民的教育程度、消费观念以及购买力有关系。

**表2－17　不同城市跨境海淘的购物人群占比**

| 城市性质 | 有过海淘经验的比例 | 排名 |
| --- | --- | --- |
| 一线城市 | 24% | 1 |
| 二线城市 | 23% | 2 |
| 三线城市 | 19% | 3 |
| 四线城市 | 16% | 4 |

### 3. 旅游 O2O 服务大受欢迎

调查显示，近八成的被调查者曾在过去一年中旅游过，O2O 平台是他们经常使用的工具。全国有 36% 的 O2O 消费者购买旅游服务，在一线城市更是高达 56%，可以说旅游在各类 O2O 服务中是最受欢迎的。

在一线城市中，使用 O2O 旅游服务的消费者占比 56%；二线城市中，使用 O2O 旅游服务的消费者占比 41%；三线城市中，使用 O2O 旅游服务的消费者占比 36%；四线城市中，使用 O2O 旅游服务的消费者占比 26%；在农村中，使用 O2O 旅游服务的消费者占比 21%。如表 2－18 所示。

**表 2－18　　不同城市使用 O2O 旅游产品的消费者占比**

| 城市性质 | 使用 O2O 旅游产品的消费者的比例 | 排名 |
| --- | --- | --- |
| 一线城市 | 56% | 1 |
| 二线城市 | 41% | 2 |
| 三线城市 | 36% | 3 |
| 四线城市 | 26% | 4 |
| 农村 | 21% | 5 |

## （四）以“双十一”为例看电子商务用户消费行为[①]

### 1. 2016 年“双十一”交易额

调查显示，2016 年“双十一”各大平台的交易额均创新高。其中，2016 年“双十一”天猫全网交易总额为 1207 亿元、京东交易总额为 401.88 亿元、苏宁交易总额为 26.55 亿元。天猫继续一路领先，各电商平台总交易额均有增长。

### 2. 消费者购物方式

54.7% 的被调查消费者表示他们购物的方式是实体店、电商购物各半；有 40% 的消费者表示他们基本不去实体店购物，电商购物为主；只有 5.3% 的消费者表示，他们基本不去电商购物，实体店购物为主。如图 2－20 所示。可见电商购物的普及程度很高，并且由于其便利性、实惠性等原因，已经成

① 数据来源：知萌咨询 . 2016 双十一消费行为调查报告 .

为人们习惯的购物方式。

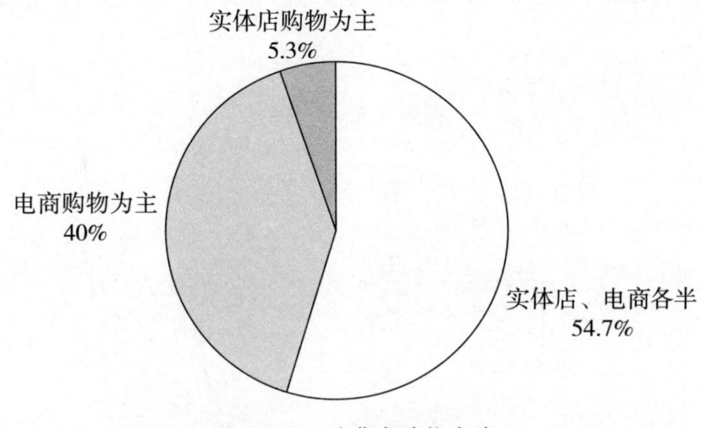


**图 2－20　消费者购物方式**

### 3. APP 购物成为新常态

42.9% 的电商购物者表示他们网上购物的方式是购物网站与 APP 皆有；41.0% 的电商购物者表示他们网上购物的方式是 APP；16.2% 的电商购物者表示他们网上购物的方式是购物网站。如图 2－21 所示。可见通过电商 APP 进行购物已经成为人们网上购物的常态。电子商务的移动化越来越成为趋势。

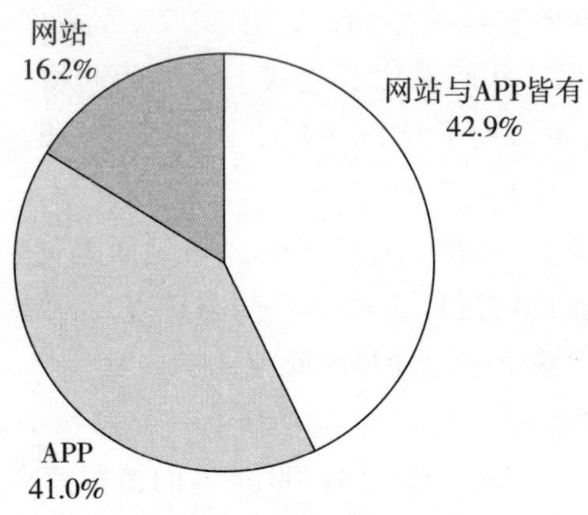


**图 2－21　消费者网购方式**

### 4. 消费者何时开始准备参加“双十一”

51% 的消费者表示，进入 11 月他们便开始准备参加“双十一”购物节；而有 27% 的消费者表示，他们提前一个月便开始准备参加“双十一”购物节；17%的消费者表示，他们提前一个星期开始准备参加“双十一”购物节；5%的消费者表示他们提前一天开始准备参加“双十一”购物节。如图2－22所示。

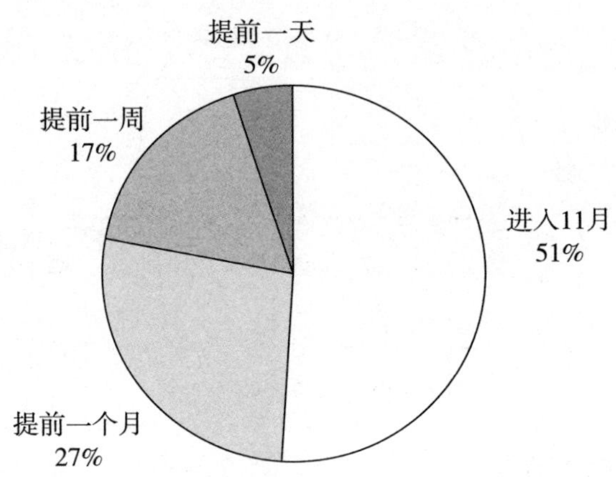


**图2－22 消费者何时准备“双十一”**

**5. 消费者参加“双十一”的原因**

70.3%的消费者表示，“产品价格便宜，打折力度大”是他们参加“双十一”的原因；排在第二位的原因是“前几年都参与了，形成了习惯”，有40.8%的消费者是出于这样的原因；而有30.7%的消费者表示，他们是被“双十一”的广告吸引，从而参加了“双十一”的购物。其他的原因有：看到周围人参加，自己也参加了（23.3%）；与朋友拼单购买（11.4%）；自己喜欢的明星代言了“双十一”的活动（9.1%）；被朋友“安利”某种产品好，然后购买（8.9%）。如图2－23所示。可见影响消费者参与“双十一”的主要原因还是因为价格折扣，另外，广告与身边人的影响也不可小觑。

**6. 消费者加入“双十一”购物时间**

49.4%的消费者表示，他们加入“双十一”购物的时间是11月11日00：00开抢；11月11日08：01—18：00加入的消费者有33.4%；排在第三的加入时间是11月11日00：01—01：00。可见加入“双十一”购物的消费者很多都是守着凌晨进行购物。

具体加入时间如图2－24所示。

其中，在22：00之后购物排在第一位的是95后群体、00：00第一时间开抢的以90后居多、00：00—02：00则以85后最为活跃、02：00—06：00 80后

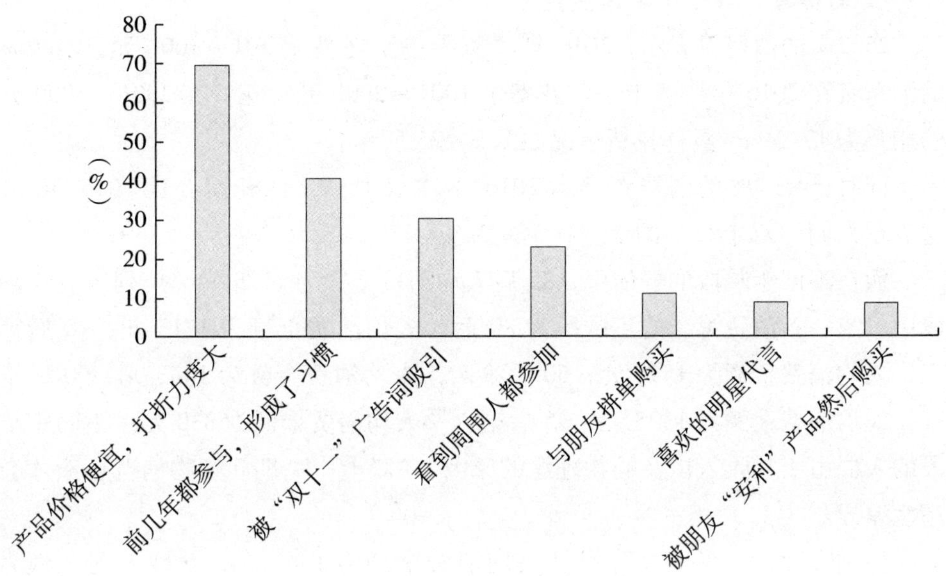


**图 2－23　消费者参加“双十一”的原因**

最为活跃、而 18：00—20：00 购物的主要以 70 后最多、08：00—18：00 多为 60 后。这可能与不同年龄段的生活作息以及消费态度有关。

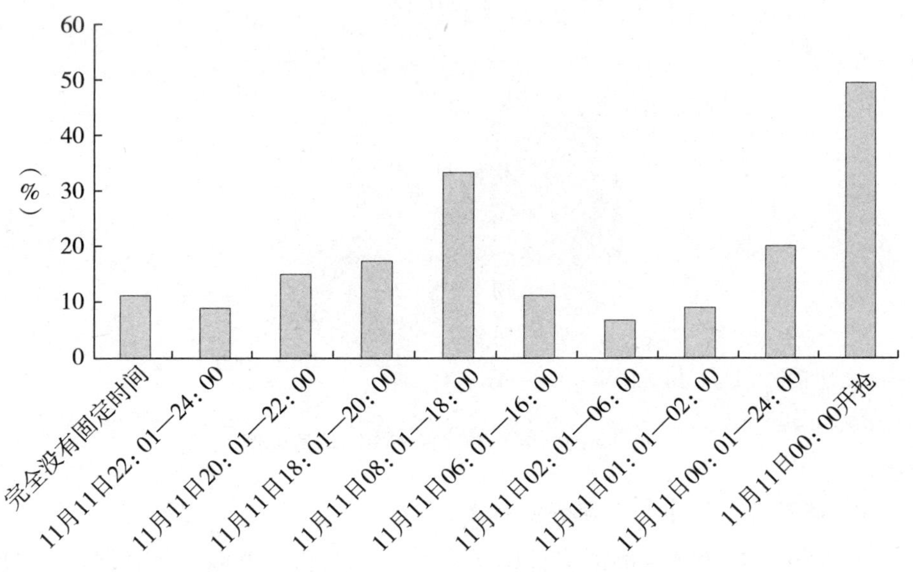


**图 2－24　消费者加入“双十一”购物时间**

### 7. 消费者“双十一”消费金额

25.2%的消费者表示，2016年“双十一”花费了501～1000元，24.2%的消费者在2016年“双十一”花费了1001～2000元，花费在2001～5000元的用户为17.2%。具体花费情况如图2－25所示。

同时，46.3%的消费者表示2016年“双十一”的花费要比2015年多，这表示人们“双十一”的消费在不断升级。

而在不同年龄段的群体中，85后人均消费金额为1779元，位列所有年龄段中的第一；消费第二的年龄段为80后，人均消费金额为1713元；70后第三，人均消费金额为1515元；60后第四，人均消费金额为1433元；90后第五，人均消费金额为1395元；95后第六，人均消费金额为830元。不同年龄段的人群由于其收入以及购物理念的原因，“双十一”期间购物消费金额才会产生差异。

性别方面，“双十一”男性人均消费金额为1561元，女性人均金额为1497元，男性略高于女性。这可能与购买的商品性质不同有关。男性钟爱手表、智能产品、数码产品、手机、电脑及周边产品，而女性钟爱购买衣服、包、洗发用品、美妆用品、新鲜食材及美容服务等。

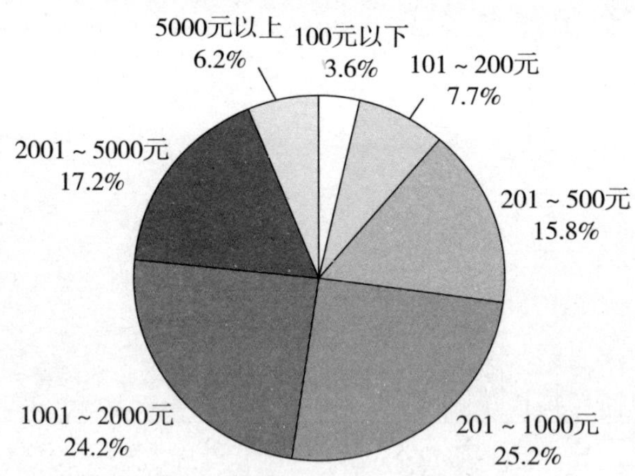


图2－25 消费者“双十一”消费金额

### 8. 消费者“双十一”都在买什么

近半数（49.6%）的消费者在“双十一”购买了服装；排在第二位的是鞋子（34.9%）；零食排在第三位，有30.3%的消费者购买。其余的用品分别有：美妆用品（包含护肤品）（21.7%）、洗发用品（20.6%）、一般洗护用品（19.7%）、小家电（18.9%）、卫生纸品（18.7%）、家居用品（16.8%）与洗衣用品（15.5%）。如图2-26所示。

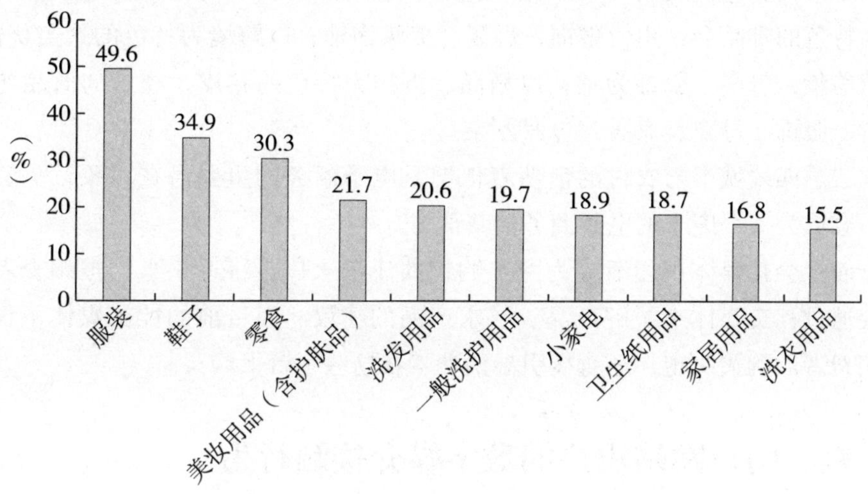


**图2-26　消费者“双十一”购买商品类别**

### （五）电子用户媒介接触与消费行为综述

根据现有数据以及相关分析，我们可以看到电子商务俨然已成为数字媒介用户经常使用的应用之一，网络购物已经成为人们最习惯的购物方式，并且由于其便利性与实惠性，很多消费者在网上购物要多于实体店购物。

网络购物的移动化依然是2016年电子商务的趋势之一，由于移动终端的便利性，人们更加倾向于在APP上进行购物。

而电子商务的发展让跨境购物成为可能，热衷海淘的消费者越来越多。许多消费者选择通过跨境电商来购买物品，尤其是国内买不到或太过昂贵的商品，如保健品、奢侈品与服饰。

旅游O2O平台也是消费者青睐的消费平台，越来越多消费者有出行、旅游的需要，而便捷的O2O产品使得旅行不再麻烦。

而由电商平台发起的“双十一”购物节无疑是一年中最大的电子商务的狂欢，有力度的折扣以及全民的狂欢，使得许多消费者熬夜守着商品进行抢购。2016年的“双十一”天猫平台的营业额达到1207亿元，同时它也是

"双十一"最受欢迎的购物平台，其次是淘宝、京东与唯品会。

同2015年一样，针对女性电子商务用户的电子商务网站及APP数量众多，并且其中以特卖电商为主，它们的主营产品及定位各有差异，但目标都是以都市白领为代表的知识水平较高、有一定经济实力的女性群体。如以特卖为特色的唯品会，主营服饰，母婴、美妆为辅；以跨境为特色的聚美优品，主营美妆，母婴、服饰为辅；以精品、折扣为特色的卷皮，经营的商品包含百货、服饰、母婴、家居，包罗万象……

三、四线城市与农村的消费者依旧是电子商务的重要潜在对象，一旦开发，会成为一个庞大的电子商务消费群体。

而社会化媒体正逐渐成为网上购物的流量入口，将近一半的被调查者表示会通过社交媒体来了解产品、寻求产品的建议。而目前的社交媒体不仅影响消费者的购买决定，还直接引导消费者在这些平台上购买。

## 六、门户网站用户的数字媒介接触行为

### （一）门户网站用户总量统计①

2016年网络新闻用户规模为61390万人，网民使用率为84.10%，在各个互联网应用中用户规模排名第三，相较于2015年均有所上升，全年增长率8.8%。

各类手机互联网应用的统计调查结果显示，2016年手机网络新闻的用户规模为57126万人，网民使用率为82.2%，在各手机互联网应用中排名第二，相较于2015年均有上升，全年增长率为18.6%。可见网络新闻移动端的用户增长明显高于总体增长，新闻网站的用户使用移动化也是明显的趋势。

### （二）移动新闻资讯用户的基本特征②

#### 1. 移动新闻资讯用户的年龄分布

根据调查结果显示，2016年移动新闻资讯用户有一半以上年龄是在30岁以下，其中：25～35岁的用户最多，占比为34.4%；41岁及以上的用户次

① 数据来源：中国互联网络信息中心. 第39次中国互联网络发展状况统计报告.

② 数据来源：易观. 中国移动新闻资讯应用市场综合研究2016.

之，占比为21.6%；24岁及以下的用户第三，占比为21.5%；31～35岁的用户占比为13.7%；36～40岁的用户占比为8.8%。如图2－27所示。可见移动新闻资讯用户总体偏年轻化。

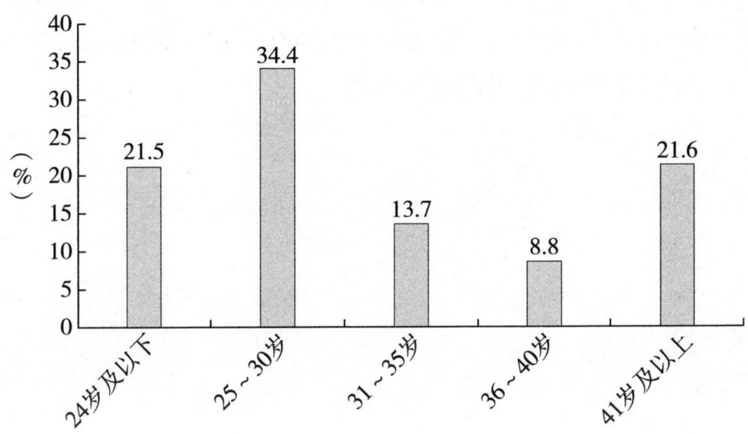


**图2－27　移动新闻资讯用户的年龄分布**

### 2. 移动新闻资讯用户的学历分布

根据调查结果，2016年移动新闻资讯用户学历分布情况如下：初中及以下占比为29.7%；高中同等学力占比为31.1%；大专占比为12.6%；本科占比为23.8%；硕士及以上占比为2.8%。如图2－28所示。拥有大专及以上学历的用户达到39.2%，总体学历偏高。

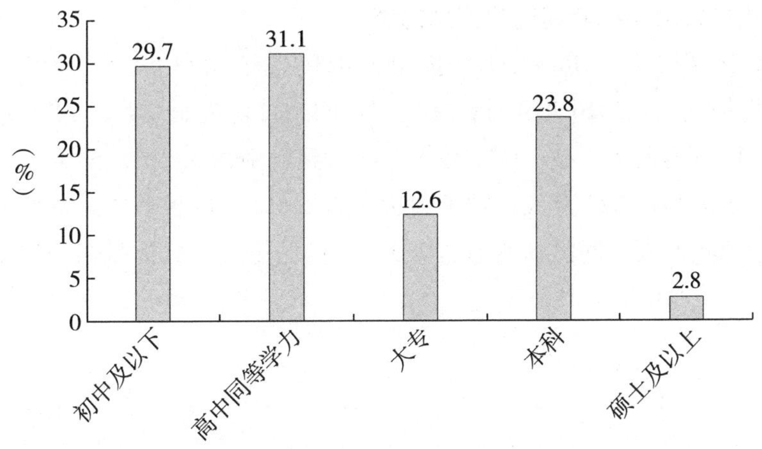


**图2－28　移动新闻资讯用户的学历分布**

### 3. 移动新闻资讯用户的收入分布

根据调查结果，2016年移动新闻资讯用户学历分布情况如下：月收入为2000元以下的用户占比为23.1%；月收入为2000~3999元的用户占比为38.3%；月收入为4000~7999元的用户占比为25.5%；月收入为8000~11999元的用户占比为5.5%；月收入为12000元以上的用户占比为7.6%。总的来说，移动新闻资讯的用户收入偏高。

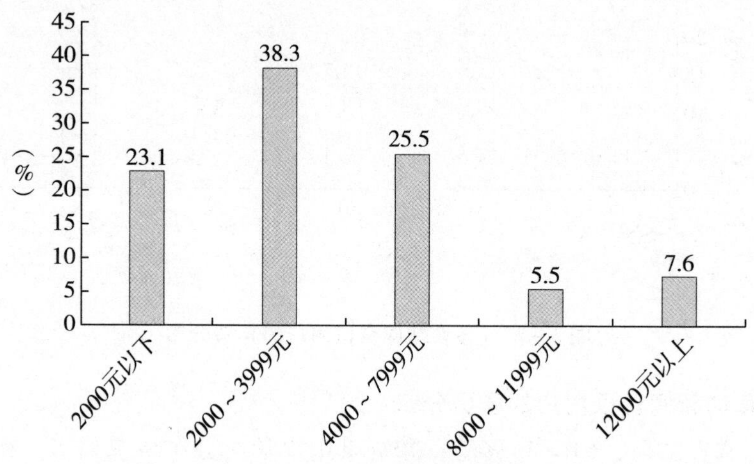


**图2-29 移动新闻资讯用户的收入分布**

## （三）门户网站用户的接触行为特性

### 1. 用户接触不同新闻门户网站的情况①

根据艾瑞咨询（iResearch）推出的网民连续用户行为研究系统iUser-Tracker数据显示，2016年9月，新闻门户网站日均覆盖人数达4278万人。其中，东方网日均覆盖人数达821万人，网民到达率达3.5%，位居第一；北青网日均覆盖人数达623万人，网民到达率达2.6%，位居第二；光明网日均覆盖人数达596万人，网民到达率达2.5%，位居第三。具体排名情况如表2-19所示。

① 数据来源：艾瑞咨询.2016年9月新闻门户网站日均覆盖人数排名.

**表 2－19　iUserTracker 2016 年 9 月新闻门户网站日均覆盖人数排名**

| 排名 | 网站 | 日均覆盖人数（万人） | 日均网民到达率（%） |
|---|---|---|---|
| 1 | 东方网 | 821 | 3. 5 |
| 2 | 北青网 | 623 | 2. 6 |
| 3 | 光明网 | 596 | 2. 5 |
| 4 | 环球网 | 391 | 1. 7 |
| 5 | 参考消息 | 387 | 1. 6 |
| 6 | 中青网 | 342 | 1. 5 |
| 7 | 中国广播网 | 305 | 1. 3 |
| 8 | 人民网 | 305 | 1. 3 |
| 9 | 新华网 | 274 | 1. 2 |
| 10 | 中国网 | 245 | 1. 0 |

注：日均网民到达率＝该网站日均覆盖人数/所有网站总日均覆盖人数

2016 年 9 月，新闻门户有效浏览时间达 8178. 5 万小时。其中，东方网有效浏览时间达 1328 万小时，占总有效浏览时间的 16. 2%，位居第一；光明网有效浏览时间达 593 万小时，占总有效浏览时间的 7. 3%，位居第二；参考消息有效浏览时间达 536 万小时，占总有效浏览时间的 6. 6%，位居第三。具体排名情况如表 2－20 所示。

**表 2－20　iUserTracker 2016 年 9 月新闻门户网站有效浏览时间排名**

| 排名 | 网站 | 阅读有效浏览时间（万小时） | 阅读有效浏览时间比例（%） |
|---|---|---|---|
| 1 | 东方网 | 1328 | 16. 2 |
| 2 | 光明网 | 593 | 7. 3 |
| 3 | 参考消息 | 536 | 6. 6 |
| 4 | 联合早报网 | 505 | 6. 2 |
| 5 | 环球网 | 493 | 6. 0 |
| 6 | 观察者 | 451 | 5. 5 |
| 7 | 北青网 | 421 | 5. 2 |

续 表

| 排名 | 网站 | 阅读有效浏览时间（万小时） | 阅读有效浏览时间比例（%） |
| --- | --- | --- | --- |
| 8 | 人民网 | 399 | 4.9 |
| 9 | 中国广播网 | 325 | 4.0 |
| 10 | 新华网 | 290 | 3.6 |

注：阅读有效浏览时间比例 = 该网站月度有效浏览时间/该类别所有网站总月度有效浏览时间

### 2. 新闻资讯移动 APP 市场格局①

根据易观的调查结果，2016 年移动新闻资讯 APP 的 2 月活跃人数 TOP10 如图 2－30 所示。腾讯新闻以 12568.4 万人位居第一名；今日头条 2 月活跃人数为 9416.91 万人位居第二；搜狐新闻以 7934.12 万人位居第三。

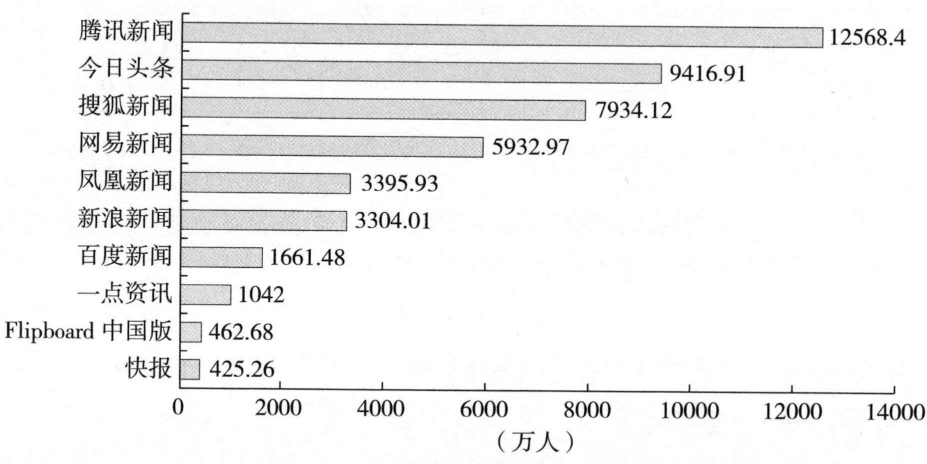


**图 2－30　2016 年 2 月新闻资讯 APP 活跃人数 TOP10**

### 3. 典型移动新闻 APP——腾讯新闻与今日头条全天启动次数分析②

用户在一天中启动腾讯新闻客户端有比较明显的时间特征，11 时是全天启动高峰达 6.2 亿次，从晚上 20 时开始启动次数再次上升，21 时进入晚间高峰，并持续到晚间 0 时之后。

早上 8 时及晚间 21 时是用户启动今日头条的两个高峰时段，尤其在晚间

① 数据来源：易观．中国移动新闻资讯应用市场综合研究 2016.

② 数据来源：易观．中国移动新闻资讯应用市场综合研究 2016.

21 时启动次数达到 2.9 亿次，22 时以后启动次数逐渐减少。

综合两个 APP 的启动次数，我们可以看到，由于用户特征的不同，用户在不同的新闻资讯 APP 的启动时间和次数也会产生差异。但是总体上有相似，晚间 21 时无疑是新闻 APP 用户启动的共同高峰。

**4. 新闻资讯移动 APP 用户消费类应用使用表现①**

根据易观监测数据，移动新闻资讯用户在使用金融理财、移动购物等消费类移动应用时，人均单日访问时长及人均单日启动次数等数据高于这几类应用用户的整体表现数据，对于吸引高端广告客户颇具优势。

在金融理财应用访问时长方面，新闻资讯 APP 用户人均单日访问时长为 7.65 分钟，长于该领域用户平均日访问时长 7.37 分钟；启动次数方面，新闻资讯 APP 用户人均单日访问为 3.73 次，多于该领域用户平均日启动次数 3.55 次。

在移动购物应用访问时长方面，新闻资讯 APP 用户人均单日访问时长为 12.32 分钟，长于该领域用户平均日访问时长 12.05 分钟；启动次数方面，新闻资讯 APP 用户人均单日访问为 3.20 次，多于该领域用户平均日启动次数 3.13 次。

### （四）门户网站用户媒介接触行为综述

2016 年，与其他的数字媒介一样，网络新闻的移动化趋势也越发明显。总体上来说，新闻资讯用户的学历、收入偏高，整体呈现年轻化现象。而社交媒介也越来越成为新闻资讯的重要入口之一。

移动新闻资讯 APP 中，按照运营背景的不同，可以分为两类：一是媒体（包括传统媒体与互联网媒体）为运营主体的媒体新闻客户端，代表有腾讯新闻、搜狐新闻等；另一类是非媒体机构（技术公司、商业公司等）自建的聚合新闻客户端，代表有今日头条、一点资讯等。

运营力、内容掌控力、分析计算力、产品创新力是新闻资讯应用发展的关键成功要素。平台的运营能力是保证应用健康发展的基础，尤其是在商业模式创新、用户运营方面，是应用延长生命周期的关键。在内容为王的时代下，新闻资讯对于用户的内容价值是首要价值，无论是自产内容，还是聚合内容，对内容的掌控力是发展的根本。产品的创新是指为产品功能、服务的

① 数据来源：易观．中国移动新闻资讯应用市场综合研究 2016.

创新，是丰富用户使用中的功能、提升用户互动、深度使用的基础。在移动用户的碎片化信息获取环境下，能通过大数据处理计算，为用户提供更加贴合的信息，是提升用户体验的关键。

## 七、垂直网站用户的数字媒介接触行为①

### （一）房产垂直网站用户接触行为特性

#### 1. 房产垂直网站排名②

据站长之家对各房产网站的综合评估统计，排名前十位的房产网站如下：第一名，搜房网房天下；第二名，安居客；第三名，焦点房地产；第四名，链家网；第五名，365 地产家居；第六名，吉屋网；第六名，乐居购房网；第七名，城市房产；第八名，楼盘网；第九名，中国房产超市网；第十名，智房网。

#### 2. 房产垂直网站用户规模③

调查数据显示，2016 年第 3 季度房产网站用户月度覆盖人数达 1.8 亿人，环比第 2 季度上涨 6.3%，与 2015 年同期相比下降 8.1%。其中，7 月房产网站月度覆盖总人数在连续下降 3 个月后迎来回升，为 1.75 亿人，环比上涨 5%，同比下降 11.3%；8 月，房产网站月度覆盖总人数继续回升，环比上涨 4.8%，同比下降 9.1%，达到 1.83 亿人；9 月，网站覆盖人数略有下降，为 1.81 亿人，环比下降 1.1%，同比下降 3.3%。从用户人数规模来看，2016 年第 3 季度房产用户规模相比于第 2 季度有所上涨，房地产市场持续呈现回暖的态势。

#### 3. 房产垂直网站用户访问频次和用户黏性④

2016 年第 3 季度房产网站用户季度总访问次数 24.1 亿次，比 2015 年同期下降了 2.5%，环比 2016 年第 2 季度上升 8.0%。

2016 年第 3 季度房产网站用户季度总浏览页面量为 76.7 亿页，环比上涨

---

① 本章垂直网站主要选取房产、汽车、旅行三大垂直网站进行用户数字媒介接触行为分析。

② 数据来源：站长之家．房产网站排行榜．

③ 数据来源：艾瑞咨询．2016 年 Q3 中国房地产网络营销季度数据报告．

④ 数据来源：艾瑞咨询．2016 年 Q3 中国房地产网络营销季度数据报告．

3.1%，和2015年同期相比，下降28.7%。

从房产垂直网站用户访问频次和用户黏性上来看，较2015年，房产网站的访问频次与黏性均有下降，但是就2016年的情况来看，第3季度情况较第2季度有所回转。

#### 4. 房产垂直网站用户访问深度①

2016年第3季度房产网站人均单页有效浏览时间为58.3秒，相比2015年同期减少了4.8秒。在房产网站中，新浪乐居、腾讯房产、搜房网的人均单页有效浏览时间处于领先地位。其中，新浪乐居最高，达到72秒；其次是腾讯房产，为71秒，居第二；搜房网为59秒，居第三。如表2-21所示。

**表2-21　iUserTracker 2013Q3—2016Q2 房产网站人均单页有效浏览时间**

单位：秒

| 时间 | 平均值 | 新浪乐居 | 搜房网 | 搜狐焦点网 | 腾讯房产 | 网易房产 |
|---|---|---|---|---|---|---|
| 2013Q3 | 55.9 | 65.3 | 52.7 | 72.3 | 58.0 | 31.0 |
| 2013Q4 | 53.8 | 42.6 | 57.8 | 69.2 | 69.3 | 30.1 |
| 2014Q1 | 56.5 | 58.9 | 57.0 | 68.6 | 72.3 | 25.9 |
| 2014Q2 | 60.4 | 79.9 | 53.1 | 70.3 | 74.3 | 24.6 |
| 2014Q3 | 66.8 | 104.0 | 52.0 | 74.0 | 75.0 | 29.0 |
| 2014Q4 | 65.7 | 95.7 | 56.0 | 73.7 | 75.3 | 27.7 |
| 2015Q1 | 64.3 | 93.2 | 53.7 | 72.7 | 74.9 | 27.1 |
| 2015Q2 | 57.9 | 77.3 | 57.7 | 61.7 | 63.0 | 29.7 |
| 2015Q3 | 63.1 | 90.3 | 62.0 | 62.7 | 69.0 | 31.3 |
| 2015Q4 | 60.9 | 99.7 | 60.7 | 69.7 | 39.3 | 35.3 |
| 2016Q1 | 63.5 | 90.7 | 60.0 | 65.7 | 65.3 | 35.7 |
| 2016Q2 | 62.4 | 85.7 | 63.0 | 57.7 | 74.0 | 31.7 |

#### 5. 房产垂直网站用户行为小结

由于房产网站的用户基本上都是寻求购房信息以及房地产的消费者，因此房产垂直网站的访问量、用户行为很大程度上与房产市场以及房产政策有

① 数据来源：艾瑞咨询.2016年Q3中国房地产网络营销季度数据报告.

关。2016 年第 3 季度房产销售继续好转，主要得益于一段时间以来的种种利好政策效果逐渐显现，购房消费需求得到提升。在推进供给侧改革去库存的政策大背景下房地产交易环节契税调整、央行连续的降准、公积金提取流程简化、二手房营改增等多项刺激性政策的出台，加速了房地产市场的回暖，2016 年新地王的频频出现也刺激了购房者入市的需求，共同推动了楼市成交量的回暖。同时，房产商不断进行营销创新，除了继续进行精准化营销外，直播等全新的房产营销形式也吸引了众多的消费者。同时我们也可以看到，9 月下旬开始国内部分大中城市又纷纷祭起房地产调控大旗，地方限贷限购政策频频出台，这也为第 4 季度房地产市场的发展带来了很大的不确定因素。

## （二）旅游垂直网站用户接触行为特性①

### 1. 2016 年中国在线旅游市场交易规模

根据艾瑞咨询的调查数据显示，2016 第 3 季度中国在线旅游市场交易规模达 1627. 6 亿元，环比增长 11. 8%，同比增长 28. 4%。第 3 季度为旅游旺季，包含暑期、中秋等节假日，出游人数增多，推动在线旅游市场交易规模稳定增长。2016 年第 1 季度与第 2 季度的在线旅游市场交易规模分别为 1336. 9 亿元与 1455. 7 亿元，截至 2016 年 9 月，中国在线旅游市场交易规模总量为 4420. 2 亿元。

### 2. 2016 年中国在线旅游市场交易结构

2016 第 3 季度中国在线旅游市场交易结构保持较为稳定的格局，机票交易占比为 53. 6%，住宿交易占比 21. 8%，度假交易占比 18. 8%。可见机票交易是中国在线旅游交易中极为重要的一部分。具体交易结构如下：机票占比 53. 6%、住宿占比 21. 8%、度假占比 18. 8%、其他②占比 5. 8%。如图 2 – 31 所示。

### 3. 2016 年中国在线旅游移动端流量占据优势

调查数据显示，2016 年在线旅游用户在移动端的访问次数远高于 PC 端，移动端具有明显优势。2016 年第 3 季度中国在线旅游 APP 端月度访次占比逐月上升，9 月占比增长至 62. 2%。

艾瑞咨询认为，1—9 月在线旅游移动端月度访问次数占比稳定在 55% 以

① 数据来源：艾瑞咨询 . 2016Q3 中国在线旅游市场规模 1627. 6 亿元，机票交易占比 53. 6%.

② 其他交易额主要包括租车、票务分销等新兴的在线旅游细分领域产品预订所产生的交易额，不包含汽车票、火车票交易额数据。

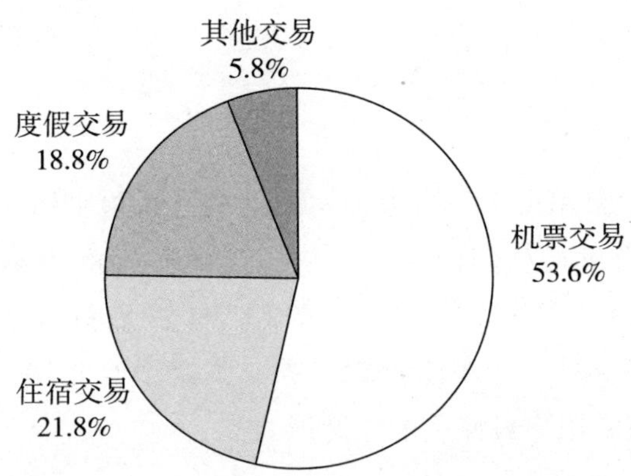


**图 2－31　2016Q3 中国在线旅游市场交易结构**

上，用户行为已经从 PC 端转向移动端，未来随着在线旅游企业在移动端的持续布局，移动端流量占比仍将上涨。

2016 年 1—9 月中国在线旅游服务访问具体次数结构如图 2－32 所示。

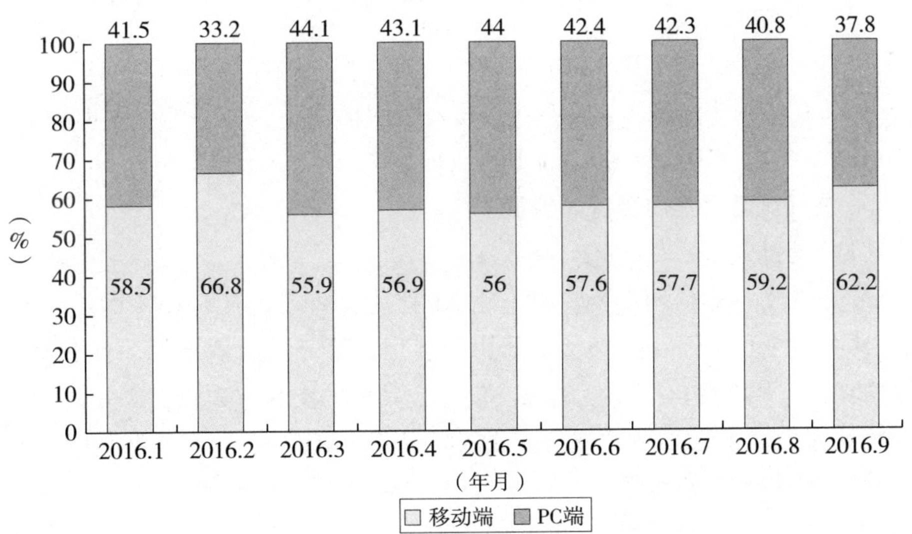


**图 2－32　2016 年 1—9 月中国在线旅游服务访问次数结构**

## 4. 在线旅游用户行为特征[①]

（1）出游行为结构

调查显示，2016 年中国在线旅游用户中，有 48.0% 的用户曾经有过国内

① 数据来源：艾瑞咨询 . 2016 中国在线旅游度假用户研究报告 .

游的经历，有 21.6% 的用户有过出境游的经历，有 30.4% 的用户有过周边游的经历。

（2）出游方式

2016 年在线旅游用户中，周边游用户中，自助游比例为 67.7%，其中包括 41.4% 的自驾自助游；国内游用户中，自助游比例为 44.8%，跟团游为 22.7%，半跟团游 17.3%，半自助游 15.2%；境外游用户中，自助游 32.1%，跟团游 27.4%，半跟团游 21.5%，半自助游 19.0%。综合可见，自助游是中国在线旅游用户最偏爱的旅游形式。

（3）出游同行对象

调查数据显示，56.7% 的在线旅游用户的同行对象为配偶，35.5% 的用户的旅游同行对象为孩子，排名第三的是同学/朋友，占比为 21.4%。其余的同行对象排名为：同事（19.4%）、父母（19.4%）、情侣（16.8%）、亲戚（8.6%）、其他（2.8%）。

（4）出游时间段

47.5% 的在线旅游用户的出游时间为小长假；排在第二的时间段是年假（16.4%）；第三为周末（12.4%）；其余时间段如下：寒暑假（8.4%）、国庆节（5.7%）、春节（4.4%）、其他（5.0%）。

**5. 在线旅游用户消费行为特征①**

（1）支付方式

最受中国在线旅游用户青睐的支付方式为支付宝，有 63.5% 的用户使用它；其次是网上银行，有 26.5% 的用户使用；第三是微信支付，有 7.8% 的用户使用；百度钱包有 1.3% 的用户使用；其他的支付方式仅占 0.8%。可见支付宝占据了在线旅游用户支付方式的大半壁江山。

（2）购物消费品类

2016 年中国在线旅游用户的消费品类占比及排名如下：纪念品/食品（70.8%）、服饰（47.3%）、电子产品（30.2%）、化妆品/护肤品（27.6%）、黄金珠宝玉石（23.5%）、香烟/酒水（19.6%）、箱包（16.6%）、保健品（15.4%）、其他（3.0%）。

---

① 数据来源：艾瑞咨询. 2016 中国在线旅游度假用户研究报告.

### 6. 在线旅游垂直网站用户行为小结

同房产垂直网站一样，在线旅游垂直网站的用户基本上都是有外出旅游需求的消费者，因此在线旅游网站的访问量与访问次数也与这一时期旅游外出的时间相关联。法定节假日等旅游高峰期，在线旅游网站的访问量同时也会增加。

在线旅游作为O2O商品中重要一部分，其交易额也在逐年增加。交易结构方面，机票预订是在线旅游交易中占比最多的一项交易，其次是住宿与度假旅游产品。无论是周边游还是境外游，自助游是中国在线旅游用户优先使用的游玩方式，而支付宝成为中国在线旅游用户最青睐的支付方式。

与其他的数字媒介一样，由于移动端的便捷性以及移动支付的发展，在线旅游网站的访问与交易也逐渐出现移动化的趋势，并且移动端的访问已经开始多于PC端，可见在线旅游APP是以后在线旅游发展的重要趋势。

## （三）汽车垂直网站用户接触行为特性①

### 1. 90后②车主最常光顾的汽车网站

数据显示，最受90后青睐的汽车垂直网站为易车网，月度覆盖人数为404.3万人；其次为太平洋汽车网，月度覆盖数为392.2万人；第三为汽车之家，月度覆盖人数386.0万人；第四为爱卡汽车，月度覆盖人数381.9万人；第五为58车，月度覆盖人数为169.7万人。如表2－22所示。

**表2－22　　90后车主最常光顾的汽车网站**

| 网站名称 | 月度覆盖人数（万人） | 排名 |
|---|---|---|
| 易车网 | 404.3 | 1 |
| 太平洋汽车网 | 392.2 | 2 |
| 汽车之家 | 386.0 | 3 |
| 爱卡汽车 | 381.9 | 4 |
| 58车 | 169.7 | 5 |

① 数据来源：艾瑞咨询. 2016年中国90后汽车消费群体研究报告.

② 关于选取90后车主，一是由于数据搜集的局限性，二是由于90后车主的代表性。

2. 90 后车主出行分析

人均出行次数：116.6 次/月；总体均值：105.3 次/月。

人均出行天数：21.9 天/月；总体均值：21.8 天/月。

日均出行千米：49.6 千米/日；总体均值：49.2 千米/日。

单次出行千米：13.3 千米；总体均值：13.3 千米。

最长单次千米：153.2 千米；总体均值：143.0 千米。

日均出行时长：100.5 分钟；总体均值：89.8 分钟。

可见，相比总体水平，90 后车主出行次数、天数以及出行公里都较多。

3. 90 后车主驾驶行为分析

90 后平均驾驶时速为 28.7 千米/时，低速行驶占比 47.8%，高速行驶占比 1.4%。可见 90 后车主驾驶习惯较为平缓，平均时速偏低，低速行驶占比近五成。此种驾驶行为特征应该是受道路交通状况不佳的影响，或者是驾驶技术不成熟所致。

4. 汽车垂直网站用户行为小结

90 后新车车主比例为 18.1%，且在互联网熏陶下成长的 90 后，获取相关信息的方式、甚至购买方式，都与互联网联系密切。最受 90 后青睐的汽车垂直网站为易车网，其次为太平洋汽车网，第三为汽车之家。相比总体水平，90 后车主出行次数、天数以及出行公里都较多。由于路况以及驾驶技术的限制，90 后车主驾驶习惯较为平缓，平均时速偏低，低速行驶占比近五成。

## 八、网络游戏用户的数字媒介接触行为

### （一）网络游戏用户基本特征

1. 网络游戏用户总量统计[①]

调查数据显示，2016 年网络游戏用户规模达 41704 万人，网民使用率 57%，相比较 2015 年全年增长 6.5%，在所有互联网应用中排名第八。各类手机互联网应用中手机网络游戏规模达 35166 万人，网民使用率为 50.6%，

① 数据来源：中国互联网络信息中心．第 39 次中国互联网络发展状况统计报告．

相比于2015年，全年增长率为25.9%，在所有手机互联网应用中排名第八。

2. 移动游戏用户性别分布①

数据显示，2016年12月，移动游戏男性用户占比达到50.6%，女性用户占比则是49.4%，移动游戏用户中男女比例基本持平，二者差距不断缩小。随着移动互联网用户的逐渐饱和，移动游戏用户性别结构将会保持稳定。

3. 移动游戏用户年龄分布②

截至2016年12月，国内移动游戏用户中，15岁及以下用户的比例达38.1%，相比2015年同期增长4.1个百分点，26~35岁用户比例为40.3%，其所代表的80后仍旧是移动游戏第一大人群。整体来看，35岁及以下的年轻用户仍然是移动游戏用户的主体，其中，00后以及90后正在稳步成长。

具体年龄分布如表2-23所示。

表2-23　移动游戏用户年龄分布

| 用户年龄 | 占比 | 排名 |
| --- | --- | --- |
| 26~35岁 | 40.3% | 1 |
| 25岁及以下 | 38.1% | 2 |
| 36~45岁 | 13.4% | 3 |
| 46~55岁 | 5.9% | 4 |
| 55岁以上 | 2.3% | 5 |

4. 移动游戏用户地域分布③

截至2016年12月，移动游戏用户在一线、二线城市的占比分别为15.8%、30.31%，而在一线、二线以外的其他城市的占比则达到50.47%；广东、浙江、河南、江苏和北京是移动游戏用户集聚度相对较高的省市，其中，广东省的移动游戏用户覆盖率达到13.8%。

具体前十位地域分布情况如表2-24所示。

① 数据来源：TalkingData移动数据研究中心.2016中国移动游戏行业报告.

② 数据来源：TalkingData移动数据研究中心.2016中国移动游戏行业报告.

③ 数据来源：TalkingData移动数据研究中心.2016中国移动游戏行业报告.

表 2-24　　移动游戏用户地域分布

| 地区 | 占比 | 排名 |
|---|---|---|
| 广东 | 13.6% | 1 |
| 浙江 | 8.3% | 2 |
| 河南 | 7.1% | 3 |
| 江苏 | 7.1% | 4 |
| 北京 | 6.2% | 5 |
| 山东 | 6.0% | 6 |
| 河北 | 5.2% | 7 |
| 安徽 | 4.0% | 8 |
| 湖南 | 3.9% | 9 |
| 四川 | 3.3% | 10 |

## （二）网络游戏用户接触行为特性

### 1. 网络游戏市场份额情况①

数据显示，在所有游戏种类中，移动游戏市场份额占总体游戏市场份额的49.5%，成为市场份额最大的游戏种类；排名第二的是客户端游戏，占比35.2%；第三为网页游戏，市场份额占比11.3%。可见移动手游全面超越了客户端游戏，而这也正代表了网络游戏的移动化之路。具体市场份额占比如图2-33所示。

### 2. 移动游戏用户使用时长②

截至2016年第4季度，iOS（苹果系统）平台移动游戏用户的月平均游戏时长达到6.2小时，是同期Android（安卓系统）平台移动游戏用户的3.3倍。可见苹果用户在使用移动游戏时间上要普遍长于Android用户。

### 3. 移动游戏用户游戏次数③

截至2016年第4季度，中国移动游戏用户平均次数保持稳定，iOS平台移动游戏用户的月平均游戏次数达到26.8次，是Android平台（月平均游戏

① 数据来源：中国音数协游戏工委，伽马数据，国际数据公司（IDC）.2016中国游戏产业报告.

② 数据来源：TalkingData移动数据研究中心.2016中国移动游戏行业报告.

③ 数据来源：TalkingData移动数据研究中心.2016中国移动游戏行业报告.

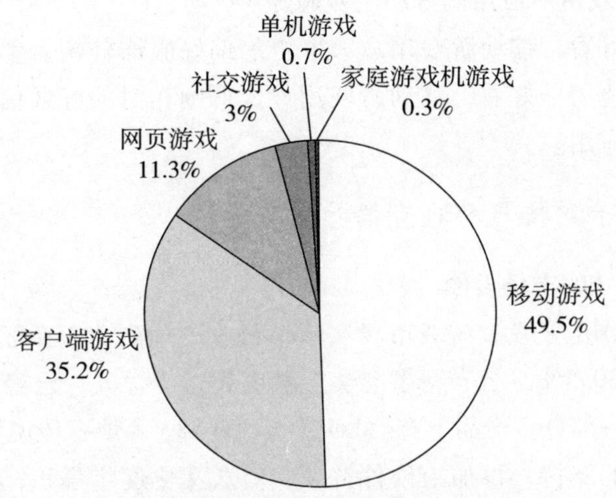


**图 2-33　2016 年网络游戏市场份额**

次数为 15.2 次）同期的 1.8 倍。

4. 移动游戏应用 TOP10（Android 平台）①

**表 2-25　移动游戏应用 TOP10（Android 平台）**

| 应用名称 | 应用覆盖率 | 排名 |
| --- | --- | --- |
| 开心消消乐 | 11.32% | 1 |
| 王者荣耀 | 6.89% | 2 |
| 欢乐斗地主 | 4.63% | 3 |
| 神庙逃亡 2 | 3.81% | 4 |
| 消灭星星 | 3.70% | 5 |
| 球球大作战 | 3.52% | 6 |
| 贪吃蛇大作战 | 3.48% | 7 |
| 天天酷跑 | 3.39% | 8 |
| 我的世界 | 3.20% | 9 |
| 消灭星星 2016 | 2.94% | 10 |

① 数据来源：TalkingData 移动数据研究中心. 2016 中国移动游戏行业报告.

#### 5. 移动游戏用户应用偏好和消费偏好①

从消费偏好看，移动游戏用户人群更加偏好服饰鞋帽、生活服务、餐饮等类消费；从应用偏好看，移动游戏用户人群则相对偏好通信社交、视频和网络购物等类应用。

### （三）电子竞技与游戏直播异军突起②

#### 1. 电子竞技的市场份额

2016 年中国电子竞技游戏市场实际销售收入达到 504.6 亿元，占游戏市场销售总额的 30.5%，公布赛事总奖金额度超过 3 亿元，已经成为游戏产业中极其重要的一部分。产品上有《LOL》《DOTA2》《炉石传说》《守望先锋》等多品类游戏的支持，再加上硬件普及、受众文化逐年累积，以及政府部门的政策鼓励，这些构成了电竞行业快速发展的重要因素。

移动电竞方面，2016 年中国移动电子竞技游戏市场实际销售收入为 171.4 亿元，占中国移动游戏市场实际销售收入的 20.9%。腾讯、网易、英雄互娱等企业都有一些代表性的产品，比如《王者荣耀》《乱斗西游》《全民枪战》。可以看见，无论是移动端还是 PC 端，电子竞技在整个网络游戏行业越来越扮演着重要的角色。

#### 2. 游戏直播高歌猛进

与电子竞技的高占比类似，2016 游戏行业异军突起的细分领域还有直播内容。借着电竞行业发展的契机、《LOL》《DOTA2》《炉石传说》等高人气产品的拉动，游戏直播迎来了高歌猛进的一年。

2016 游戏直播用户突破 1 亿人，增长率达到 108.3%，日均观看游戏直播超过 1 小时的用户占 63% 以上。日均观看游戏直播的时间最多的用户是 1 ~ 2 小时，其次是 1 小时以内。

具体观看数据比例如图 2 – 34 所示。

### （四）网络游戏用户数字媒介接触行为综述③

纵观以上数据，2016 年网络游戏是移动游戏大幅增长的一年，2016 年移

① 数据来源：TalkingData 移动数据研究中心 . 2016 中国移动游戏行业报告 .

② 数据来源：中国音数协游戏工委，伽马数据，国际数据公司（IDC）. 2016 中国游戏产业报告 .

③ 数据来源：DataEye&S + . 2016 年中国移动游戏行业年度报告 .

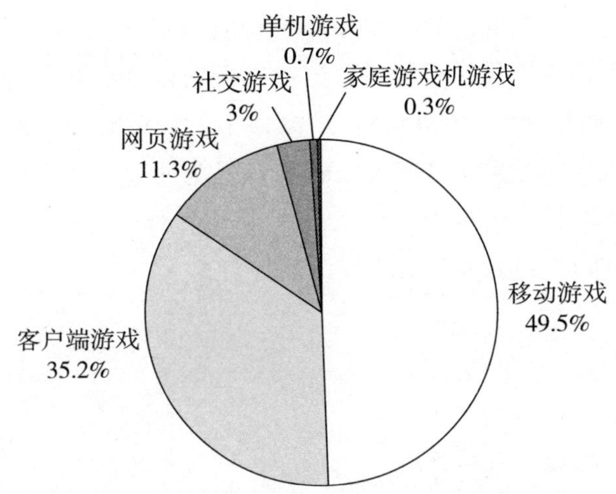


**图 2－34　用户日均观看游戏直播时间的数据比例**

动游戏的实际销售收入大幅度超过 PC 端游戏，成为网络游戏市场份额中最高的。

2016 年国家出台相关政策，对手游市场进行管控，大量低劣产品被淘汰，全年度都呈现出产品低增长率状况。市场全年收入持续扩张，除了国内玩家消费水平提升，消费观念转变之外，用户集中在部分优秀的头部产品也导致了付费群体持续增长及整个收入规模不断扩大。

由于各种同名小说改编成热门影视剧受到追捧，流入游戏市场中的影视剧 IP 以及日系动漫 IP 得到国内 CP（内容提供商）的广泛使用，同时 IP 类型的多元化，不管是动漫还是影视文学，被运用到不同游戏的类型中，极大地引起了玩家共鸣。而市场中也出现越来越多的影游联动类游戏，这种趋势从 2015 年开始，在 2016 年持续受到关注，并出现一些成功案例。

移动竞电方面，2016 年香港新世界集团郑志刚入股英雄互娱，给略显低沉的游戏市场注入强心针；电竞领域衍生出多个具有相当影响力的赛事，包括 WCG（微博）以及 IEM（英特尔极限大师杯赛）、I 联赛等；2016 年电竞领域得到国家扶持，在首批试点高校中推出电子竞技专业学科，培养一批专业化的电竞产业从业者。

2016 年，在网易首款二次元大作《阴阳师》以及 bilibili（哔哩哔哩，又称 B 站）的《FGO》、米哈游的《崩坏 3》的强力表现下，不少中小厂商似乎看到新的出路，引进海外二次元游戏或者 IP，针对国内玩家进行有针对性的打磨，毕竟国内二次元玩家群体庞大，市场也值得深挖。

2016 年 H5 游戏（移动端的网页游戏）玩家数和厂商数都迅速扩张，据统计 H5 游戏厂商目前已达到 1500 家，某些平台已开始布局准备在 2017 年重度推广，其中以《御龙》IP 下放做 H5 游戏最为明显；即点即玩，无须安装的便捷性以及画面技术的成熟也极大提高了 H5 游戏自身的竞争力，2017 年影视动漫 IP 捆绑 H5 游戏发行必将成为趋势。

## 专家述评

**郑晓东** 利欧数字营销总裁

2016 年数字营销领域比较突出的特点之一是移动端，尤其是流媒体的异军突起。以今日头条为首，包括腾讯新闻、网易新闻等媒体平台，以及其他大量的移动端的内容，使用户对媒介端的选择从原来的 PC 端迅速地转往移动端。

第二个突出的点是移动设备的转变。从媒介的角度来讲，越来越多的移动厂商从原来的厂商变成了媒体。以小米为例，小米从 2015 年原来不做任何广告到 2016 年投放 20 亿元的广告，把小米手机、小米操作系统以及小米的各个功能模块都变成了接触用户的媒体端。在小米之后，OPPO、VIVO 这些有大量用户的品牌，也陆续把移动手机端变成了移动媒体。

日益发展的移动端和 PC 端最大的不同点在于，移动端更容易获得用户的地理位置。以今日头条为例，一年 70 亿元的销售收入，主要得益于它有大量的中小型客户通过移动端接触，这使得广告的地域定向投放有了可能。PC 时代数字广告投放存在着很大的浪费，地域定向不够精准。但是随着用户移动端媒介接触习惯的产生，可以直接定向在精确的地理位置，从而可以更加精准地定位到一些中小型客户。移动端的 LBS 特性提升了整个数字营销行业的客户选取，也大大提升了广告效果。

移动端之所以发展如此迅速，主要是因为它具备了能够使得用户在碎片化时间段可以随时接触的优点，这些碎片化的时间段原来的 PC 端是无法覆盖到的。PC 端用户有接触数字媒体、数字工具以及所有数字生活的习惯，现在移动端提供了所有闲暇时间的便利，于是大量的用户开始涌入移动端。

从群体的角度来讲，值得关注的是以往在数字营销领域受到较少关注的群体，如三、四线城市的用户群体、农村用户群体、老年群体以及低龄用户群体。比如在微信领域，以往主要关注一些顶层的公众号的覆盖，但是微信有6亿多用户，这样只覆盖到其中1亿用户。

社交媒体方面，微博和微信逐渐显示出不同的发展方向，两者的用户也慢慢会有不同的特点。微博越来越偏向于年轻化，越来越偏向于内容驱动；微信反而是有更多的社交功能。现在很多人会通过微博来关注明星与社会上的热点新闻，这些事情是他们很难通过身边的朋友去了解的。微博作为这样一个公众的、娱乐的、媒体的社交平台逐渐承担了满足人们这一需求的功能。因此，微博的兴起主要是由于人们对内容的参与化的需求。对于微信重度用户来讲，他们的微信朋友圈的内容足够多，可以从朋友圈获得足够的资讯，所以他们对于其他资讯的需求就没有那么大。但是对于一个三、四线城市，或者一个低龄的微信用户，他的朋友圈只有几十个人，他就很难有大量的信息获取，此时微博就是他们获取信息的一个非常好的平台，也是他们社交的一个非常好的平台。

# 第三章　数字营销平台

本章主要以几大类营销平台作为落脚点，对数字营销领域在 2016 年的发展动向以及未来趋势做若干探索。技术的发展、政策的调整对数字营销领域乃至整个互联网领域都有着至关重要的影响，在这其中，各大平台如何主动出击或被动跟进或行走观望一起构成了一幅精彩的数字营销图景。

视频行业是最基本的互联网服务之一。该领域中的诸多新事物在近几年的酝酿下开始迸发它们的生命力，如最具有争议的直播视频行业。网络原创视频在 2016 年已经算不上是新鲜事物，行业内普遍关注的是原创视频未来的变现途径。各大龙头视频平台均把用户付费作为未来平台收入的重要来源，原创视频也积极通过“打赏”之类的方式增加收入。但未来视频网站的收入来源转变仍未有定论，不同视频类型也会带来不同的发展方向。

搜索引擎作为最早也是最基础的互联网服务在 2016 年的发展较为稳定。首先市场上的主要竞争者没有发生变化，其次各家所占据的市场份额也没有大的变动。移动化的发展促使各家积极发展和完善移动端的服务，由于各家侧重点不相同，在移动端的市场图景与 PC 端并不完全对应重合。

在本章中为了方便讨论将社会化媒体作为单独的数字营销平台，但实际上社会化不仅仅是某一类媒体的特性，而是互联网发展到一定程度的状态。目前的任何平台、网站都将社交服务作为基本服务。内容的分享、传播不可能离开了社交。社会化媒体链接的并不仅仅是人与人之间的联系，由人与人之间的联系扩展到平台与平台、企业与企业，最终创造出的是全新的互联网生态，也是全新的生活方式。

有关电子商务领域，“内容 + 社区 + 电商”模式借助移动互联网的便捷性及碎片化应用场景在电商领域兴起。在特卖电商领域，“网红 + 直播 + 电商”

成为行之有效的高流量、低成本、高转化的内容电商工具。在生活领域，支付应用逐渐深入到人们的生活中，从购物到就医挂号、违章缴费等公共服务都将与支付应用密切联系。

由于各平台数据与互联网营销平台的诸多变化，本章未就门户网站作为单独的数字营销平台展开充分讨论。目前随着互联网发展和各类平台的精细化，以往综合型的门户网站形态有所变化，与之相对应的是各类垂直门户、精细化搜索引擎等成为主流。所以本章将以新闻门户网站作为讨论的主体，从用户、内容、市场等角度对新闻门户网站进行梳理。

垂直网站部分仍选择了三大垂直领域进行说明，即房地产、旅游和汽车垂直网站。该领域也一直处于发展变化当中，在原来的垂直分类基础上，每一类垂直领域又开拓出了更多的细分领域，如垂直交易、垂直资讯以及垂直社区等。垂直领域的市场细分为消费者提供了更好的服务，也是其与传统门户网站竞争的优势所在。

网络游戏行业发展态势良好，政策上也使得网络游戏的版权得以正规化。值得关注的还有电竞行业的发展，在资本的推动下，电竞赛事在近几年也逐渐发展成熟，其商业模式也逐渐明晰，从早期简单的买方市场过渡到当前俱乐部、选手、赞助商、专业赛事机构等分工明确的市场体系。

## 一、视频网站营销

### （一）网络视频用户规模

#### 1. 2016 年网络视频用户规模及与往年对比变化

一方面，2016 年中国网络视频受众将达到 5. 304 亿人，超过了整个亚太地区网络视频受众的一半；另一方面，中国网络视频受众占全体网民的 73. 4%，但实际观看网络视频的用户规模仅达到 38. 8%，低于亚太地区的其他国家。智能手机使用量的增长，以及数据连接速度更快、更廉价，都是推动了网络视频收视快速增长的因素。另外，社交类平台对网络视频技术上的兼容和营销上的重视也是网络视频用户快速增长的重要原因。[①]

① 数据来源：eMarketer. 2016 年中国网络视频受众将超过 5 亿　占网民的 73. 4%.

在网络视频方面值得注意的是，随着版权意识的增强和相关政策法规的完善，付费观看成为未来网络视频的主流观看模式。根据艾瑞咨询报告显示，2016 年付费用户数量保持高速增长，会员用户数量可能达到 5441. 8 万人，渗透率超过 10%。付费用户中既包含单次点播付费用户，也包含各网站的付费会员，各视频网站的付费会员重合度较高，几大知名视频网站的付费用户规模在行业整体当中占比非常高，所以在付费用户的占比上也基本呈现“长尾”模式。如图 3 –1 所示。

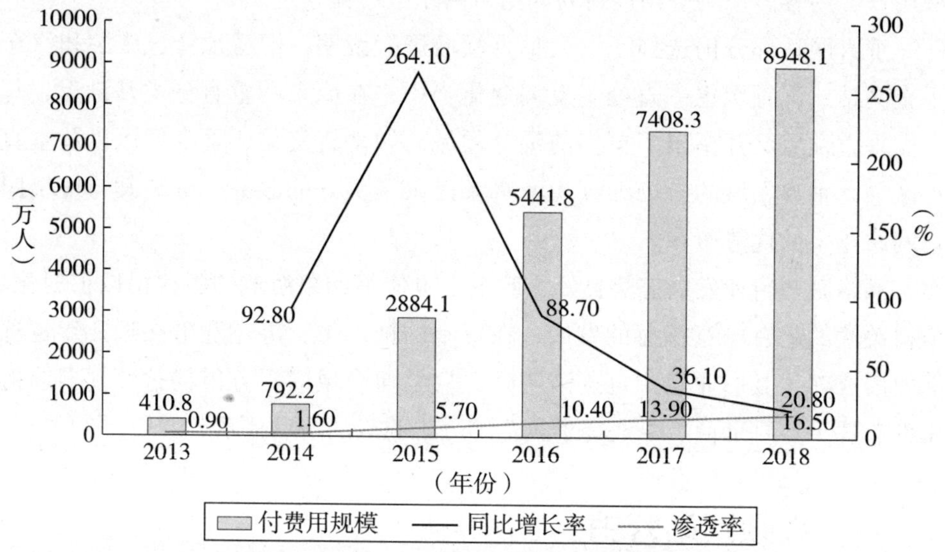


**图 3 –1　2013—2018 年中国在线视频付费用户规模及预测**

2016 年视频付费业务保持较高的发展速度。虽然付费用户在整体在线视频用户当中渗透率仍然较低，但各视频网站从内容到运营大力推进付费会员发展，可以说市场潜力巨大。用户付费的模式将带来的视频增值服务未来可能成为与广告同等重要的收入来源。[①] 如图 3 –2 所示。

**2. PC 端与移动端用户规模对比[②]**

截至 2016 年 6 月，我国网络视频用户规模达到 51391 万人，使用率达到 72. 4%，半年增长率为 2. 0%，涨幅不大。而移动手机端网络视频用户截至

① 数据来源：艾瑞咨询 . 2016 年中国视频网站付费用户典型案例研究 .

② 数据来源：中国互联网络信息中心 . 第 38 次中国互联网络发展状况统计报告 .

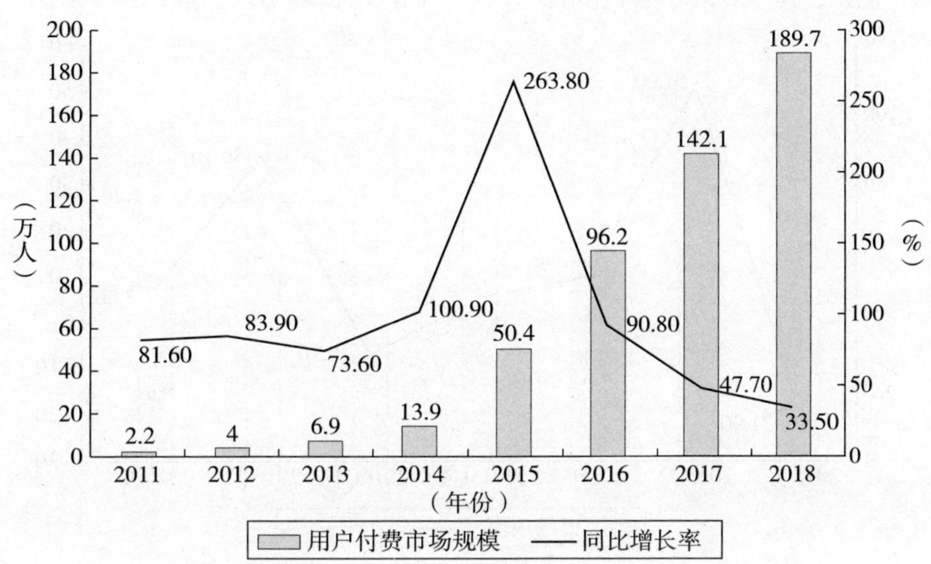


**图 3－2　2011—2018 年中国在线视频用户付费市场规模及预测**

2016 年 6 月，规模已达 44022 万人，使用率为 67.1%，半年增长率达到了 8.7%。如表 3－1 所示。

**表 3－1　2016 年中国网络视频用户规模**

| 类别 | 2016 年 6 月 | | 2015 年 12 月 | | |
|---|---|---|---|---|---|
| | 用户规模（万人） | 网民使用率（%） | 用户规模（万人） | 网民使用率（%） | 半年增长率（%） |
| 网络视频 | 51391 | 72.4 | 50391 | 73.2 | 2.0 |
| 手机网络视频 | 44022 | 67.1 | 40508 | 65.4 | 8.7 |

移动设备的普及以及技术的低门槛特点，使得我国手机互联网用户增长迅速；同时，移动设备特别是手机端的应用服务将互联网与大众的生活、娱乐、学习都紧密联系在一起，推动了原 PC 端网民向移动互联网端的转化和渗透。

## （二）2016 年网络视频广告市场规模①

2016 年前 3 季度的网络视频广告市场规模分别为 66.9 亿元、91.1 亿元、

① 数据来源：易观 . 2016 年 Q3 中国网络视频广告市场规模 97.5 亿 .

97.5 亿元，其中第 3 季度环比增长 7.0%，同期增长 43.0%。如图 3－3 所示。

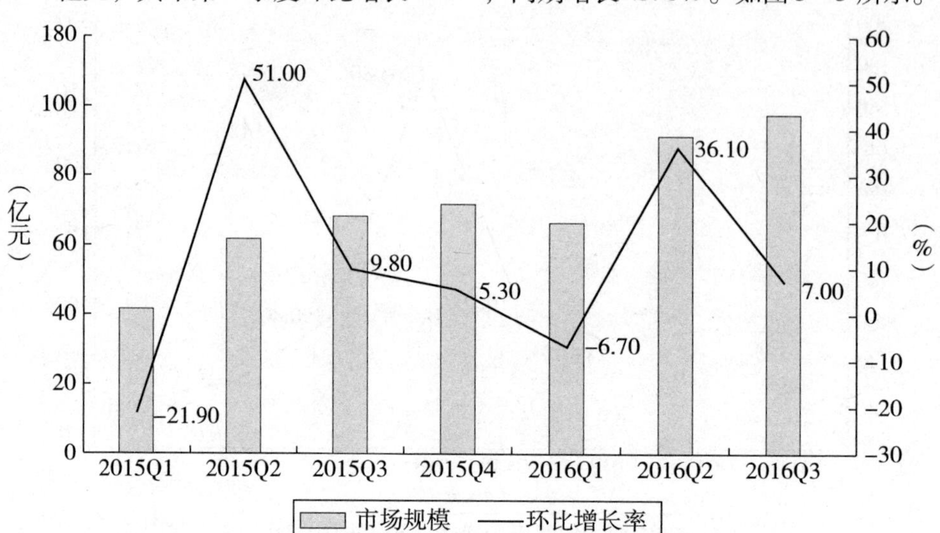


**图 3－3　2015Q1—2016Q3 中国网络视频广告市场规模**

移动视频广告市场规模在 2016 年第 3 季度达到 54.5 亿元人民币，在网络视频广告市场中占比 55.9%，比上一季度增长了 2.5 个百分点，与 2015 年同期相比增长了 6.5 个百分点。2016 年移动视频广告市场规模仍处于增长中，但与 2015 年同期相比，可以看出增长率有所下降。如图 3－4 所示。

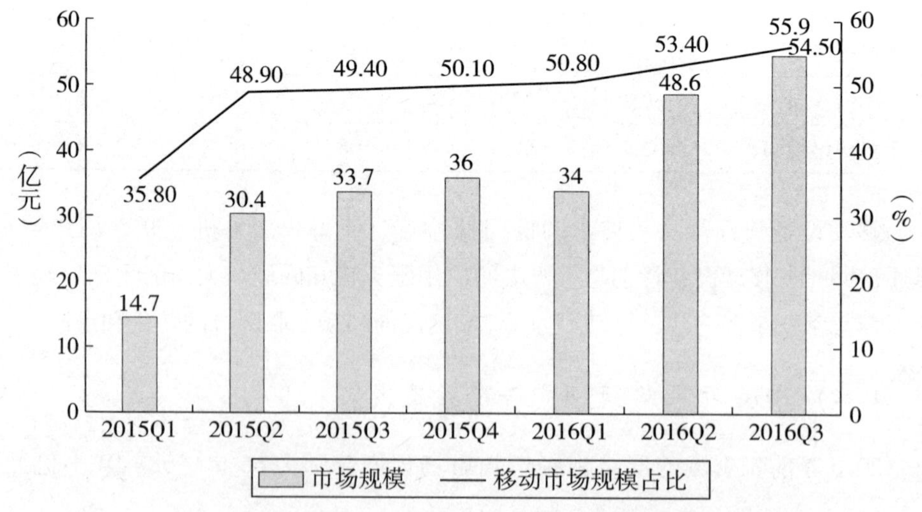


**图 3－4　2015Q1—2016Q3 中国移动视频广告市场规模**

### （三）网络视频广告市场分布状况[①]

2016 年第 3 季度中国网络视频广告市场收入份额中，腾讯视频占 21.6%，爱奇艺占 21.3%，优酷土豆占 19.7%，分别位居市场前三位置。乐视、搜狐以及芒果 TV 等视频平台也不容小觑。如图 3－5 所示。

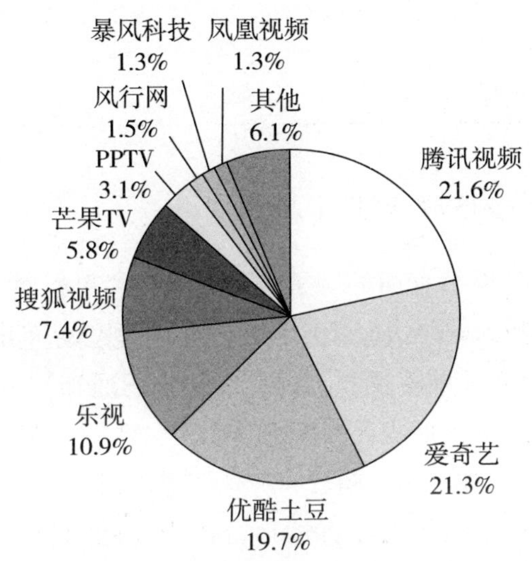


**图 3－5　2016 年第 3 季度中国网络视频广告市场份额**

相对应的，移动端视频市场用户规模基本按照市场规模排行仍然是，爱奇艺、腾讯视频以及优酷土豆占据市场前三名；其他视频应用虽有不同但差别不大。

**表 3－2　2016 年移动端视频用户规模排名**

| 排名 | APP 名称 | 月度活跃用户规模（万人） | 使用时长（万小时） |
|---|---|---|---|
| 1 | 爱奇艺视频 | 19440.8 | 319683.0 |
| 2 | 腾讯视频 | 19371.1 | 213257.0 |
| 3 | 优酷视频 | 13418.3 | 156099.0 |
| 4 | 芒果 TV | 5147.8 | 32468.1 |
| 5 | 乐视视频 | 4328.3 | 33320.6 |

① 数据来源：易观．2016 年 Q3 中国网络视频广告市场规模 97.5 亿．

续　表

| 排名 | APP 名称 | 月度活跃用户规模（万人） | 使用时长（万小时） |
| --- | --- | --- | --- |
| 6 | 暴风影音 | 3034. 2 | 34226. 5 |
| 7 | 搜狐视频 | 2801. 9 | 24167. 3 |
| 8 | PPTV 聚力 | 2192. 1 | 31315. 1 |
| 9 | 爱奇艺 PPS 影音 | 1982. 4 | 31120. 0 |
| 10 | 土豆视频 | 1844. 5 | 14429. 0 |

### （四）视频直播移动 APP 市场①

2016 年可以说是视频直播的“元年”，在技术和利润的推动下，直播行业越来越热闹，也越来越火爆。2016 年 9 月，国家新闻出版广电总局下发《关于加强网络视听节目直播服务管理有关问题的通知》，要求网络视听节目直播机构持“信息网络传播视听节目许可证”。之后严查“无证”及违规直播平台，9 万个直播间被关闭，超过 3 万个账号被封禁，一众小型直播平台也被清退。但即使如此，也挡不住直播平台作为互联网另类行业的发展势头。大型直播平台经历了火热的 2016 年，跨过政策寒冬，即将再战 2017 年。监管力度的增大一定程度上提升了直播行业的门槛，同时也加快了直播领域市场的洗牌。2016 年第 3 季度游戏/娱乐直播类 APP 排行如表 3 – 3 所示。

**表 3 – 3　　2016 年第 3 季度游戏/娱乐直播类 APP 排行**

| 排名 | APP 名称 | 月度活跃用户规模（万人） | 使用时长（万小时） |
| --- | --- | --- | --- |
| 1 | 映客直播 | 1532. 3 | 3557. 5 |
| 2 | YY LIVE | 1236. 6 | 5295. 7 |
| 3 | 斗鱼 | 1063. 9 | 10751. 2 |
| 4 | 虎牙直播 | 891. 7 | 7951. 1 |
| 5 | 花椒直播 | 546. 3 | 1132. 4 |
| 6 | 熊猫 TV | 542. 8 | 3889. 5 |
| 7 | 龙珠直播 | 453. 5 | 2488. 1 |

① 数据来源：易观.

续 表

| 排名 | APP 名称 | 月度活跃用户规模（万人） | 使用时长（万小时） |
|---|---|---|---|
| 8 | 触手 TV | 428.3 | 1950.9 |
| 9 | 繁星直播 | 403.3 | 948.5 |
| 10 | 战旗 TV | 386.0 | 1580.5 |

## （五）网络视频内容创新

### 1. 纯网电视剧/综艺付费模式开启①

纯网播出电视剧随着用户对网生内容的消费热潮已经成为网络视频平台重要的内容组成部分。根据对爱奇艺、乐视视频、芒果 TV、搜狐视频、腾讯视频、土豆视频、优酷视频七大综合视频平台截至 2016 年 12 月 8 日播放量数据统计，《欢喜密探》《超星星乐园》《法医秦明》三部网剧排在前三位。这些网剧仍然是以 IP 改编为主，提供了多类型的网剧题材。如表 3－4 所示。

**表 3－4　　2016 年第 4 季度纯网播出电视剧播放量 TOP10**

| 排名 | 名称 | 播放平台 | 整体播放量（亿） | 平均单集播放量（万） | 出品方 |
|---|---|---|---|---|---|
| 1 | 欢喜密探 | 优酷土豆 | 22.0 | 5006.7 | 包贝尔工作室、芒果娱乐等 |
| 2 | 超星星学园 | 腾讯视频 | 12.7 | 4233.3 | 鼓山影视、腾讯视频等 |
| 3 | 法医秦明 | 搜狐视频 | 11.7 | 5850.0 | 博集天卷影业、搜狐视频 |
| 4 | 美人为馅 | 爱奇艺 | 8.9 | 7416.7 | 爱奇艺 |
| 5 | 灵魂摆渡 3 | 爱奇艺 | 7.9 | 6092.3 | 爱奇艺、完美影视等 |
| 6 | 美人为馅 2 | 爱奇艺 | 7.6 | 6358.3 | 爱奇艺 |
| 7 | 陈二狗的妖孽人生 1 | 腾讯视频 | 5.0 | 2941.2 | 浮生若梦文化、腾讯视频 |
| 8 | 极品家丁 | 优酷土豆 | 4.3 | 3080.1 | 剧芯文化、优酷土豆等 |
| 9 | 陈二狗的妖孽人生 2 | 腾讯视频 | 4.3 | 2263.2 | 浮生若梦文化、腾讯视频 |
| 10 | 最佳情侣 | 优酷土豆 | 4.0 | 3372.1 | 阿里数娱 |

① 数据来源：易观.

2016 年对于网络综艺来说是一个“大时代”，各大平台纷纷跟进。《黄金单身汉》《拜托了冰箱》《奇葩说》《火星情报局》等纯网综艺收视率都较为可观。如表 3－5 所示。

**表 3－5　　2016 年第 4 季度纯网季播综艺播放量 TOP10**

| 排名 | 名称 | 播放平台 | 整体播放量（亿） | 平均单集播放量（万） | 出品方 |
|---|---|---|---|---|---|
| 1 | 爸爸去哪儿 4 | 芒果 TV<br>优酷土豆 | 20.7 | 23008.0 | 芒果 TV |
| 2 | 黄金单身汉 | 芒果 TV | 7.9 | 7939.0 | 芒果 TV |
| 3 | 美女与极品 | 优酷土豆 | 5.8 | 3531.1 | 优酷土豆、远景影视 |
| 4 | 拜拜啦肉肉 | 优酷土豆 | 5.0 | 5511.1 | 米未传媒、优酷土豆 |
| 5 | 饭局的诱惑 | 腾讯视频 | 4.3 | 3939.7 | 米未传媒、腾讯视频 |
| 6 | 火星情报局 2 | 优酷土豆 | 3.8 | 6391.3 | 银河酷娱、优酷土豆 |
| 7 | 看你往哪跑 | 腾讯视频 | 2.4 | 8105.2 | 腾讯视频 |
| 8 | 了不起的孩子 | 爱奇艺 | 2.2 | 2693.4 | 爱奇艺、远景影视 |
| 9 | 爱上超模 3 | 爱奇艺 | 1.9 | 2343.4 | 爱奇艺 |
| 10 | 坑王驾到 | 爱奇艺 | 1.7 | 1427.0 | 爱奇艺 |

最后，不论是网剧还是网络综艺，由于网络视频自身的重要性逐渐与电视台匹敌，视频网站的付费模式逐渐得到认可，付费与免费的差异化编播推动了用户付费观看的行为习惯。

### （六）短视频市场专题报告[①]

短视频的行业定义为：视频长度不超过 20 分钟，通过短视频平台拍摄、编辑、上传、播放、分享、互动的，视频形态涵盖纪录短片、DV 短片、视频剪辑、微电影、广告片段等的视频短片的统称。

中国网络视频内容的发展经过了“原创—版权—自制—UGC（用户原创内容）”的演变过程，随着互联网环境的社交化和碎片化，具有“短平快”特点的短视频应用开始获得认可，并且具有较大的发展潜力。目前国内的短

① 数据来源：易观.

视频平台中，快手、美拍、秒拍以及小咖秀等占据了市场的领先地位。

2015 年起中国短视频市场活跃用户规模增长迅速，且保持持续增长态势。2016 年 3 月，中国短视频市场活跃用户规模为 3119 万人，相比 2014 年同期增长 66.6%。如图 3－6 所示。随着移动互联网用户碎片化使用趋势的延续以及对多媒体内容消费习惯的深化，未来中国短视频市场用户规模还将持续扩大。如图 3－7 所示。

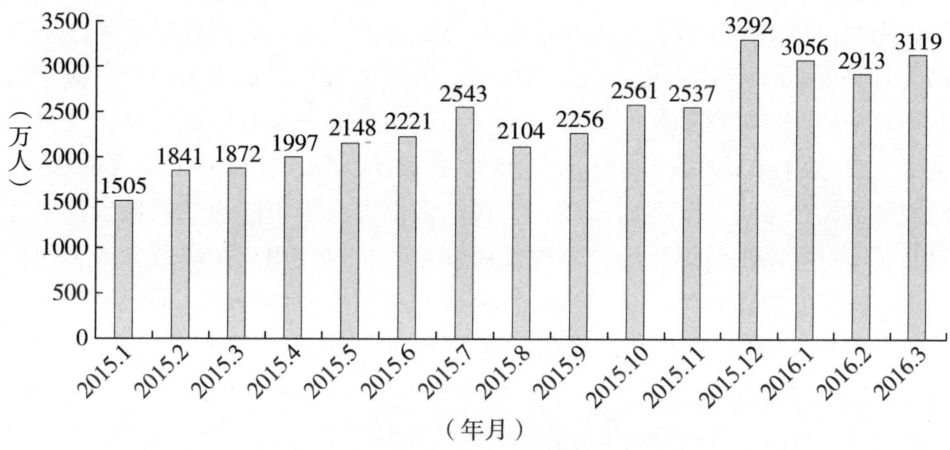


**图 3－6　2015 年 1 月—2016 年 3 月中国短视频市场活跃用户规模**

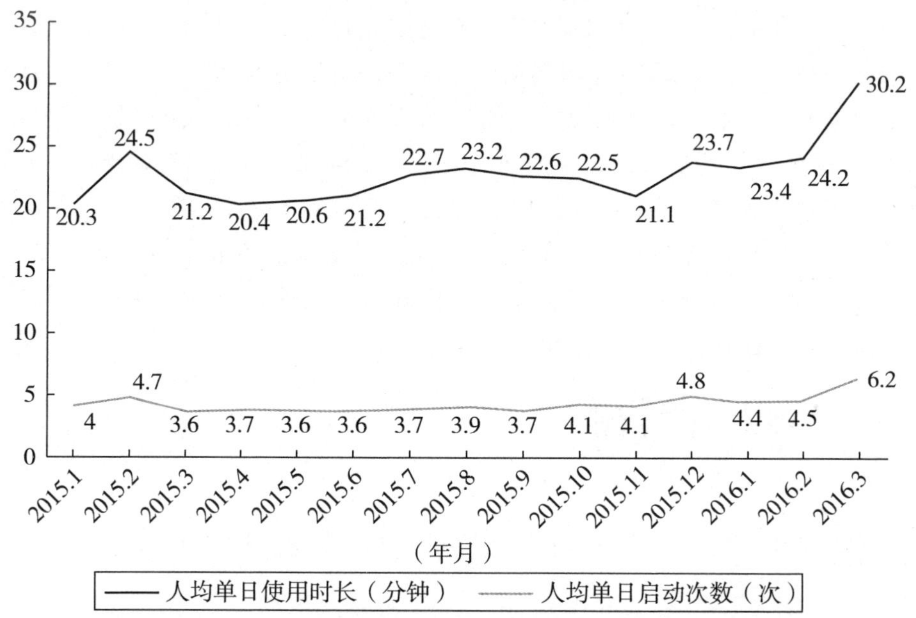


**图 3－7　2015 年 1 月—2016 年 3 月中国短视频市场用户使用情况**

### （七）综述

2016 年网络原创电视剧以及综艺节目已经不是新鲜事，但仍有较大的发展空间，势头正猛。一系列的新生综艺节目在 2016 年涌出，如《拜拜啦肉肉》《黄金单身汉》等，虽然对于节目形式有褒有贬，也并未出现现象级的收视率，但足以体现网络空间给予电视剧创作以及综艺节目创作的空间和激励。伴随着网剧和网络综艺一同发展的还有视频网站的用户付费模式，有数据表明，用户付费未来有可能成为与广告同等重要的收入来源。各家视频网站在用户付费方面所使用的策略也不尽相同。爱奇艺旨在打造视频门户，对于付费用户采用了差异化服务的策略。乐视的整体战略则是对原有会员体系进行升级，在“内容 + 体验”的基础上增加了服务，为会员提供全景式的服务。针对全屏影视会员、家庭娱乐用户、移动影视会员等不同会员的场景和个性进行了不同类型的升级和维护。搜狐视频是较早启动用户付费业务的视频网站之一，但是因为环境不成熟一度被搁浅。在付费策略方面，搜狐的整体策略十分明确，即依靠内容吸引付费用户；除此之外，搜狐视频一直强调希望未来用户可以将视频付费作为一种长期的习惯，而不是针对某一具体的视频产品而进行的行为。腾讯视频作为腾讯的主力媒体平台实力也相当强大，全面的内容覆盖面成功吸引了用户；另外，在用户体验层面，腾讯视频投入了大量的精力，提升直播体验、完善社交功能，打造更好的社交互动体验。

网络视频直播在 2016 年可谓出够了风头，不论是前期的火爆涌出，还是遭遇政策寒冬的肃清，都是视频行业内无法忽略的大事记。可以说直播撑起了 YY、陌陌、微博的市值，也让网民的表达欲得到了前所未有的解放。目前有关直播视频领域关注度最高的问题即直播平台的未来变现模式。直播行业给传统直播带来许多值得思考的创新之处，但是直播行业本身未来的定位、运营什么产品什么内容，未来会是什么模式，与其他行业、领域有无可能融合，这一切都还在待定中。

## 二、搜索引擎营销

### （一）搜索引擎用户规模、使用率①

截至 2016 年 6 月，我国搜索引擎用户规模达 59258 万人，使用率为

① 数据来源：中国互联网络信息中心．第 38 次中国互联网发展状况统计报告．

83.5%，半年增长率为4.7%。移动端搜索引擎的用户规模达到了52409万人，使用率为79.8%，半年增长率远超PC端，为9.7%。如表3-6所示。

**表3-6　2016年上半年中国搜索引擎用户规模**

| 类别 | 2016年6月 | | 2015年12月 | | 半年增长率（%） |
|---|---|---|---|---|---|
| | 用户规模（万人） | 网民使用率（%） | 用户规模（万人） | 网民使用率（%） | |
| 搜索引擎 | 59258 | 83.5 | 56623 | 82.3 | 4.7 |
| 移动端搜索引擎 | 52409 | 79.8 | 47784 | 77.1 | 9.7 |

## （二）移动搜索用户使用情况①

用户品牌使用调查方面，百度仍以明显的优势领先于其他品牌，占比为44.5%。神马位居第二，占比为20.8%。搜狗、360搜索紧随其后，占比分别为16.2%和11.8%。与上半年情况相比，品牌排名前三维持稳定。如图3-8所示。

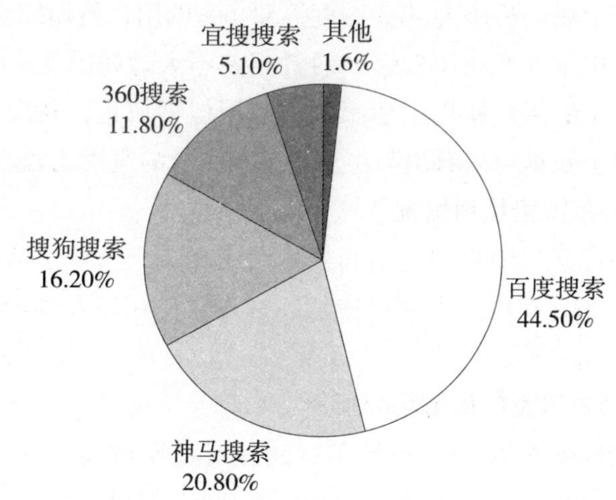


**图3-8　2016年第3季度中国移动搜索用户品牌使用调查**

在搜索引擎使用的满意度方面，神马搜索、搜狗搜索以及360好搜占据了榜单前三位，而百度搜索则靠后。如图3-9所示。

① 数据来源：艾瑞咨询.2016年Q3中国移动搜索市场报告.

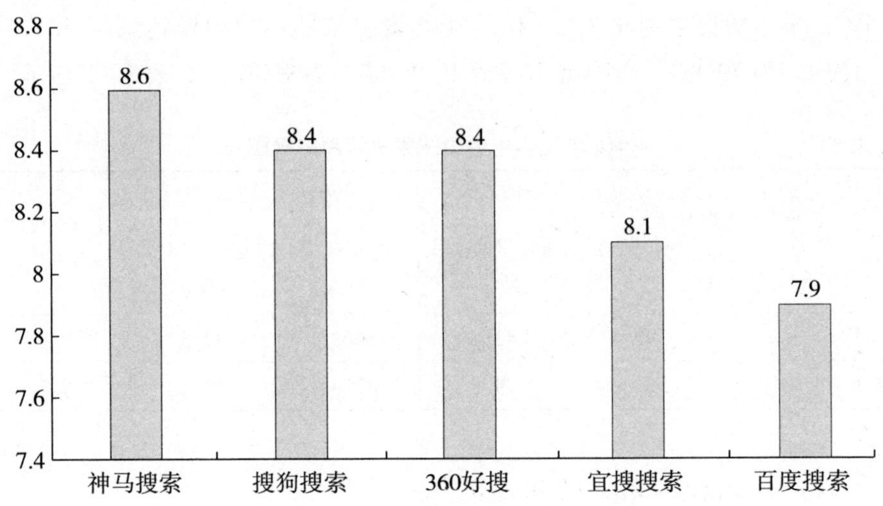


**图 3－9　2016 年第 3 季度中国移动搜索用户满意度**

### （三）垂直类和综合类搜索引擎使用情况[①]

除了常规的搜索引擎服务以外，垂直类应用搜索和综合类应用搜索也是不能忽略的部分市场。2016 年第 3 季度，32.6% 的用户使用综合类应用较多，31.8% 的用户使用垂直类应用较多，两者相差不大。如图 3－10 所示。在垂直应用中，40.4% 的用户使用生活服务类应用搜索信息，其次是电商类和音乐类应用。由以上数据可以看出与生活服务相结合的应用比较能够吸引用户。

#### 1. 垂直类应用搜索使用情况

垂直类应用搜索与用户的生活和娱乐紧密相关，所以生活服务类应用拥有较大的用户市场。其次是电商类应用、音乐类应用以及地图、视频、新闻资讯等。如图 3－11 所示。

#### 2. 移动新闻资讯类应用市场分析[②]

目前，中国新闻资讯 APP 市场已构建相对稳定格局，以 2016 年 2 月为例，腾讯新闻、今日头条、搜狐新闻和网易新闻的活跃度较高。如图 3－12 所示。

① 数据来源：艾瑞咨询. 2016 年 Q3 中国移动搜索市场报告.

② 数据来源：易观. 中国移动新闻资讯应用市场综合研究.

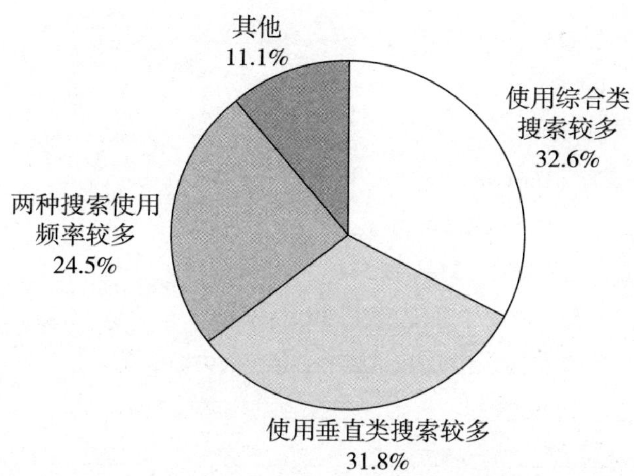


**图 3－10　2016 年第 3 季度中国综合类应用搜索和垂直类应用搜索使用情况**

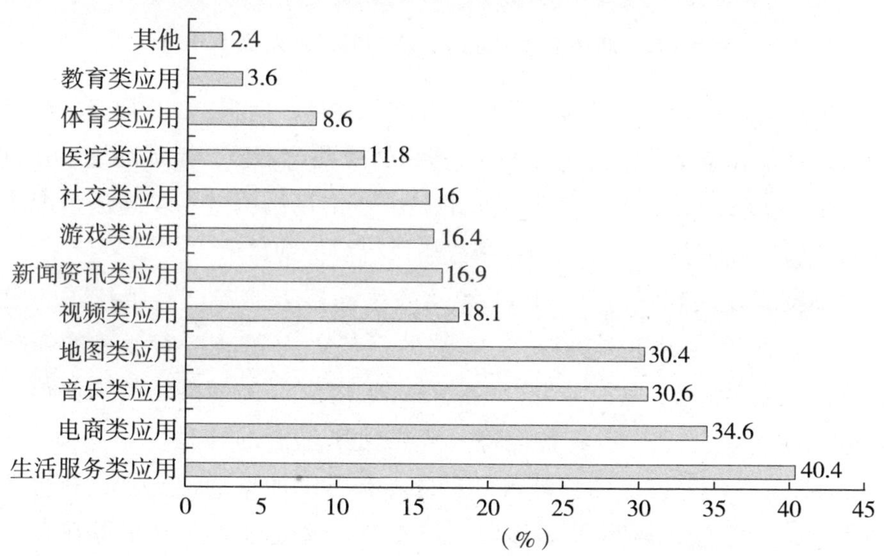


**图 3－11　2016 年第 3 季度中国用户垂直类应用搜索使用情况分布**

## （四）综述

2016 年中国搜索引擎市场结构依旧保持稳定，百度、360 好搜、搜狗等几大搜索引擎企业依然占据超过 90% 的市场份额。随着移动搜索的发展，各搜索引擎在移动端的发展与传统 PC 端呈现出不同的格局。根据以上数据，在

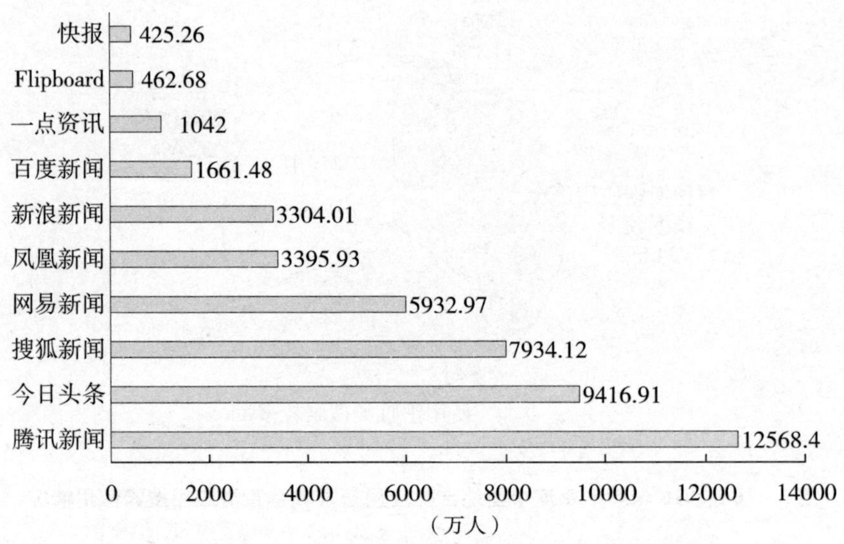


**图 3-12　2016 年 2 月新闻资讯 APP 活跃人数 TOP10**

移动端用户选择搜索引擎的排行分别是百度、神马、搜狗、360 搜索。除了神马搜索，其他几家企业均为传统 PC 端搜索转战移动市场，而神马搜索在诞生之际就依托于移动端平台。值得一提的是，在市场结构基本稳定的情况下能够获得这样的成绩，神马搜索的营销战略值得被仔细讨论。

移动搜索发展到现阶段，BAT 涉及的移动搜索业务已经把持了一定的移动入口。而根据 360 浏览器在 PC 端的优势大力拓展搜索业务的 360 搜索，在移动端的份额却并不理想，排在 BAT 之后，位列市场的第四位。百度在移动端的表现也并不具备优势。背靠阿里巴巴的神马搜索有 UC 浏览器、UC 头条等阿里巴巴的移动入口支持。有腾讯加持的搜狗，也获得了腾讯旗下 QQ、QQ 空间、微信等移动入口支持，又通过入股知乎等在移动端进行布局。

由目前的市场情况来看，虽然百度在移动领域不能占据支配地位，但是仍占有最大的市场份额；另外势头正猛的神马搜索和搜狗背后是阿里巴巴和腾讯的支持，所以未来的移动搜索领域是很可能会形成实际上是百度、阿里巴巴、腾讯三家的竞争局面。

## 三、社会化媒体营销

### （一）社会化媒体的网民规模

#### 1. 2016 年社会化媒体网民规模及与往年对比变化[①]

以即时通信为例，截至 2016 年 6 月，即时通信服务用户规模达到了 64177 万人，网民使用率为 90.4%，半年增长率为 2.8%；手机即时通信的用户规模达到 60346 万人，使用率为 91.9%，半年增长率为 8.3%。与 2015 年相似的是，移动端的即使通信服务用户规模增长较快，使用人数也即将赶超 PC 端用户规模。如表 3－7 所示。

表 3－7　**2016 年中国社会化媒体网民规模**

| 类别 | 2016 年 6 月 | | 2015 年 12 月 | | 半年增长率（%） |
|---|---|---|---|---|---|
| | 用户规模（万人） | 网民使用率（%） | 用户规模（万人） | 网民使用率（%） | |
| 即时通信 | 64177 | 90.4 | 62408 | 90.7 | 2.8 |
| 手机即时通信 | 60346 | 91.9 | 55719 | 89.9 | 8.3 |

微信朋友圈、QQ 空间是以即时通信工具为基础衍生出来的社交服务，截至 2016 年 6 月，使用率分别为 78.7%、67.4%。微信朋友圈是基于微信联系人形成的熟人社交平台，随着用户规模的拓展、产品功能的丰富，弱关系社交也逐渐渗入，在产品内部形成多个相互平行、自成体系的圈子。QQ 空间在关系链上强弱关系兼而有之，在信息维度上则以个体信息为主，媒体属性较弱。截至 2016 年 6 月，微博用户规模为 2.42 亿人，逐渐回升，使用率为 34%，与 2015 年 12 月相比略有上涨。如图 3－13 所示。

#### 2. 2016 年社会化媒体广告及营销市场变化

2016 年第 3 季度中国社会化媒体广告营销市场规模达到 63.8 亿元，环比增长 17.7%。[②] 如图 3－14 所示。

---

① 数据来源：中国互联网络信息中心．第 38 次中国互联网发展状况统计报告．

② 数据来源：易观．中国社会化媒体广告及营销市场季度监测报告 2016 年第 3 季度．

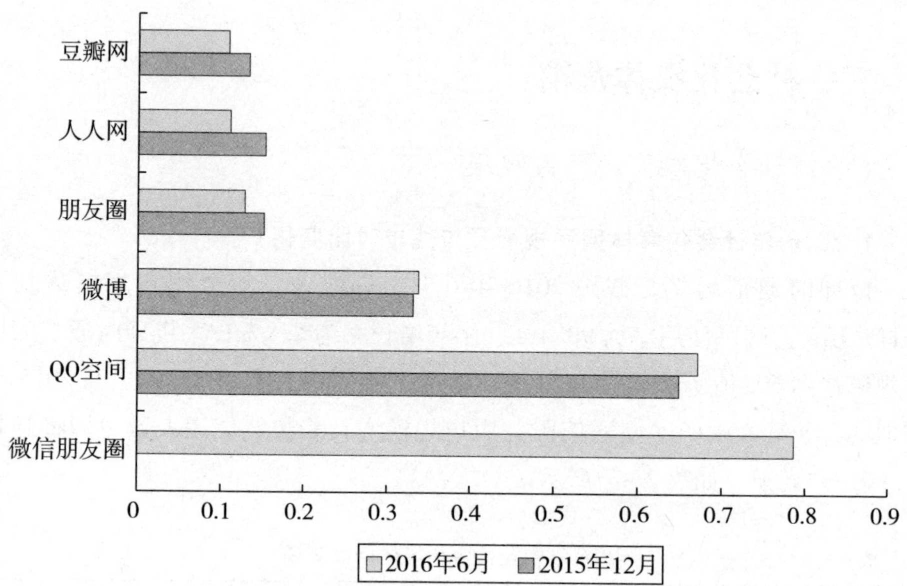


**图 3－13　2015 年 12 月和 2016 年 6 月典型社交应用使用率**

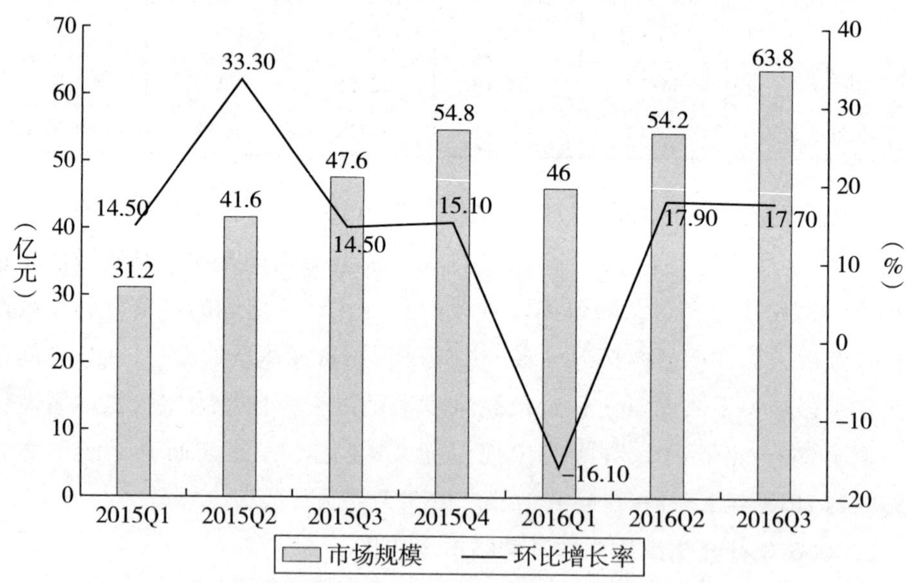


**图 3－14　2016 年第 3 季度中国社会化媒体广告及营销市场规模**

从整体市场来看，腾讯、微博市场份额分别为 53.4% 和 29.6%，两个平台占据中国社会化媒体广告及营销市场超过八成的份额，远超其他企业，占据了绝对优势地位；其后的陌陌，通过直播平台业务成功扩大了用户规模和开拓市场份额；其他诸如宝宝树、妈妈网等垂直社会化媒体平台通过与电商紧密结合增强变现能力。如图 3－15 所示。

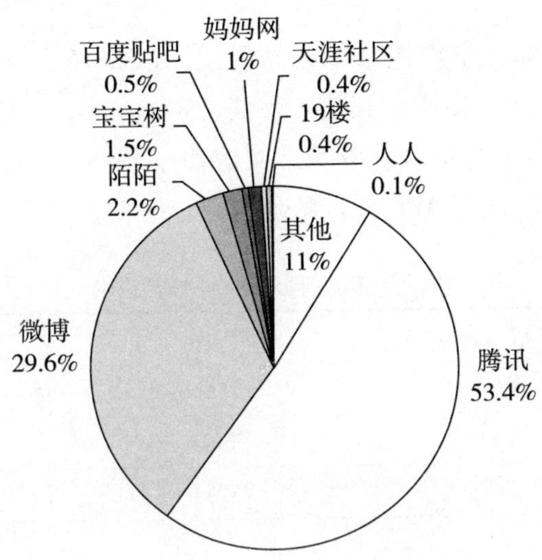


**图 3－15 2016 年第 3 季度中国社会化媒体广告及营销市场份额**

以 2016 年 9 月为例，社会化媒体类 APP 排名榜单上，微信、QQ 和微博占据了前三位。① 如表 3－8 所示。

**表 3－8 2016 年 9 月社会化媒体 APP 排名**

| 排名 | APP 名称 | 月度活跃用户规模（万人） |
|---|---|---|
| 1 | 微信 | 71705. 2 |
| 2 | QQ | 55535. 9 |
| 3 | 微博 | 16833. 5 |
| 4 | QQ 空间 | 4593. 6 |
| 5 | 百度贴吧 | 3223. 5 |
| 6 | 陌陌 | 3014. 9 |
| 7 | 宝宝树孕育 | 976. 7 |
| 8 | 知乎 | 924. 4 |
| 9 | in | 910. 2 |
| 10 | 孕育管家 | 773. 7 |

① 数据来源：易观 . 2016 年 Q3 中国社会化媒体广告及营销市场规模 63. 8 亿元 .

## （二）社交移动 APP 市场①

目前国内的即时通信应用市场基本稳定，以 2016 年 12 月为例，排名前十的分别为微信、QQ、陌陌、旺信、易信、Whatsapp、飞信、QQ 国际版、沃玩家和 Kakao Talk。在即时通信领域，微信和 QQ 占据了绝对优势的市场，而其他分众的各类即时通信 APP 分食剩余市场。如表 3－9 所示。

**表 3－9　2016 年 12 月即时通信 APP 排名**

| 排名 | APP 名称 | 活跃用户（万） | 启动次数（万次） |
| --- | --- | --- | --- |
| 1 | 微信 | 75616.5 | 32579800.00 |
| 2 | QQ | 55216.70 | 14857100.00 |
| 3 | 陌陌 | 3954.05 | 432517.00 |
| 4 | 旺信 | 533.57 | 14934.3 |
| 5 | 易信 | 405.09 | 19071.40 |
| 6 | Whatsapp | 326.28 | 22700.90 |
| 7 | 飞信 | 193.23 | 2396.96 |
| 8 | QQ 国际版 | 136.40 | 18695.00 |
| 9 | 沃玩家 | 110.31 | 172.49 |
| 10 | Kakao Talk | 92.19 | 11086.20 |

## （三）综述

2016 年 7 月底，社交老牌网站开心网作为以游戏为主营业务的公司被赛为智能收购；天涯社区在 2015 年挂牌新三板，连续亏损，根据 2016 年半年报，天涯社区 2016 年 1—6 月营业收入同比减少 9.73%；同样根据 2016 年第 2 季度财报，人人网在 2016 年 6 月的月独立登录用户为 3500 万人，2015 年同期为 4500 万人。

几大老牌社交平台的用户流失以及业绩下滑与其自身移动端转型不及时、产品创新不足有着重要的关系。在互联网人口红利渐减、用户注意力快速流

① 数据来源：易观。

动的背景下，不断适应市场变化、把握用户需求拓展用户使用场景、积极探索多元化商业模式是社会化媒体厂商发展的必经之路。以知乎为例，作为中文知识社交平台的典型代表，在从网页端到移动端发展过程中保持了高速增长并形成了强大品牌影响力，根据 Analysys 易观千帆监测数据，2016 年 9 月知乎月活跃用户数为 924.44 万人，用户使用时长达 6117.6 万小时。①

社会化媒体链接的并不仅仅是人与人之间的联系，由人与人之间的联系扩展到平台与平台、企业与企业，最终创造出的是全新的互联网生态，也是全新的生活方式。2016 年社会化的电商平台已经不是新鲜事物，伴随着原创知识生产而出现的知识付费开始进入大众的视野。从最开始的打赏功能，到来势汹汹的分答，知识付费业务的发展速度令人咋舌，各类平台崛起了众多知识向的个人 IP。内容付费，开始出现一个有希望的市场，供需两端明确、交易规则清晰，综合型和垂直型的产品集中涌现，眼看知识分享经济就要野蛮生长了。但互联网是否从此就要从免费走向付费，知识付费是不是伪需求，都还有待市场的更多发展。

## 四、电子商务营销

### （一）网购用户规模②

截至 2016 年 6 月，我国网络购物用户规模达到 4.48 亿人，较 2015 年年底增加 3448 万人，增长率为 8.3%，我国网络购物市场依然保持快速、稳健增长趋势。其中，我国手机网络购物用户规模达到 4.01 亿人，增长率为 18.0%，手机网络购物的使用比例由 54.8% 提升至 61.0%。如表 3－10 所示。

**表 3－10　　2016 年中国网购用户规模**

| 类别 | 2016 年 6 月 | | 2015 年 12 月 | | 半年增长率（%） |
|---|---|---|---|---|---|
| | 用户规模（万人） | 网民使用率（%） | 用户规模（万人） | 网民使用率（%） | |
| 网络购物 | 44772 | 63.1 | 41325 | 60.0 | 8.3 |
| 手机网络购物 | 40070 | 61.0 | 33967 | 54.8 | 18.0 |

① 数据来源：易观.

② 数据来源：中国互联网信息中心. 第 38 次中国互联网络发展状况统计报告.

## （二）2016 年网购交易规模

### 1. 2016 年网购交易规模与往年对比变化①

2016 第 3 季度中国网络购物市场交易规模为 1. 15 万亿元，较 2015 年同期同比增长 23. 6%，环比上升 2. 6%（如图 3 – 16 所示）；从网络购物市场结构来看，B2C（商对客）占比达到 55. 1%，相较上一季度有所上升。根据国家统计局发布的数据显示，2016 年第 3 季度我国社会消费品零售总额达到 8. 2 万亿元，网络购物在社会消费品零售总额中的占比为 13. 9%，较 2015 年同期提高 1. 5%。

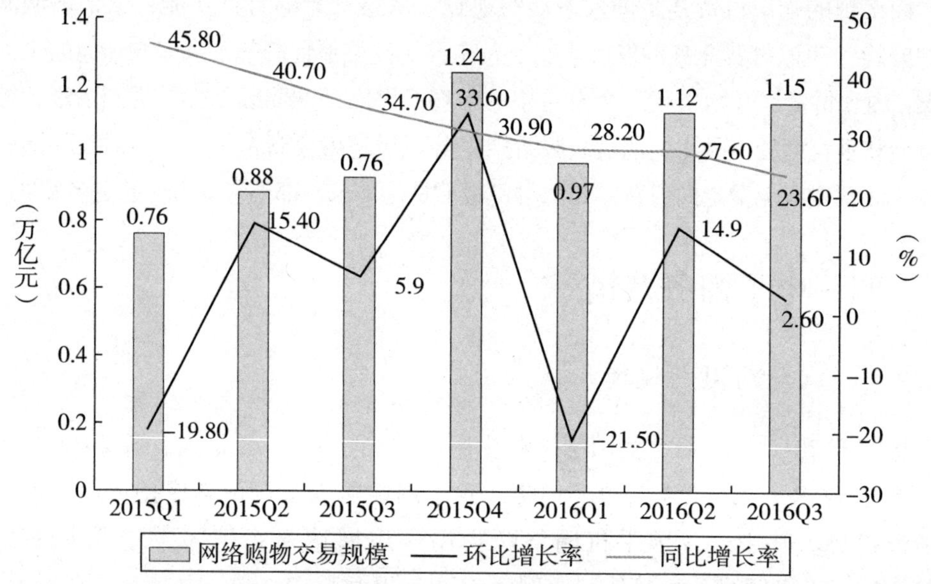


**图 3 – 16　2015Q1—2016Q3 中国网络购物市场交易规模**

### 2. 网购移动端交易规模②

2016 年第 3 季度，中国移动网购市场交易规模达 9619. 1 亿元，增长速度较快，同比增长 83. 5%，但相比前两年的增长速度已经有所放缓。移动化、智能化的互联网环境推动了移动网购的发展，另一方面，各电商平台也适时地通过调整着移动端的用户体验以及增加移动端优惠活动来增长移动端的用户黏性，吸引更多用户流量。如图 3 – 17 所示。

---

① 数据来源：艾瑞咨询 . 2016 年 Q3 中国网络购物市场交易规模为 1. 15 万亿元 .

② 数据来源：易观 . 2016 年 Q3 中国移动网购市场交易规模达 9619. 1 亿元 .

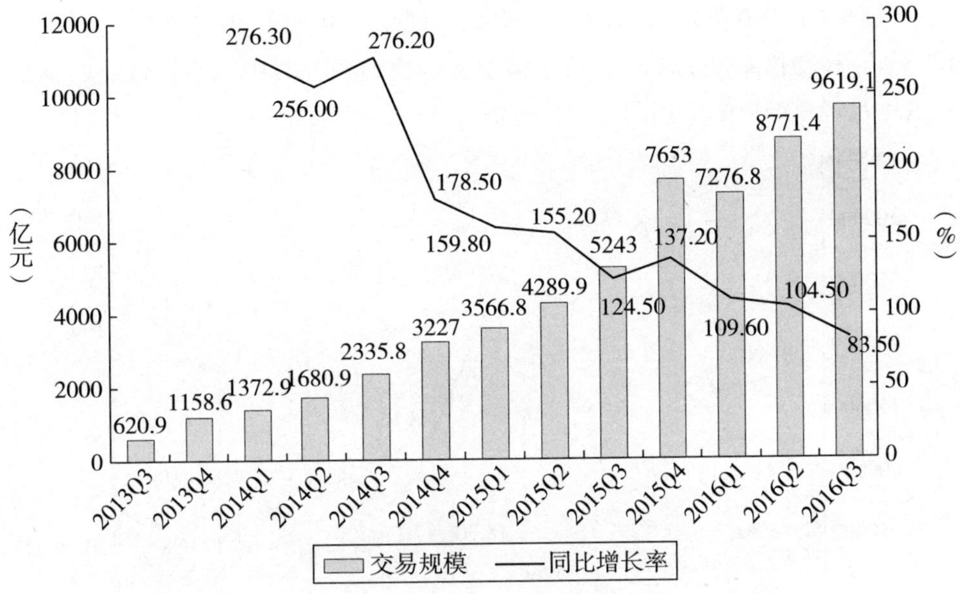


**图 3 - 17　2013Q3—2016Q3 中国移动网购市场交易规模**

移动网购交易规模增速继续保持放缓趋势，其占网上零售总额的比重进一步提升至 74. 1% 。如图 3 - 18 所示。

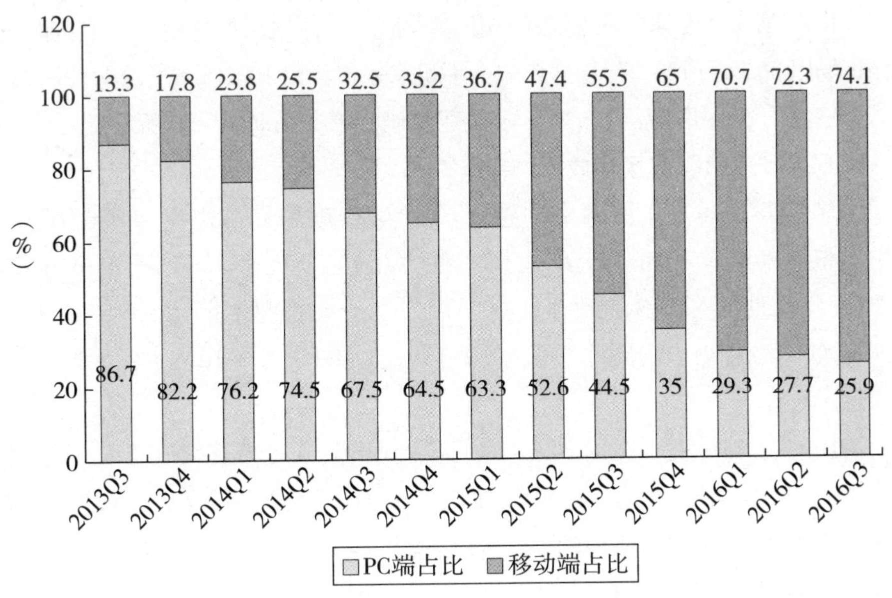


**图 3 - 18　2013Q3—2016Q3 中网上零售（PC 端）/移动购物（移动端）占比**

电商对中国消费发展影响作用明显，网络零售占社零总额比例提高到12.3%。移动化支付手段的发展与移动化购物的普及对中国零售行业的发展有着举足轻重的影响。如图3－19所示。

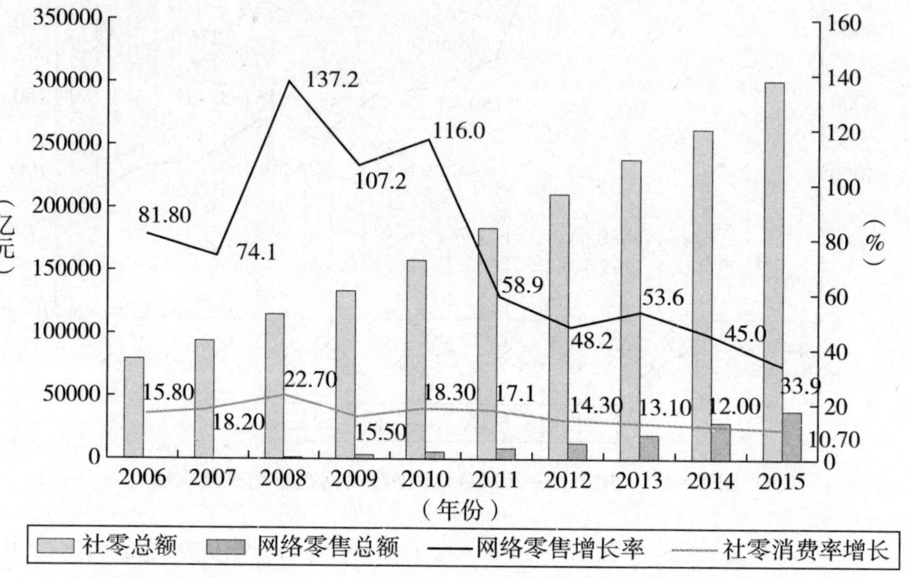


**图3－19　2006—2015年中国社会消费品零售总额和网络零售总额情况**

2016年第3季度移动端网购市场份额方面，整体格局保持稳定。手机淘宝＋天猫市场以85.8%市场份额稳居首位，手机京东市场以10.2%市场份额位居第二，位居第三位的为手机唯品会，其市场份额达到2.4%。如图3－20所示。

### 3. B2C与C2C市场构成①

2016年第3季度中国网络购物市场中B2C市场交易规模为0.6万亿元，在中国整体网络购物市场交易规模中的占比达到55.1%，环比上升0.6%，较2015年同期的52.3%提高了2.8个百分点；从增速来看，2016年第3季度期间B2C网络购物市场同比增长30.2%，超过C2C市场16.4%的增速。如图3－21所示。

2016年第3季度，中国B2C市场交易规模为0.6万亿元，天猫的市场份额位居第一，京东位于第二。从同比增速来看，京东、唯品会、苏宁易购的增速高于B2C行业的整体增速。如图3－22所示。

① 数据来源：艾瑞咨询.2016年Q3中国网络购物市场交易规模为1.15万亿元.

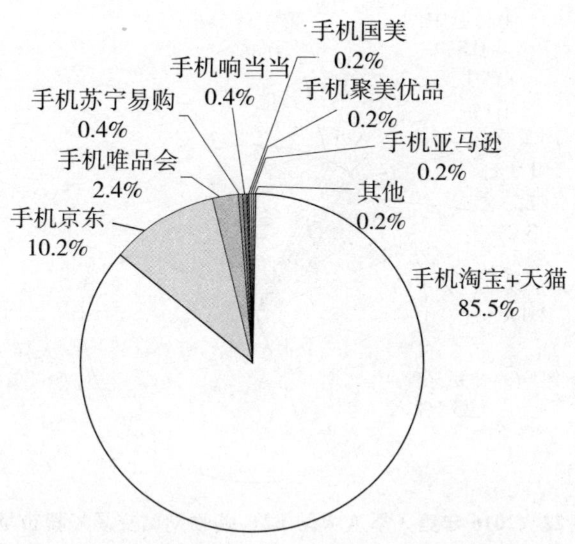


**图 3－20　2016 年第 3 季度中移动网购市场交易份额**

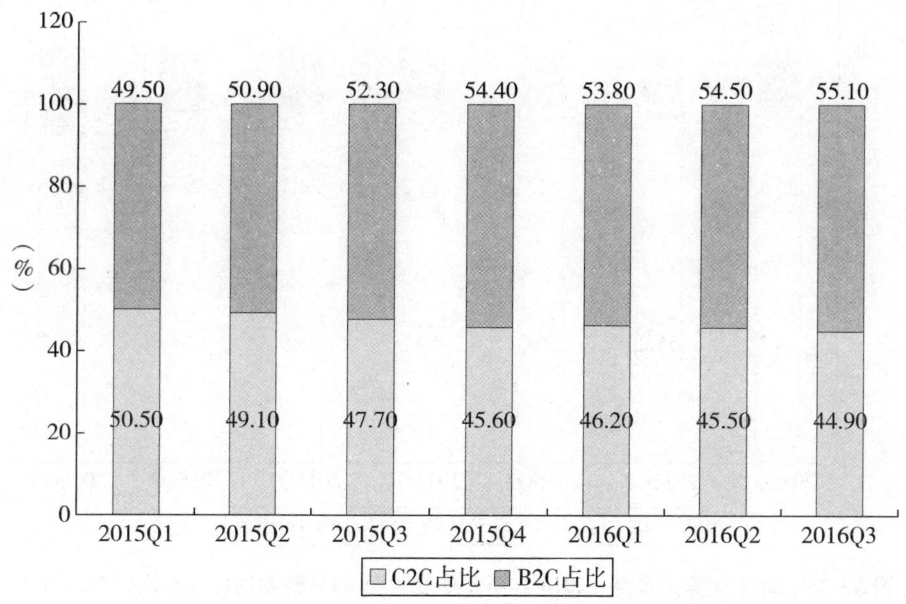


**图 3－21　2015Q1—2016Q3 中国网络购物市场交易规模结构**

从 2015 年第 1 季度到 2016 年第 3 季度的 B2C 市场份额变化来看，天猫始终位居第一，京东位居第二。2016 年第 3 季度的市场集中度与前几个季度相比，基本保持稳定。如图 3－23 所示。

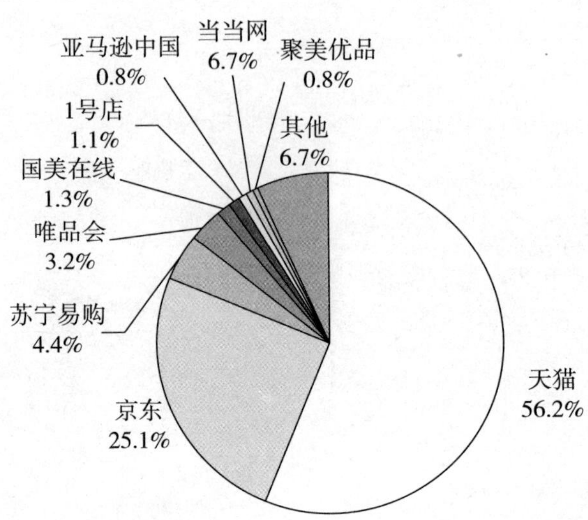


**图 3-22　2016 年第 3 季度中国 B2C 购物网站交易规模市场份额**

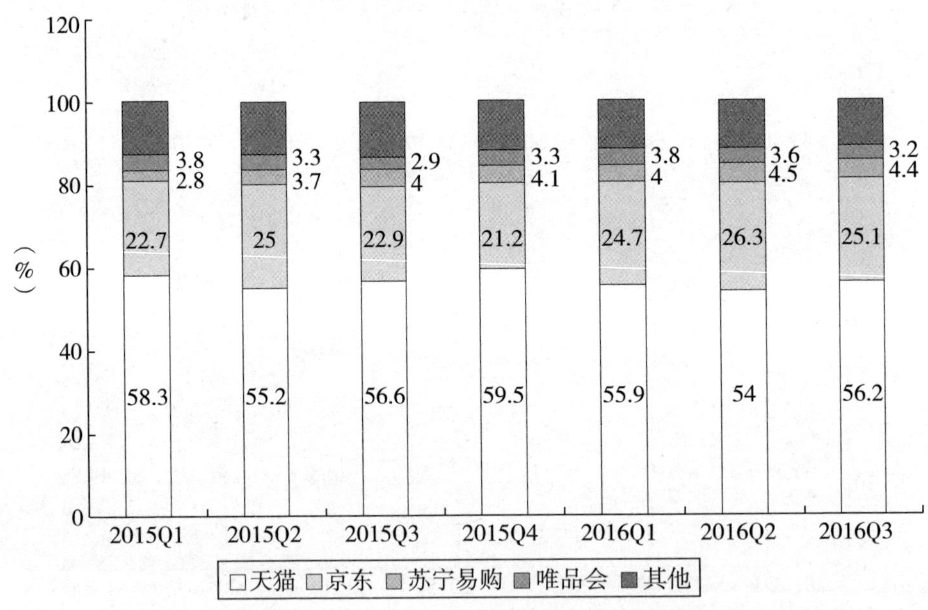


**图 3-23　2015 年第 1 季度—2016 年第 3 季度中国 B2C 购物网站交易规模市场占比**

## （三）移动支付市场[①]

截至 2016 年 12 月，我国使用网上支付的用户规模达 4.55 亿人，较 2015

① 数据来源：中国互联网络信息中心．第 38 次中国互联网发展状况统计报告．

年12月，网上支付用户增加3857万人，半年增长率为9.3%，我国网民使用网上支付的比例从60.5%提升至64.1%。其中，手机支付用户规模增长迅速，达4.24亿人，半年增长率为18.7%，网民手机网上支付的使用比例由57.7%提升至64.7%。如表3－11所示。

**表3－11　　2016年中国网上支付用户规模**

| 类别 | 2016年6月 | | 2015年12月 | | 半年增长率（%） |
|---|---|---|---|---|---|
| | 用户规模（万人） | 网民使用率（%） | 用户规模（万人） | 网民使用率（%） | |
| 网上支付 | 45476 | 64.1 | 41618 | 60.5 | 9.3 |
| 手机支付 | 42445 | 64.7 | 35771 | 57.7 | 18.7 |

线上支付领域，各网络支付企业不断深入与各级政府机关、公共服务机构以及社区的合作，涉及民生类缴费环节陆续打通，全方位的民生服务网上缴费体系基本搭建，并加速推广。水电费、煤气费、物业费、网费、有线电视费等常规生活类缴费在纳入网上缴费体系的同时，加入诸如自助提醒等功能，使得缴费更加便捷、智能；就医挂号、交通违章缴费、校园类缴费等社会公共服务实现网上缴费，极大提升公共服务机构效率，切实解决了与用户生活息息相关的生活问题。

线下支付领域，经过网络支付企业大力的市场培育，支付场景获得极大丰富，消费者在饭馆、超市、便利店等线下实体店使用移动网络支付工具习惯初步养成。网络支付给用户带来购物环节的便捷，对于商家而言降低收单成本、解决现金管理带来的不便，使线下网络支付应用得到迅速蔓延和传导。不论是在一线城市还是农村地区，在线支付都在快速地发展着。

### （四）移动购物APP市场①

国内的移动购物电商目前有综合类、跨境类，以及二手、特卖类，以2016年12月为例，根据易观提供的数据，排名前十的电商APP分别为淘宝、京东、天猫、唯品会、苏宁易购、闲鱼、蘑菇街、拼多多、卷皮折扣和小红书。

---

① 数据来源：易观。

表 3 - 12　　2016 年 12 月移动购物电商 APP 排名

| 排名 | APP 名称 | 领域 | 活跃人数（万人） | 环比增幅（%） |
|---|---|---|---|---|
| 1 | 淘宝 | 综合电商 | 29807.4 | 7.46 |
| 2 | 京东 | 综合电商 | 6854.08 | -9.77 |
| 3 | 天猫 | 综合电商 | 3757.56 | -8.56 |
| 4 | 唯品会 | 特卖电商 | 3748.15 | -6.85 |
| 5 | 苏宁易购 | 综合电商 | 1210.98 | -17.23 |
| 6 | 闲鱼 | 二手电商 | 1130.57 | 27.81 |
| 7 | 蘑菇街 | 综合电商 | 967.67 | -2.78 |
| 8 | 拼多多 | 特卖电商 | 955.18 | 8.67 |
| 9 | 卷皮折扣 | 特卖电商 | 931.51 | -5.99 |
| 10 | 小红书 | 跨境电商 | 811.22 | 23.7 |

### （五）综述

中国电商发展近几年的发展在世界范围内都引起了热议，目前网络购物行业发展日益成熟，各家电商企业除了继续不断扩充品类、优化物流及售后服务外，也在积极发展跨境网购、下沉渠道发展农村电商。在综合电商格局已定的情况下，一些企业瞄准母婴、医疗、家装等垂直电商领域深耕，这些领域或将成为网络购物市场发展新的促进点。

“内容 + 社区 + 电商”模式借助移动互联网的便捷性及碎片化应用场景在电商领域兴起。在传统电商巨头方面，阿里在 UC 订阅号上线商品推广功能，京东与今日头条达成战略合作开启内容推荐，都在凭借自身在大数据技术方面的强势优势整合资源、构筑壁垒，也延展了商品内容的价值。在特卖电商领域，“网红 + 直播 + 电商”成为行之有效的高流量、低成本、高转化的内容电商工具。特卖电商得益于高效供应链、对时尚的敏锐洞察，在内容电商运营过程中逐步形成了“网红 + 直播 + 电商”的新常态。不论是线上还是线下支付领域，网络支付系统都在不断地与各级机构、社区、市场相互渗透，真正形成全方位的移动支付场景。未来就医挂号、交通违章缴费以及其他社会公共服务类缴费都将实现在线完成，能够极大地提升公共服务效率。

除了移动支付平台的大佬支付宝和微信，各家企业也都在积极地开发更新自己的支付手段，移动支付市场竞争十分激烈。

## 五、新闻门户网站

### （一）网络新闻用户

#### 1. 用户规模①

截至2016年6月，我国网络新闻用户规模为5.79亿人，网民使用比例为81.6%。与2015年年底相比，用户规模增加1487万人，半年增长率为2.6%。其中，手机网络新闻用户规模为5.18亿人，占移动网民的78.9%，较2015年年底规模增加3635万人，增长率为7.5%。

#### 2. 用户关注度②

网络新闻来源日益多元化，但门户网站与专业媒体依然是主要的新闻内容产出媒体。网民在对产出内容媒体的关注上，门户网站关注度最高；在获取资讯的来源上，门户网站也占据前列，但与官方媒体、专业媒体相比优势不算突出。如图3－24、图3－25所示。

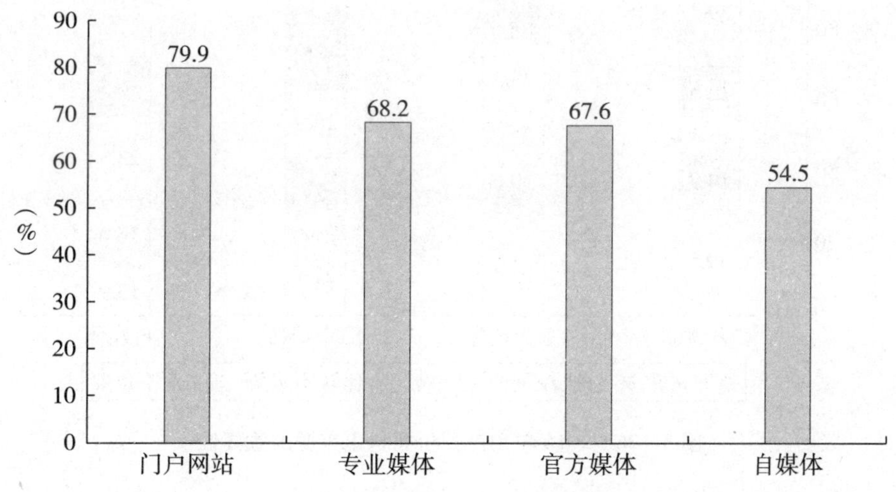


**图3－24　2016年用户对内容产出媒体的关注程度**

用户一般会将信息来源作为新闻可信度的判断标准，在门户网站、专业

① 数据来源：中国互联网络信息中心．第38次中国互联网络发展状况统计报告．

② 数据来源：艾瑞咨询．2016年新闻资讯渠道价值研究报告．

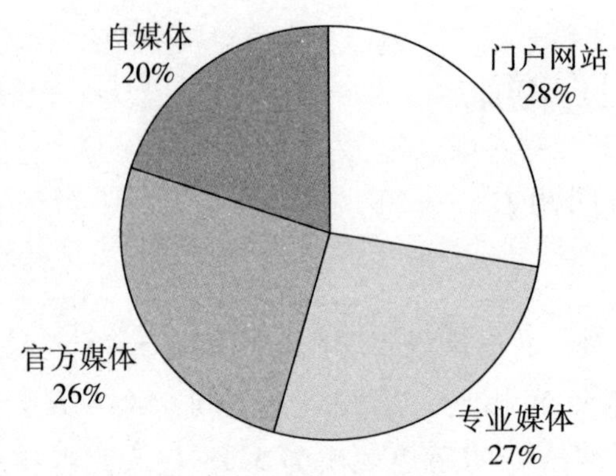


**图 3－25　2016 年用户获取资讯来源**

媒体、官方媒体和自媒体这几大新闻平台中，用户认为最可信的是专业媒体，而门户网站的可信度排在专业媒体和官方媒体之后。如图 3－26 所示。

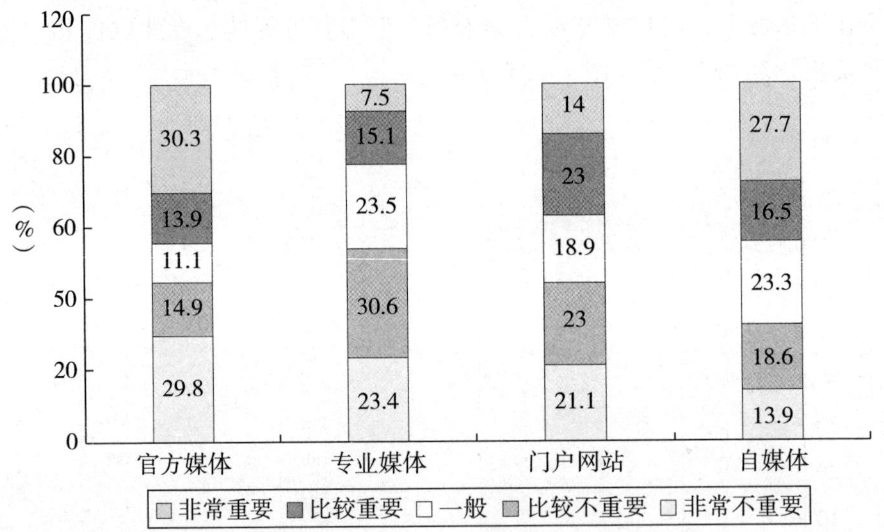


**图 3－26　2016 年用户评价各资讯来源的重要性**

## （二）市场格局概述

### 1. 总体格局简述①

移动端市场格局已初步形成，腾讯新闻和今日头条优势明显。其中腾讯

① 数据来源：中国互联网络信息中心．2016 年中国互联网新闻市场研究报告．

基于多年新闻门户网站积累以及 QQ、微信等社交媒体强大的渠道优势稳居首位，而今日头条则利用算法为用户提供个性化的新闻资讯推荐，将自身与其他商业门户网站的编辑模式区隔开来，形成差异化优势。

PC 端新闻市场，商业门户和传统新闻网站各有优势。商业门户网站仍具备流量优势，但新闻网站公信力更强。《2016 年媒体公信力调查》中，受访者最信任的前五名网站分别为人民网、央视网、中国新闻网、腾讯网和凤凰网，新浪网退出前五，意味着主流新闻网站的公信力不断提升。

### 2. 新闻移动化①

移动化在新闻领域也是焦点之一，虽然移动端用户红利已过，但是新闻资讯的用户覆盖和网民渗透率仍在稳步增长，新闻资讯仍有一定发展空间。如图 3－27 所示。

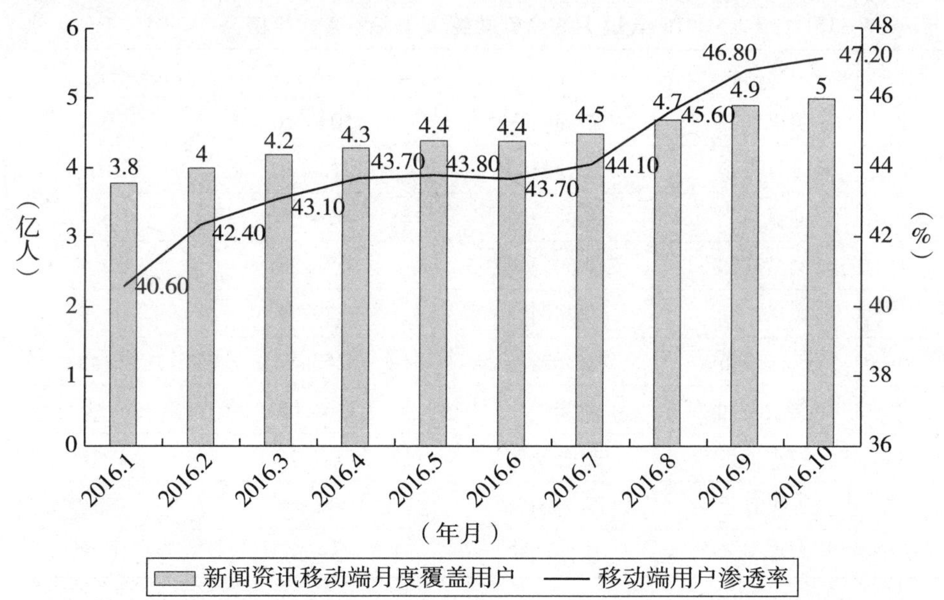


**图 3－27　2016 年 1—10 月中国新闻资讯行业移动端用户覆盖量和移动端渗透率**

### 3. 新闻精细化与权威化

随着互联网移动化的发展，用户对内容的需求凸显，着眼于精细化、专业化的垂直资讯涌现。传统新闻内容生产开始去中心化：自媒体、内容细分

① 数据来源：艾瑞咨询 . 2016 年中国新闻媒体发展趋势专题解析 .

和媒体归类正在进行；媒体传播品牌越来越注重权威化。目前我们一般以门户新闻、聚合类新闻以及垂直类新闻来分类讨论。新闻门户类，代表性企业有腾讯、搜狐、网易、新浪、凤凰网等，是用户在PC端主要的新闻资讯获取渠道，这些企业发展较早，并积累了很多的用户，在移动互联网时代为了满足客户不断增长的新闻资讯需求和新的体验需求，这类模式在逐渐向资讯聚合类演变。资讯聚合类的代表性平台有UC头条、今日头条、一点资讯、Zaker等，这类模式的企业发展势头良好，受到越来越多的用户的喜爱，虽然发展年限有限，但已培养了大量的忠诚用户。① 以2016年12月为例，新闻应用榜单前十名分别为腾讯新闻、今日头条、搜狐新闻、网易新闻、凤凰新闻、天天快报、新浪新闻、一点资讯以及人民日报和百度新闻②。如表3－13所示。

**表3－13　　2016年12月综合新闻类APP活跃度排行榜**

| 排名 | APP名称 | 性质 | 活跃人数（万人） | 环比增幅（%） |
|---|---|---|---|---|
| 1 | 腾讯新闻 | 新闻门户 | 15036.10 | 10.2 |
| 2 | 今日头条 | 聚合新闻 | 12128.30 | 9.01 |
| 3 | 搜狐新闻 | 新闻门户 | 5420.97 | －5.77 |
| 4 | 网易新闻 | 新闻门户 | 5398.28 | －2.92 |
| 5 | 凤凰新闻 | 新闻门户 | 5279.04 | 4.79 |
| 6 | 天天快报 | 聚合新闻 | 5263.12 | 5.48 |
| 7 | 新浪新闻 | 新闻门户 | 2362.09 | 1.4 |
| 8 | 一点资讯 | 聚合新闻 | 1533.76 | 0.18 |
| 9 | 人民日报 | 聚合新闻 | 499.99 | －7.03 |
| 10 | 百度新闻 | 新闻门户 | 439.36 | 10.51 |

而在新闻PC端门户网站，以2016年1月为例，新闻门户网站日均覆盖人数达5171万人。其中，中青网日均覆盖人数达936万人，网民到达率达3.9%，位居第一；光明网日均覆盖人数达916万人，网民到达率达3.9%，位居第二；ChinaDaily日均覆盖人数达634万人，网民到达率达2.7%，位居

① 数据来源：艾瑞咨询.2016年新闻资讯渠道价值研究报告.

② 数据来源：易观.

第三。[1] 如表3－14所示。

表3－14　　2016年1月新闻门户网站日均覆盖率排名

| 排名 | 网站 | 日均覆盖人数（万人） | 日均网民到达率（%） | 排名变化 |
|---|---|---|---|---|
| 1 | 中青网 | 936 | 3.9 | 持平 |
| 2 | 光明网 | 916 | 3.9 | 持平 |
| 3 | ChinaDaily | 634 | 2.7 | 上升 |
| 4 | 环球网 | 588 | 2.5 | 下降 |
| 5 | 北青网 | 554 | 2.3 | 下降 |
| 6 | 中国广播网 | 494 | 2.1 | 下降 |
| 7 | 中国网 | 469 | 2.0 | 下降 |
| 8 | 参考消息 | 456 | 1.9 | 下降 |
| 9 | 新华网 | 439 | 1.8 | 下降 |
| 10 | 海外网 | 416 | 1.8 | 持平 |

## （三）综述

在新闻门户网站方面，移动端已经成为用户获取资讯的主要途径。而移动互联网发展带来的信息膨胀和碎片化，则加速了网络用户对于个性化、垂直化新闻资讯的需求。一方面，新闻门户网站利用早年积累的流量优势和用户资源稳固自身的市场地位，另一方面，积极跟进移动互联网的步伐，开拓创新，利用新技术、新手段吸引更多的用户进入。

网络新闻信息的泛滥使得用户更加愿意相信主流媒体、官方媒体以及新闻门户网站，随着技术的发展，在有限的时间里，用户逐渐向更加专业、聚焦的媒体靠拢。在国内，专业的信息平台逐渐占有一席之地，如深度解读的澎湃、汽车资讯的易车、兴趣阅读的好奇心日报等。此外，传统媒体在社交、门户平台中设立官方号，迎合用户习惯后也聚集了大量粉丝和流量。

新闻与技术的结合方面最直观的体现即新闻直播。直播的风口是直播新闻产生的契机，新闻的时效性和真实性需求在直播新闻中得到最大程度的实

① 数据来源：艾瑞咨询．2016年1月新闻门户网站行业排名Top10.

现，网络带宽和移动设备的普及为其发展提供了不可或缺的硬件基础。各大新闻门户网站都已将新闻直播提上日程，如腾讯新闻、网易新闻；但值得注意的是，在内容层面新闻直播的路才刚起程，与传统概念上的新闻还无法比拟，有巨大的上升空间也需要谨慎前行。

有关新闻个性化在移动互联时代获得了较大的发展，精准化的新闻到达极大地提升了新闻的分发效率。但现阶段，“算法分发”所实现的精准化仍较为初级，在内容质量、话题广泛性等方面仍有待提升。也正因为如此，专业化、垂直化的网络新闻资讯仍是用户资讯获取的重要选择。最后，传统主流新闻门户网站如人民日报、央视新闻等已经形成了强大的网络传播影响力。但是，媒体的“无形”融合仍有待深入，传统媒体从思维到认识，从内容到渠道、从平台到经营，仍亟待实现与新媒体、新技术的“深度融合”。

## 六、专业垂直网站

### （一）房产

#### 1. 房产类垂直网站广告投放规模①

2016 年第 1 季度房地产网络类广告投放费用在总体网络广告投放费用占总体网络广告投放费用比重环比下降 5.9 个百分点，同比上升 0.4 个百分点。如图 3－28 所示。

国内目前几大主流的房地产网站有房天下、搜狐焦点、腾讯房产、网易房产和 HOUSE365 等。2016 年第 1 季度，在房产网站投放广告的广告主数量为 1965 个。同比下降 31.2%，环比下降 31.3%；单个广告主平均投放额为 23.9 万元，同比上升 33.5%，环比下降 23.1%。如图 3－29 所示。

从新增广告主方面看，2016 年第 1 季度新增广告主数量同比下降 49.9%，环比下降 59.9%。这一减少具有季节性的因素，所以不能代表 2016 年全年的房地产网站新增广告主情况，但也在一定程度上反映了小广告主开始拓展线下营销渠道的趋势。

---

① 数据来源：艾瑞咨询．2016 年 Q1 中国房地产网络营销季度数据报告．

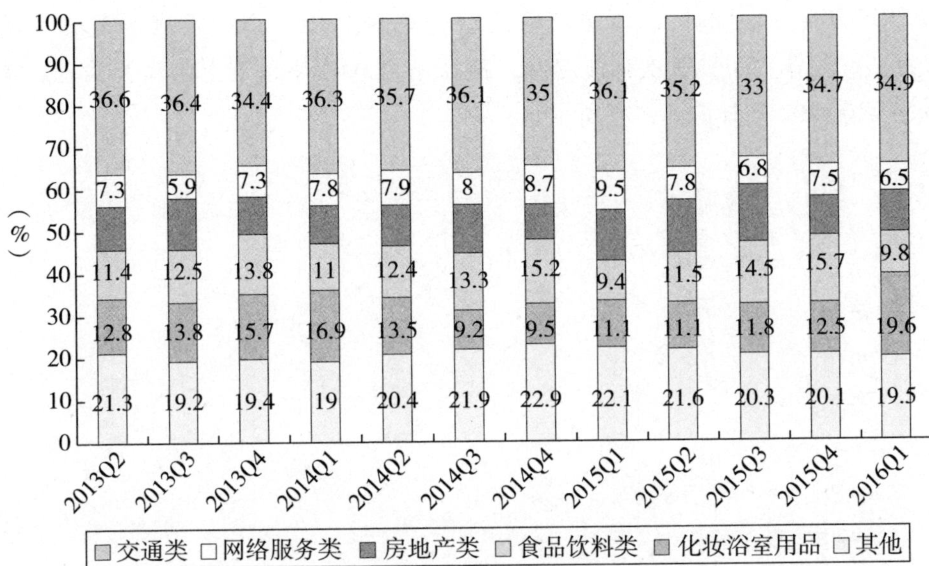


**图 3－28　2013 年第 2 季度—2016 年第 1 季度各行业广告主投放费用占比**

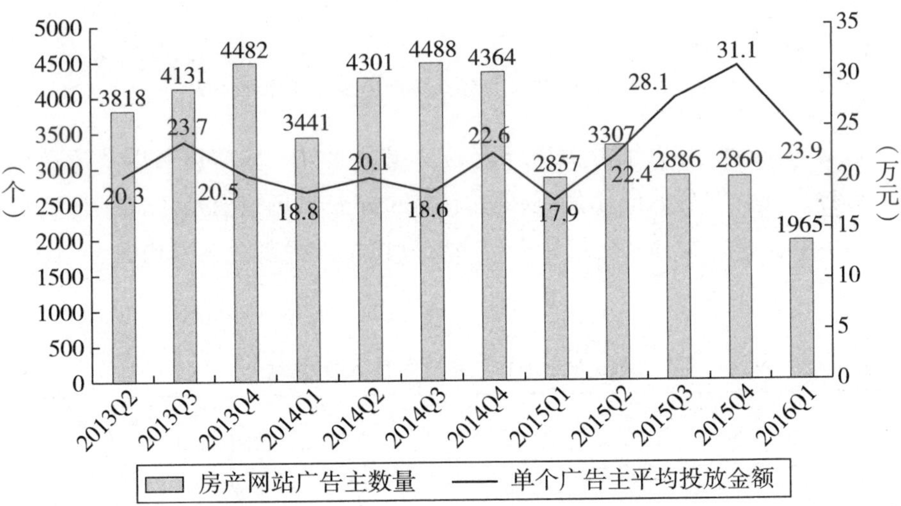


**图 3－29　2013 年第 2 季度—2016 年第 1 季度中国房产网站广告主数量及平均投放额**

### 2. 移动房产类应用概况①

根据 TalkingData 发布的《2016 年房产类应用行业研究报告》数据显示，

① 数据来源：TalkingData. 2016 年房产类应用行业研究报告 .

以 2016 年 4 月为例，移动房产应用覆盖率排名中，安居客房产覆盖率为 0.86%，居第一位；其次为搜房网，覆盖率为 0.79%，掌上链家为第三，覆盖率为 0.58%。如图 3－30 所示。

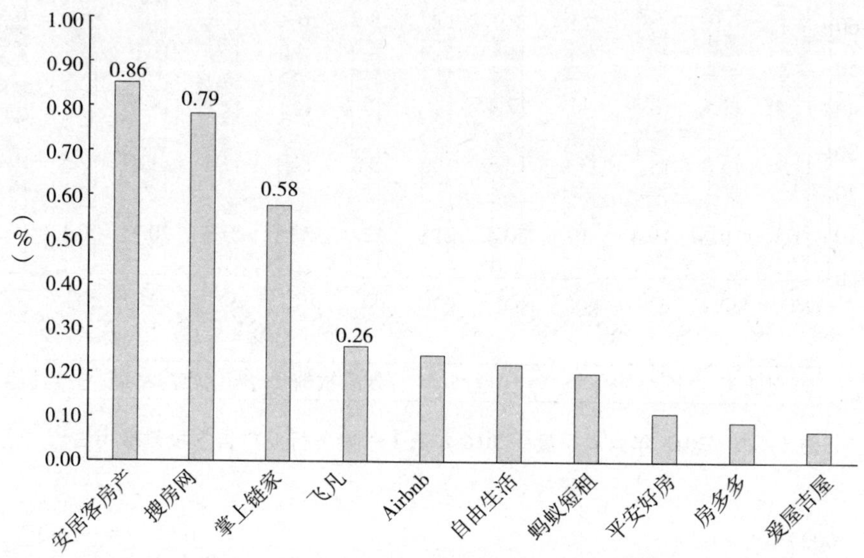


**图 3－30　2016 年 4 月移动房产应用覆盖率 TOP20**

移动房产行业可以细分为房产交易、租房业务、房产运营以及房产金融几大部分，其各部分的应用发展依托不同的细分市场也有所不同。房产交易类应用主要由房产媒体、传统中介以及互联网公司几部分开发构成。如表 3－15 所示。

**表 3－15　2016 年中国移动房产交易 APP 排名**

| 排名 | 房产交易类应用 | 开发者 | 开发者属性 |
|---|---|---|---|
| 1 | 安居客房产 | 安居客 | 房产媒体 |
| 2 | 搜房网 | 搜房网 | 房产媒体 |
| 3 | 掌上链家 | 链家 | 传统中介 |
| 4 | 房多多 | 房多多 | 互联网公司 |
| 5 | 我爱我家 | 我爱我家 | 传统中介 |
| 6 | 365 淘房 | 365 淘房网 | 房产媒体 |

续　表

| 排名 | 房产交易类应用 | 开发者 | 开发者属性 |
| --- | --- | --- | --- |
| 7 | 看房 | 腾讯 | 房产媒体 |
| 8 | 赶集懒人找房 | 赶集网 | 房产媒体 |
| 9 | Q 房网 | Q 房网 | 房产媒体 |
| 10 | 家家顺房产网 | 家家顺 | 传统中介 |

在租房领域，排名前十位的房产类应用同样由房产媒体、传统中介以及互联网公司为主。如表 3－16 所示。

**表 3－16　2016 年中国移动租房 APP 排名**

| 排名 | 租房类应用 | 开发者 | 开发者属性 |
| --- | --- | --- | --- |
| 1 | 安居客房产 | 安居客 | 房产媒体 |
| 2 | 搜房网 | 搜房网 | 房产媒体 |
| 3 | 掌上链家 | 链家 | 传统中介 |
| 4 | 自如生活 | 链家 | 传统中介 |
| 5 | 蚂蚁短租 | 蚂蚁短租 | 互联网公司 |
| 6 | Airbnb | Airbnb | 互联网公司 |
| 7 | 爱屋吉屋 | 爱屋吉屋 | 互联网公司 |
| 8 | 我爱我家 | 我爱我家 | 传统中介 |
| 9 | 丁丁租房 | 链家 | 传统中介 |
| 10 | 365 淘房 | 365 淘房网 | 房产媒体 |

而在房产运营方面，移动房产类应用则主要是由房产公司和互联网公司构成的。一般实力较强的房产公司会有不错的运营效果。如万达推出了电商类应用飞凡、万科推出社区运营类应用住这儿；作为互联网公司代表的天猫则推出了针对仙侠商场购物导航类应用喵街，从商业地产层面入手①。如表 3－17所示。

① 数据来源：TalkingData. 2016 年房产类应用行业研究报告 .

表 3-17　　2016 年中国移动房产运营 APP 排名

| 排名 | 房产运营类应用 | 开发者 | 开发者属性 |
|---|---|---|---|
| 1 | 飞凡 | 万达 | 房产公司 |
| 2 | 住这儿 | 万科 | 房产公司 |
| 3 | 喵街 | 天猫 | 互联网公司 |
| 4 | 幸福绿城 | 绿城 | 房产公司 |
| 5 | 彩之云 | 花样年 | 房产公司 |
| 6 | 天津大悦城 | 中粮 | 房产公司 |
| 7 | 海信广场 | 海信 | 房产公司 |
| 8 | 朝阳大悦城 | 中粮 | 房产公司 |

## （二）旅游

### 1. 在线旅游用户规模①

截至 2016 年 6 月，通过互联网预订过机票、酒店、火车票或旅游度假产品的网民规模达到了 2.64 亿人，较 2015 年年底增长 406 万人，增长率为 1.6%。在网上预订火车票、机票、酒店和旅游度假产品的网民分别占比 28.9%、14.4%、15.5% 和 6.1%。其中，手机预订机票、酒店、火车票或旅游度假产品的网民规模达到 2.32 亿人，较 2015 年年底增长 2236 万人，增长率为 10.7%。我国网民使用手机在线旅行预订的比例由 33.9% 提升至 35.4%。如表 3-18 所示。

表 3-18　　2016 年中国在线旅游用户规模

| 类别 | 2016 年 6 月 | | 2015 年 12 月 | | 半年增长率（%） |
|---|---|---|---|---|---|
| | 用户规模（万人） | 网民使用率（%） | 用户规模（万人） | 网民使用率（%） | |
| 在线旅行预订 | 26361 | 37.1 | 25955 | 37.7 | 1.6 |
| 手机旅游预订 | 23226 | 35.4 | 20990 | 33.9 | 10.7 |

① 数据来源：中国互联网信息中心．第 38 次中国互联网络发展状况统计报告．

2. 在线旅游市场规模①

2016 年第 3 季度中国在线旅游市场交易规模达 1627.6 亿元，环比增长 11.8%，同比增长 28.4%。第 3 季度为旅游旺季，包含暑期、中秋等节假日，出游人数增多，推动在线旅游市场交易规模稳定增长。如图 3－31 所示。

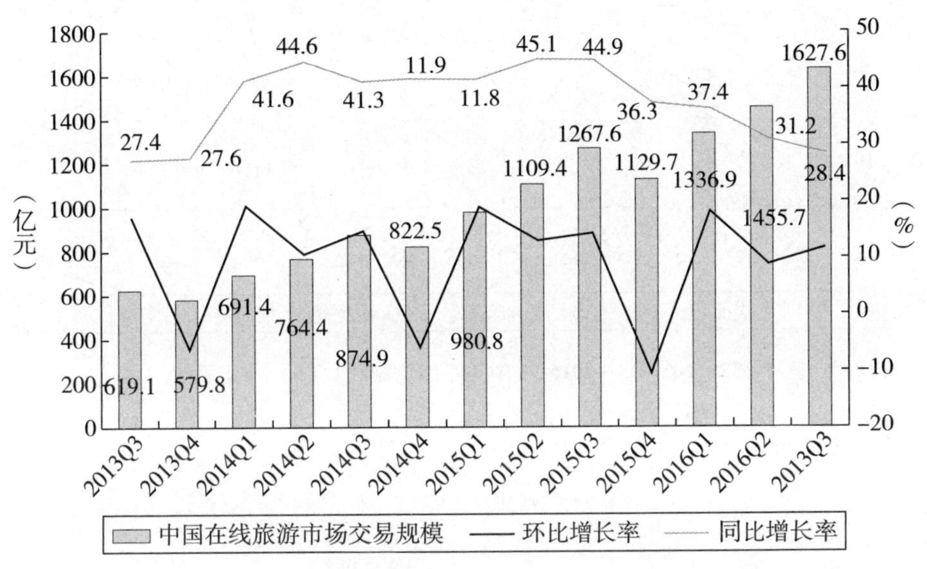


**图 3－31　2013Q3—2016Q3 中国在线旅游市场交易规模**

2016 年第 3 季度中国在线旅游（OTA）市场营收规模为 81.9 亿元，同比增长 38.7%。第 3 季度为旅游旺季，OTA 营收有较大幅度增长，其中机票和住宿业务对 OTA 营收增长的贡献最大。当前 OTA 面临的市场环境不容乐观，一方面，国航、南航等航空公司推行“提直降代”的政策，不断压缩佣金率；另一方面，电商、团购等大平台涉足机票和住宿业务，市场竞争加剧。OTA 以机票和住宿为主的营收结构，面临较大危机，急待探索新营收增长点。

中国在线旅游交易又可细分为自助游、跟团游以及出境游等领域。以自助游为例，中国在线自助游市场交易规模在 2015 年达到了 282.57 亿元，未来或将保持快速增长。

① 数据来源：艾瑞咨询 . 2016 年 Q3 中国在线旅游市场规模 1627.6 亿元 .

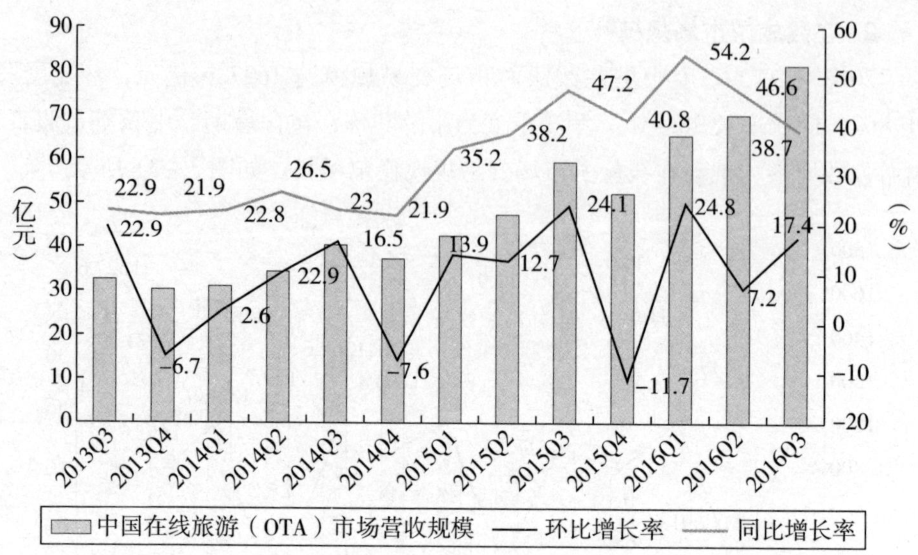


**图 3-32　2013Q3—2016Q3 中国在线旅游（OTA）市场营收规模**

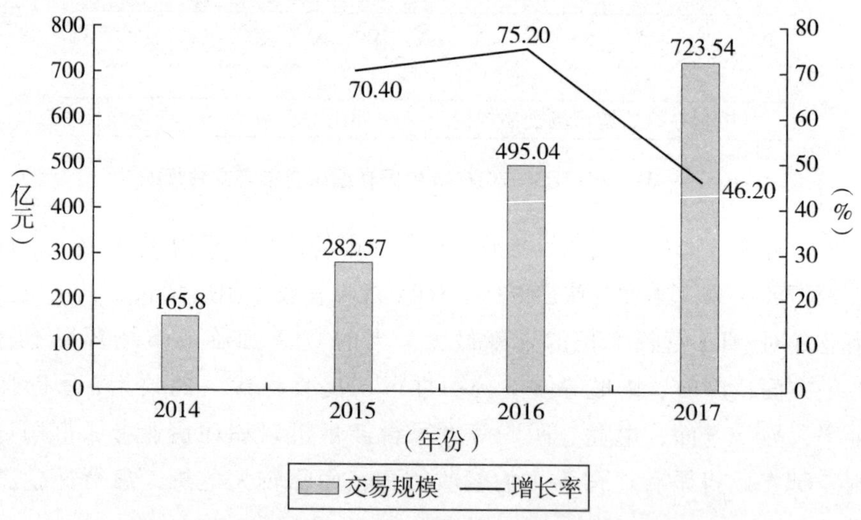


**图 3-33　2016—2017 年中国在线自助游市场交易规模预测**

### 3. 在线旅游市场结构分析①

目前在线旅游平台都有各自发展的侧重，以自助游为例，市场呈现多强格局，主要在线平台份额差距较小。如图 3-34 所示。

---

① 数据来源：易观.2016 年中国在线度假旅游专题研究报告.

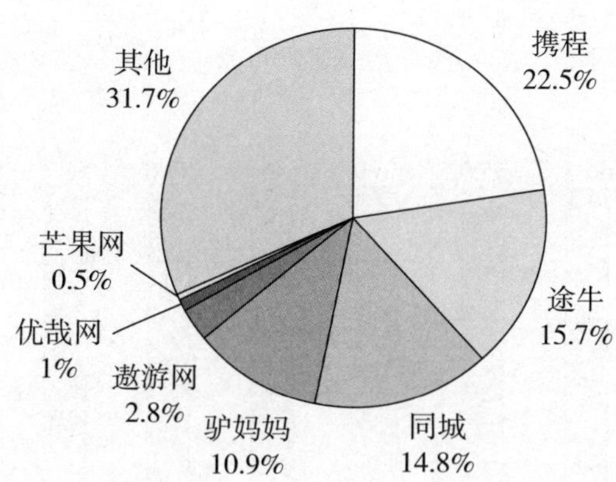


**图 3-34　2015 年中国在线度假旅游自助市场份额**

**4. 在线旅游产品市场结构①**

2016 年第 3 季度中国在线旅游市场交易结构保持较为稳定的格局，机票交易占比 53.6%，住宿交易占比 21.8%，度假交易占比 18.8%。如图 3-35 所示。

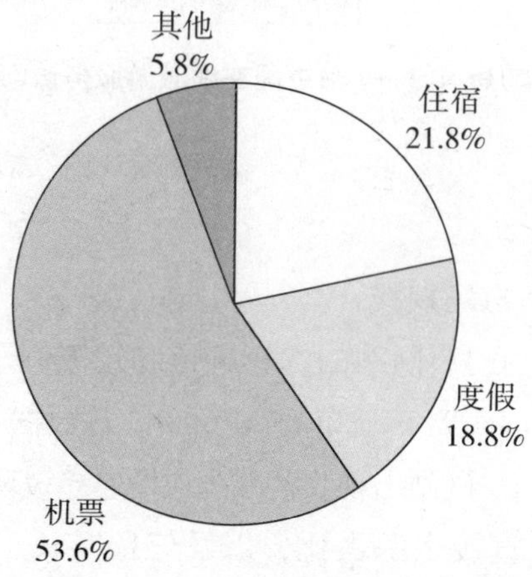


**图 3-35　2016Q3 中国在线旅游市场交易额结构**

**5. 移动端流量优势显著②**

在线旅游用户在移动端的访问次数远高于 PC 端，移动端具有明显优势。2016 年第 3 季度中国在线旅游 App 端月度访次占比逐月上升，9 月占比增长

① 数据来源：易观. 2016 年中国在线度假旅游专题研究报告.

② 数据来源：艾瑞咨询. 2016 年 Q3 中国在线旅游市场规模 1627.6 亿元.

至62.2%。如图3－36所示。

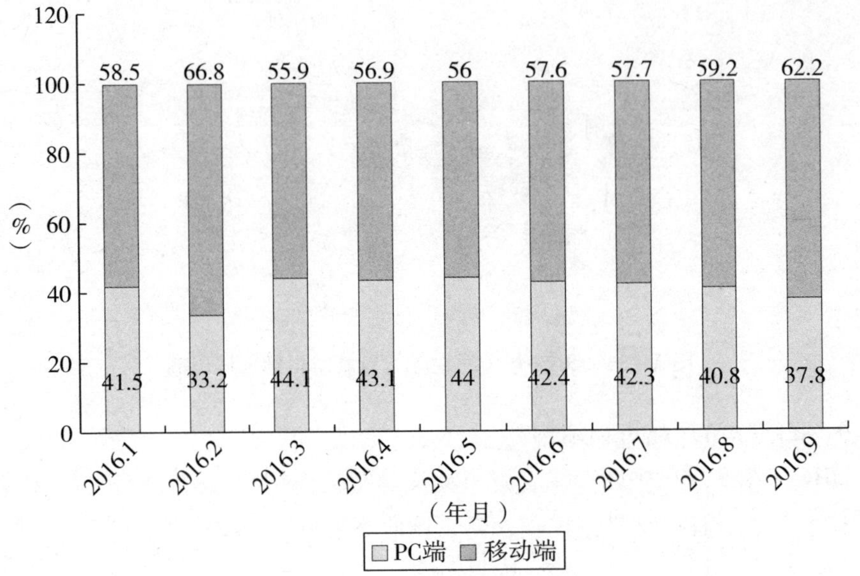


**图3－36 2016年1—9月中国在线旅游服务访问次数结构**

## （三）汽车

### 1. 汽车类垂直网站市场规模

目前汽车网站可分为门户网站的汽车频道和主流汽车网站两种。从全球网站专业流量统计机构SimilarWeb公布的2016年2月数据来看，国内的新浪、搜狐、网易、腾讯等大型门户网站出现收益减少或增速趋缓现象。如图3－37所示。

从流量贡献占比、直接来源占比，以及停留时长、跳出率等多项指标来看，门户网站的汽车频道越来越不能发挥优势，相信这与汽车网站的激烈竞争有密不可分的关系，尤其是来自垂直汽车网站的挤压。以2016年2月为例，主流汽车网站月度覆盖人数排行中，腾讯汽车、新浪汽车、网易汽车、搜狐汽车等四家门户汽车网站整体排名靠后，汽车之家、爱卡、太平洋汽车、易车等四家垂直汽车网站整体排名靠前①。如图3－38所示。

其中汽车之家占据了50%的市场，根据汽车之家公布的2016年企业财

① 数据来源：SimilarWeb. 2016年2月中国主流汽车网站排行榜.

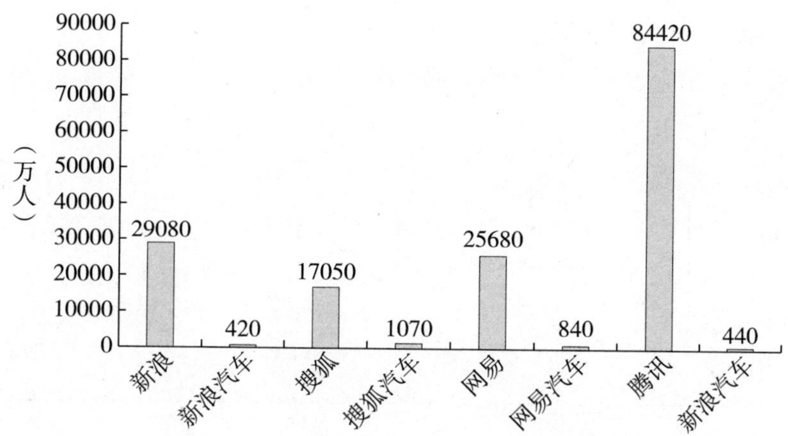


**图 3－37 门户网站与汽车频道月度覆盖人数**

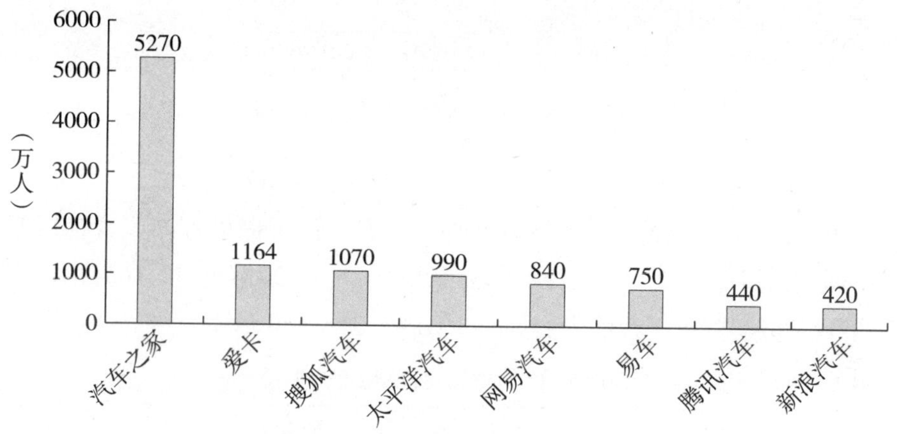


**图 3－38 主流汽车网站月度覆盖人数**

报，其第 4 季度净营收同比增长 86. 3% 至 20. 149 亿元；另外，移动端日均独立用户总访问量较 2015 年 12 月同比增长 27% 。①

**2. 用户获取汽车产品信息的渠道②**

消费者越来越倾向于从数字媒体获取汽车的相关信息。根据调查，汽车之家等专业汽车网站和论坛是如今最受欢迎的信息渠道，58% 的受访者使用了这类渠道。也有很多的消费者使用社交网络、其他互联网社区和汽车制造

① 数据来源：汽车之家 . 2016 企业财报 .

② 数据来源：麦肯锡 . 2016 年中国汽车消费者调查 .

商网站获取相关信息。如图 3－39 所示。

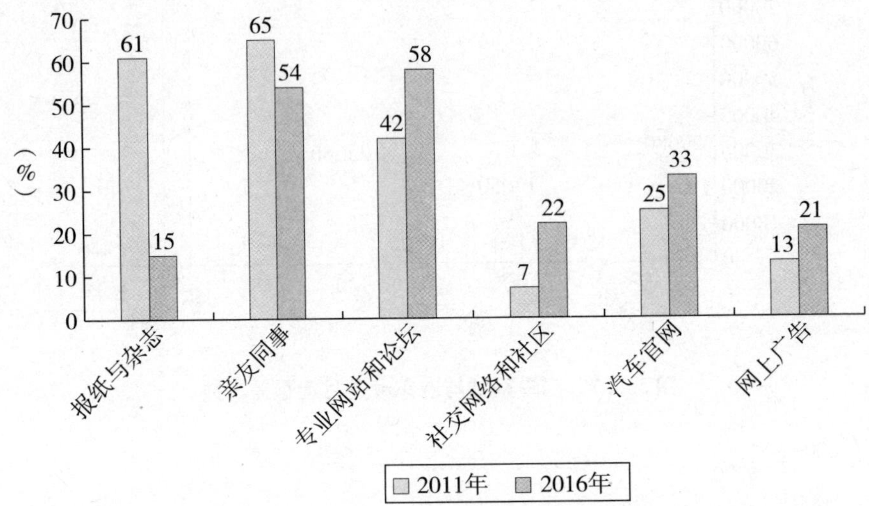


图 3－39　消费者购车时所使用的信息渠道

### 3. 汽车类移动 APP 市场——分为汽车交易、资讯社区①

国内汽车垂直网站除了交易型之外，还有专注于提供咨询或者社区互动等不同定位的平台，即汽车资讯、汽车社区等。以 2016 年 12 月为例，汽车交易平台和汽车资讯平台前十名如表 3－19、表 3－20 所示。

表 3－19　　2016 年 12 月汽车交易类 APP 排名

| 排名 | APP 名称 | 领域 | 活跃人数（万人） | 环比增幅（%） |
|---|---|---|---|---|
| 1 | 瓜子二手车直卖网 | 汽车交易 | 690.71 | 7.03 |
| 2 | 二手车之家 | 汽车交易 | 400.92 | －4.94 |
| 3 | 优信二手车 | 汽车交易 | 343.25 | －7.61 |
| 4 | 人人车二手车 | 汽车交易 | 315.54 | －15.58 |
| 5 | 小猪二手车 | 汽车交易 | 102.80 | －22.02 |
| 6 | 273 二手车 | 汽车交易 | 100.74 | －6.65 |
| 7 | 易车二手车 | 汽车交易 | 90.21 | －22.14 |
| 8 | 车 300 | 汽车交易 | 19.98 | 198.7 |

① 数据来源：易观.

续　表

| 排名 | APP 名称 | 领域 | 活跃人数（万人） | 环比增幅（%） |
|---|---|---|---|---|
| 9 | 华夏二手车 | 汽车交易 | 19.01 | 15.91 |
| 10 | 公平价二手车 | 汽车交易 | 17.65 | 9.14 |

**表 3-20　2016 年 12 月汽车资讯类 APP 排名**

| 排名 | APP 名称 | 领域 | 活跃人数（万人） | 环比增幅（%） |
|---|---|---|---|---|
| 1 | 汽车之家 | 汽车资讯 | 1900.21 | -0.53 |
| 2 | 汽车报价大全 | 汽车资讯 | 665.57 | 6.96 |
| 3 | 易车 | 汽车资讯 | 282.51 | 4.47 |
| 4 | 汽车报价 | 汽车资讯 | 267.51 | 6.43 |
| 5 | 汽车头条 | 汽车资讯 | 126.16 | 8.48 |
| 6 | 汽车报价之家 | 汽车资讯 | 117.35 | -19.29 |
| 7 | 爱卡汽车 | 汽车资讯 | 112.12 | -16.76 |
| 8 | 太平洋汽车网 | 汽车资讯 | 107.81 | -21.97 |
| 9 | 卡车之家 | 汽车资讯 | 77.21 | -15.88 |
| 10 | 惠买车 | 汽车资讯 | 48.32 | -9.47 |

### （四）综述

门户网站的频道服务逐渐被垂直化网站提供的精细化、专业化服务所取代。本节以国内垂直领域发展最为突出的房产、旅游和汽车网站为例，对其在 2016 年的发展进行了基本的了解。

房产类垂直网站一方面受到国家房产政策变动的影响，另一方面也受到行业内竞争的影响。搜房的转型已经两年，这两年也是房地产迅猛发展的两年，从市场的反应来看，搜房原有的媒体化优势被放弃后，打造类似淘宝的购房平台并不一帆风顺。房产网站服务行业也逐渐细分出更加精准的领域，如房产交易、房产金融、租房等，开发单位也由原先的互联网公司、媒体增加了房产公司。

在线旅游类垂直网站在 2015 年有较多的变动，在 2016 年市场份额则较为稳定。2016 年 9 月 22 日，携程宣布新版客服机器人正式上线运营，其是在线旅游行业中率先大规模使用客服机器人系统的公司。客服机器人的上线，将提升携程整体的运营效率，为用户提供更加标准化、规范化和低成本化的旅游服务。2016 年 9 月，旅游 B2B 平台优客旅游由于资金链出现问题，欠 150 余家供应商共计超过 1700 万元，被爆跑路。而这并非旅游 B2B 行业第一家跑路公司，在此之前已有淘在路上、麦兜旅行、e 路同行和同航网等多家旅游 B2B 公司倒闭或跑路。旅游 B2B 在整合旅游资源和提升交易效率上具有非常重要的价值，但个别企业由于将企业发展中心置于通过补贴扩张平台交易规模上，未能形成企业核心竞争力，进而致使企业运营状况日渐恶劣。

传统门户网站的汽车频道与主流汽车网站特性不同，虽然在前期有巨大的流量为基础支撑，但随着互联网移动化的发展，主流汽车网站的服务完善、体验升级，不仅是门户网站汽车频道，甚至门户网站自身也面临巨大的生存挑战。随汽车之家、爱卡等垂直汽车网站进一步巩固市场优势，汽车频道会越来越像门户网站的累赘，“是弃是留”相信很快会成为各位门户大佬的核心议题之一。目前汽车网站正处于转型期，向电商、金融等更接近交易的环节一步步推进，在这个过程中，谁拥有更多真实用户，谁就拥有更多的转型优势。

## 七、网络游戏

### （一）2016 年网络游戏用户规模[①]

截至 2016 年 6 月，我国网络游戏用户规模达到 3.91 亿人，占整体网民的 55.1%。手机网络游戏用户规模为 3.02 亿人，较 2015 年年底增长 2311 万人，占手机网民的 46.1%。如表 3－21 所示。

**表 3－21　2016 年中国网络游戏用户规模**

| 类别 | 2016 年 6 月 | | 2015 年 12 月 | | 半年增长率（%） |
|---|---|---|---|---|---|
| | 用户规模（万人） | 网民使用率（%） | 用户规模（万人） | 网民使用率（%） | |
| 网络游戏 | 39108 | 55.1 | 39148 | 56.9 | －0.1 |
| 手机网络游戏 | 30239 | 46.1 | 27928 | 45.1 | 8.3 |

2016 年上半年网络游戏用户规模保持稳定，设备移动化、版权正规化和

① 数据来源：中国互联网络信息中心．第 38 次中国互联网络发展状况统计报告．

内容影视化成为主要趋势。由数据可以看出 PC 端网游用户向移动端流转的趋势依然持续。由数据可以看出，2016 年上半年网络游戏用户 PC 端设备的使用率下降了 0.2%，而手机端的游戏用户使用率则上升到 77.3%。虽然移动端游戏不断地发展，用户规模也将不断扩大，但是由于 PC 端游戏的独特体验使得移动端游戏很难将 PC 端游戏完全取代。

## （二）2016 年游戏平台市场规模

2016 年第 3 季度中国网页游戏市场规模为 61.14 亿元，较第 2 季度环比下降 1.2%。如图 3－40 所示。

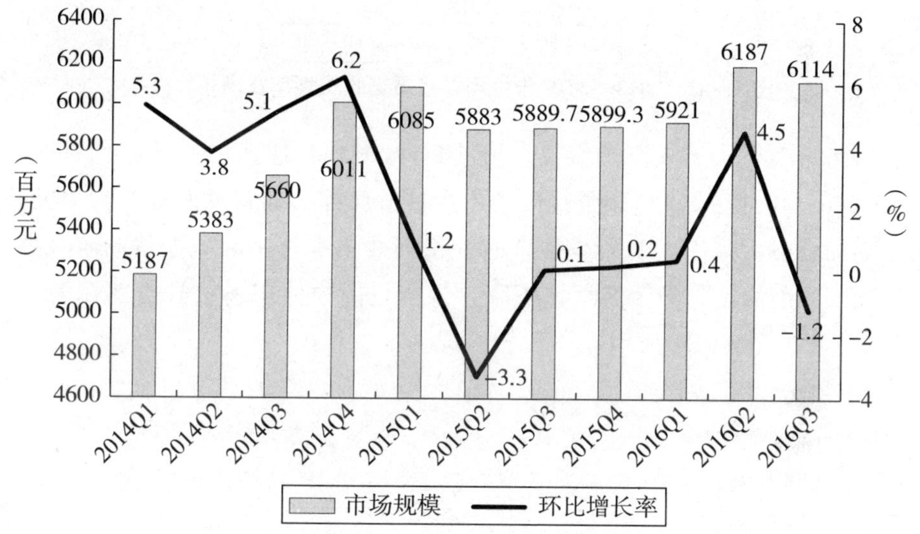


**图 3－40 2014Q1—2016Q3 中国网页游戏市场规模**

2016 年第 3 季度，中国网页游戏市场较第 2 季度出现小幅度下降，在整体的 2016 年网页游戏市场整体洗牌结束后，中小型网页游戏厂商转型移动游戏产业，整个网页游戏市场上去伪存真留下了精品产品更加稳定。在第 3 季度各家更注重打造精品内容，新产品则较少更新。①

2016 年移动游戏增长幅度较大，已超越 PC 端游戏成为国内市场游戏的主格调，其中主要原因在于移动端支付的便捷性以及手机类型的多样化。如图 3－41 所示。

① 数据来源：易观．2016 年 Q3 中国网页游戏市场规模为 61.14 亿元人民币．

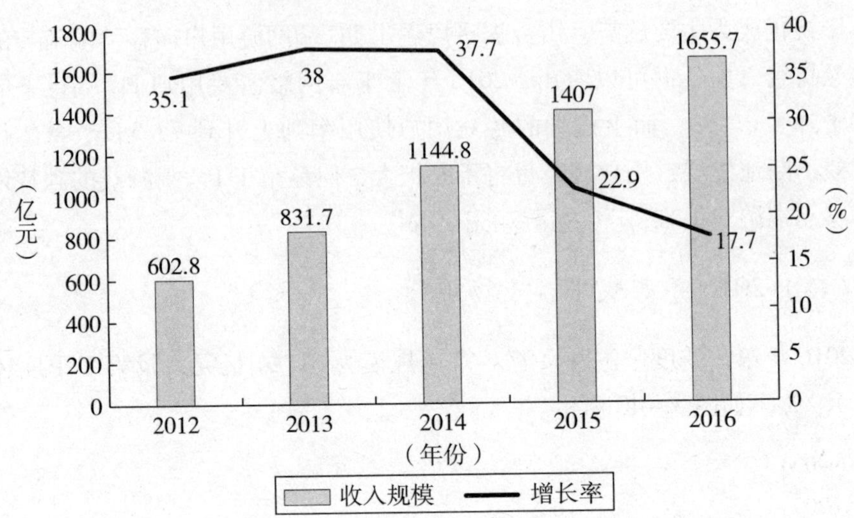


**图 3－41　2012—2016 年中国游戏市场收入规模及增长趋势**

2016 年移动游戏实际销售收入超过 PC 端游戏，达到 819. 2 亿元，同比增长 59. 2%，由此可知 PC 端游戏市场正在日益压缩，而移动游戏类型多元化、移动端加载成本降低、IP 效应带来的一系列效果等都不断地把移动游戏的收入拉到一个新高度；但手游增速下降，说明目前整体市场上升空间在缩小。[①] 如图 3－42、图 3－43 所示。

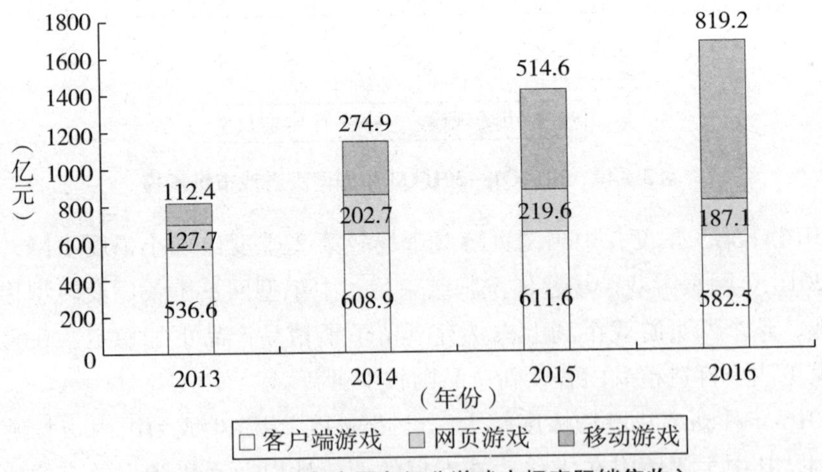


**图 3－42　2016 年中国各细分游戏市场实际销售收入**

① 数据来源：Dataeye. 2016 年中国移动游戏行业年度报告.

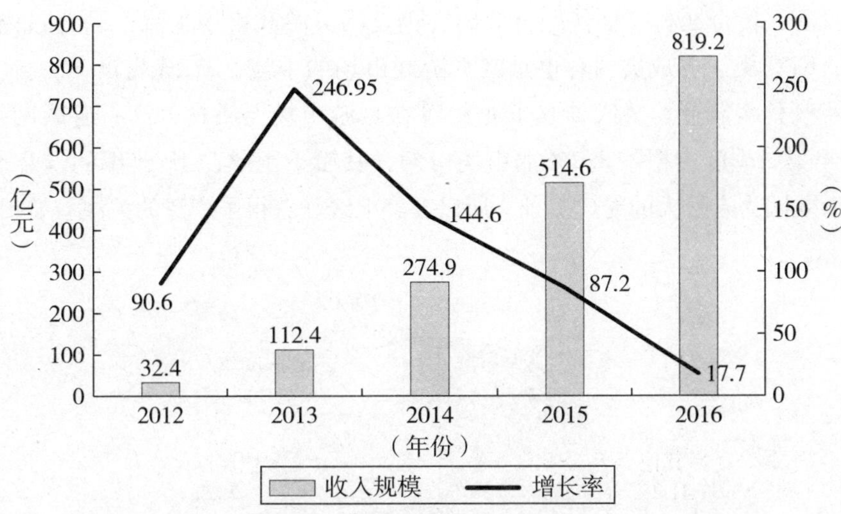


**图 3-43　2012—2016 年中国移动游戏市场收入规模及增长趋势**

## (三) 中国游戏竞争格局[①]

移动游戏玩家群体数量持续扩张，让厂商在游戏类型上有更多元化的选择。从趋势来看，2017 年移动游戏会持续激增，尤其在 H5 游戏这类型上。如图 3-44 所示。

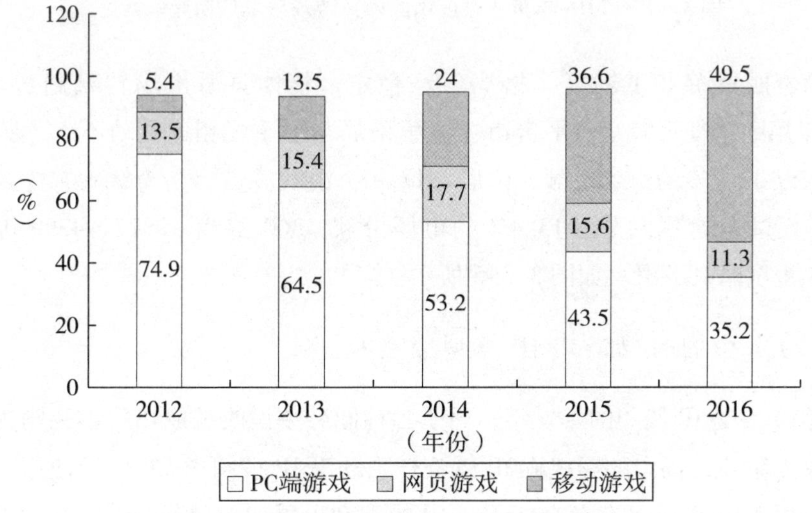


**图 3-44　2012—2016 年中国游戏市场格局**

① 数据来源：易观. 2016 年 Q2 中国移动游戏市场格局.

目前，传奇题材、仙侠题材等内容仍是网页游戏市场主流产品背景内容。此外，RPG 类、养成类内容也是网页游戏市场的主流。37 游戏旗下的自主研发游戏《传奇霸业》《武神赵子龙》等在页游市场上质量较高；游族网络在 2016 年第 3 季度占据了 8.7% 的市场份额，其旗下由热门 IP 改编的《盗墓笔记》游戏因为有强大的粉丝基础，所以一经上线就获得了广泛的关注。如图 3－45 所示。

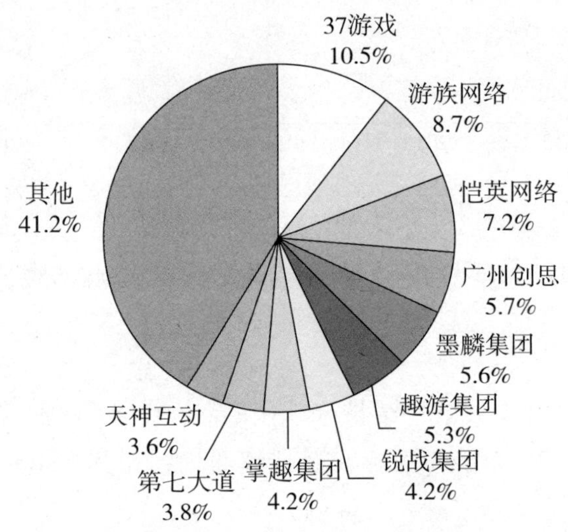


**图 3－45　2016 年第 3 季度中国网页游戏研发厂商竞争格局**

随着网页游戏市场整体格局已经稳定，整体页游市场转型趋势明显。2016 年第 3 季度页游运营平台市场竞争格局与上季度相比变动不大，腾讯网页游戏以 32.9% 的市场份额，位居首位。37 游戏凭借《传奇霸业》《武神赵子龙》等主打游戏，占据 13.4% 的市场份额。360 游戏、9377、4399 等平台在第 3 季度略有下滑。如图 3－46 所示。

## （四）中国移动游戏 IP 类型分析①

2016 年是 IP 使用的爆发年，由于各种同名小说改编成热门影视剧受到追捧，流入游戏市场中的影视剧 IP 以及日系动漫 IP 被国内 CP 广泛使用。国内手游使用正版 IP 的比例逐年上升，IP 的类型也更加多元化，不管是动漫还是

① 数据来源：Dataeye. 2016 年中国移动游戏行业年度报告.

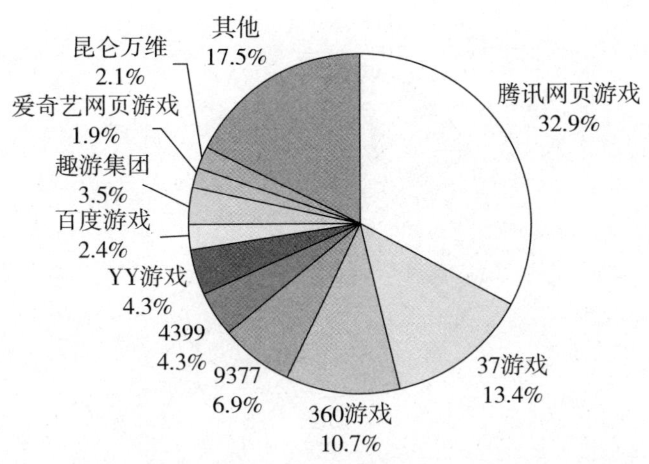


**图 3－46　2016 年第 3 季度中国网页游戏运营平台竞争格局**

影视文学被运用到不同游戏的类型中，极大地引起了玩家的共鸣。而市场中也出现越来越多的影游联动类游戏，这种趋势从 2015 年开始，在 2016 年持续受到关注，2017 年 IP 会继续在手游以及 H5 游戏中得到广泛运用。如图 3－47、图 3－48 所示。

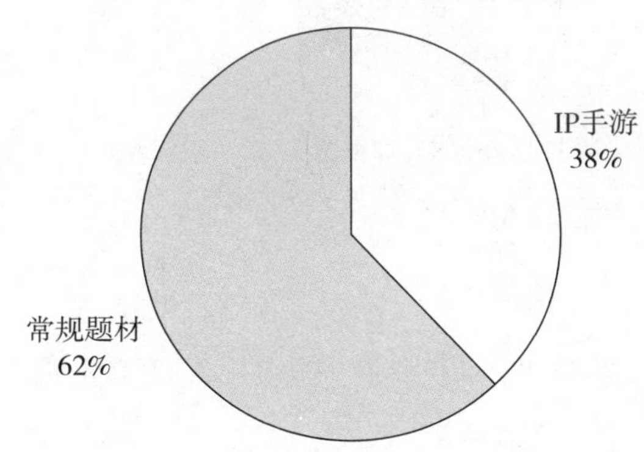


**图 3－47　2016 年手游网游中 IP 手游占比**

以 2016 年 12 月为例，武侠类 ACT 游戏有着强大的吸量能力，日均下载能力以及 12 月总下载数量都逼近高峰值，可预测未来会保持一定的热度，2017 年手游市场也将呈现更加多元化的局面。如图 3－49 所示、图 3－50 所示。

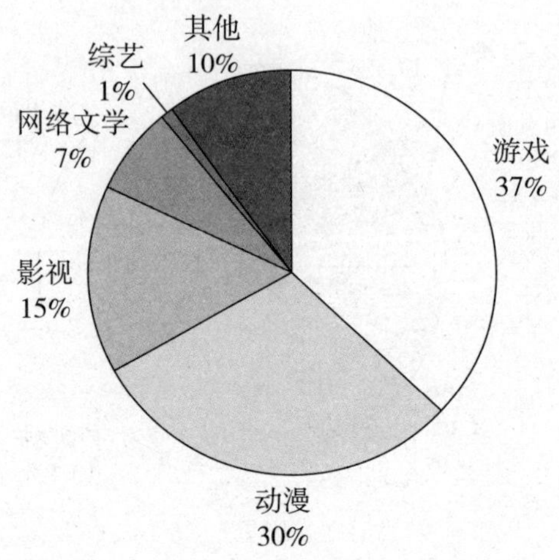


**图 3-48　2016 年 IP 网游的 IP 来源分布**

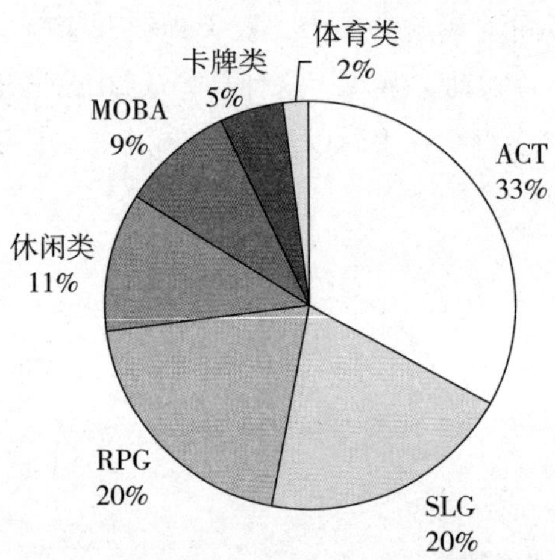


**图 3-49　2016 年 12 月新游日均下载量分布**

## （五）中国移动电竞行业分析[①]

### 1. 中国移动电竞玩家规模

在资本的推动下，电竞这个行业最近几年迅速发展起来。2016 年，中国电子竞技行业市场规模达到 300 亿元，用户规模达到 1.7 亿人，近年来电竞

① 数据来源：DataEye&S+. 2016 年移动电竞行业报告.

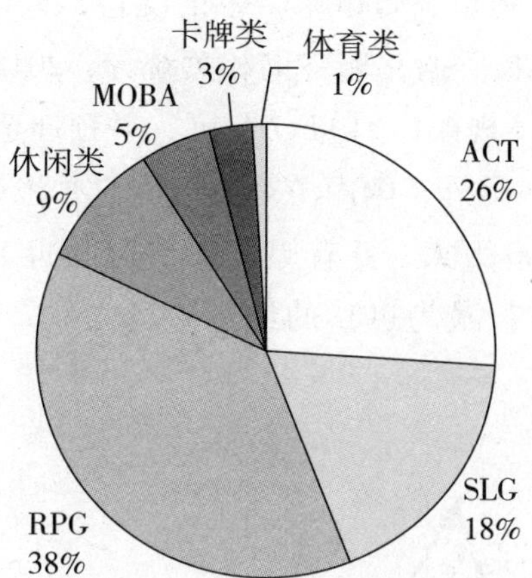


图 3-50　2016 年 12 月总下载排行榜热门分布

赛事动辄百万的奖金，更加显得电子竞技前途无限。电竞赛事激增与电竞直播对玩家生活的加速渗透不断扩大国内电竞群众基础，也不断刺激广告主加大电竞领域广告预算的投入，加速国内电竞产业商业化。如图 3-51 所示。

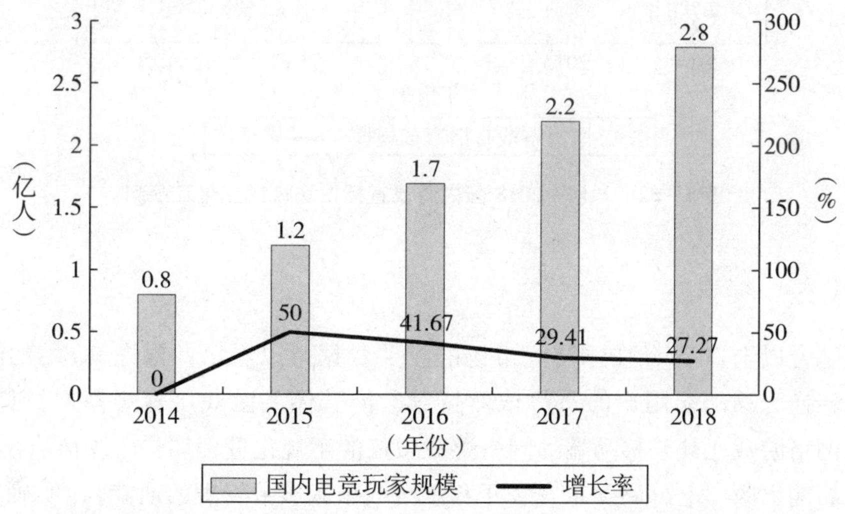


图 3-51　2014—2018 年中国电竞玩家规模及预测

### 2. 游戏直播相关情况

电竞直播在近年加速得到大额资本支持，资金充裕的直播平台通过高价签约明星主播吸引用户，比如虎牙直播和熊猫 TV。其他如战旗 TV 和龙珠直播则分别依托浩方旗下赛事、腾讯系赛事的支持，以优质内容取胜。游戏直播产业正处于井喷式增长。据艾瑞咨询相关统计，2015 年国内游戏直播市场实现 333% 的增幅，整体规模达到 11.7 亿元，并预计至 2018 年市场规模有望大幅扩张至 51.2 亿元。另外，国内游戏直播用户亦将保持相同的增势，用户规模在 2015 年达到 4800 万人，并有望在 2017 年接近 1.48 亿人。游戏直播正成为互联网娱乐产业增长最为迅猛的细分市场之一。如图 3－52、图 3－53 所示。

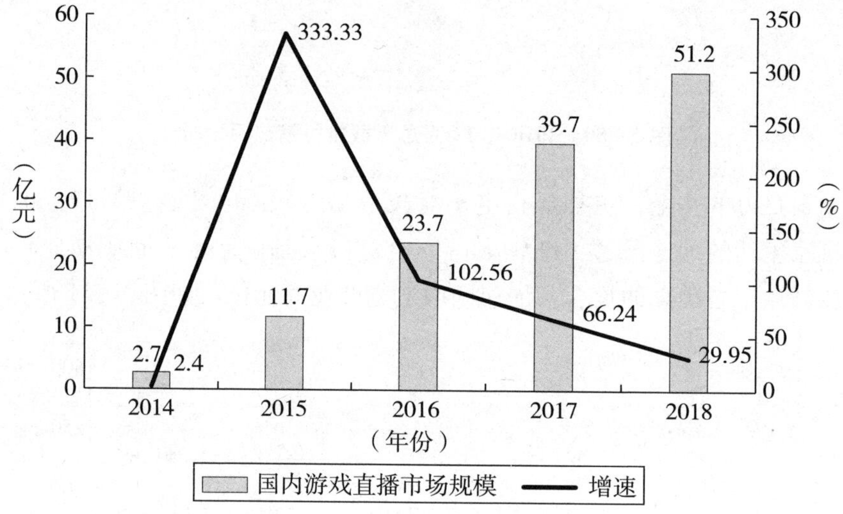


**图 3－52　2014—2018 国内游戏直播市场规模变化及预测**

## （六）综述

综合以上 2016 年中国游戏市场的相关数据可以看出：首先 PC 端的游戏用户转换为移动端用户的态势依然持续，但总体上游戏用户规模保持稳定。其次网络游戏尤其是移动端的网络游戏版权的正规化进程加快。2016 年 6 月，国家新闻出版广电总局发布《关于移动游戏出版服务管理的通知》，明确要求移动游戏需经过审批才可以上线，这预示着长期困扰手机游戏行业发展的侵权问题将得到改善。拥有优质内容的游戏公司如畅游、腾讯等在 2016 年也分别对侵犯版权的网络游戏进行维权。最后，网络游戏内容影视化持续发展。网络游戏作为泛娱乐产业生态的重要组成部分，与其他网络文化娱乐形式加速融合。2016 年上半年，基于网络游戏故事背景改编的电影作品受到各大游

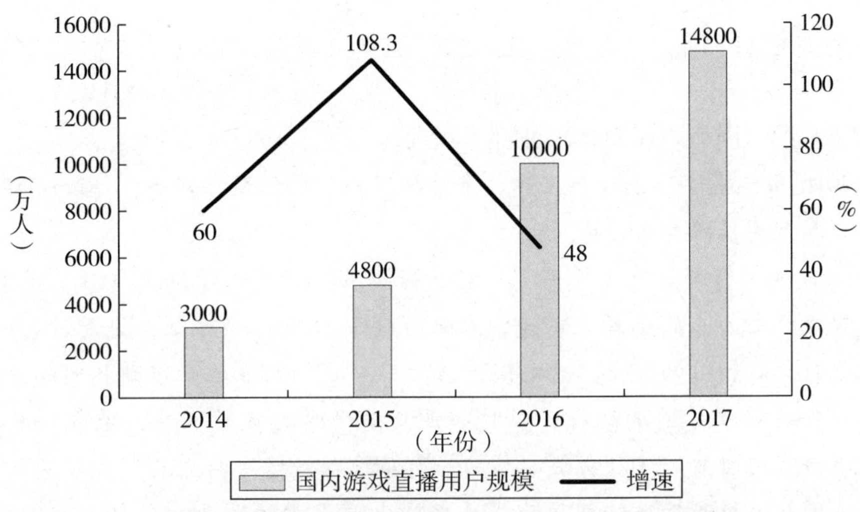


**图 3-53　2014—2017 年国内游戏直播用户规模及预测**

戏厂商重视，腾讯、网易、巨人网络等拥有成功游戏产品的厂商先后推出了游戏影视化改编战略。从 2016 年手游市场来看，休闲类和角色扮演类，策略类游戏依然是主要群体，但是随着电竞行业的火热，MOBA 类以及 RTS 类游戏占比逐渐增大。另外，影视剧作品、综艺节目等的游戏化也是不可忽视的重要模式，

电竞行业近几年来十分火爆，2016 年中国电子竞技游戏的市场规模达到了 504 亿元，上涨 34.7%，其中移动电竞是一大亮点，在客户端电竞游戏保持稳定的同时，2016 年移动电竞销售收入达到 171.4 亿元，增幅 187.1%，电竞市场份额占比达到了 30%。[①] 但是与游戏行业整体情况相同的是，移动电竞既有优势也有无法避免的劣势，即移动端的游戏体验问题，造成了产品生命周期不长、稳定性不足等缺陷。电竞赛事在近几年也逐渐发展成熟，其商业模式也逐渐明晰，从早期简单的买方市场过渡到当前俱乐部、选手、赞助商、专业赛事机构等分工明确的市场体系。

① 数据来源：中国音数协游戏工委、伽马数据．2016 中国电竞产业报告．

## 专家述评

**王帅民**　阿里妈妈媒体事业部总经理

2016 年数字营销平台新生热门事物颇多，主要体现在直播、社会化媒体、自媒体和在线医疗四个方面。

(1) 直播转型。直播并不是一种新兴事物，但是由于缺乏管理，乱象颇多，转型也成为必然选择。第一，未来直播平台的转型可以在规范运营的基础上进行更加精准的分类，有共同爱好的用户更加精准地集中到相同的区域，就是说把内容做得更加纯粹；同时加强直播平台的优胜劣汰，监管一收紧，它们就会实现自然的优胜劣汰。第二，内容将以直播 + 商业的形式成为核心。比如六间房、游戏直播的斗鱼直播已经在电商上尝试商业的运作。品牌推广活动在线直播，而不是主播聊天刷礼物等简单的交流。商业活动对主播来讲其实收益更高，主播和平台的风险都非常小。让用户来看直播，要做到既要符合他们的初衷，又要超越他们的初衷，做出不可替代的效果。淘宝的直播第一阶段就是社交预热，第二阶段是直播互动，第三阶段是淘宝成交，这种模式就是把主播的社交属性、互动属性都能做出来。淘宝直播的模式可以作为模板，即主播 + 商业的推广。

直播质量的如何提高也是一个值得探讨的方向。如今，直播的短板就是内容，没有原创的节目和新技术的应用，仅仅是依靠网红火起来的，满足了人的诉求本性的结果。直播应该从内容上着手，加强直播原创内容的培养，另外内容要实现可跨界的传播。网络直播应该避免低俗化的内容，同时内容可以多元化，如借鉴传统文化、商业文化等。未来直播 + 教育、直播 + 培训、直播 + 发布会等都是很好的争夺市场的行为。

(2) 未来皆社区。社区是未来必然的趋势。淘宝就是一个社区，互联网很快就会成为一个社会，在这个社会里如何共建共创，如何创新是处在互联网中的我们所感兴趣的。社交生态系统和支付系统关系密切，例如小红书就是基于社交属性的人群形成的聚合。

淘宝上数以万计的买家和卖家都想掌握自己的粉丝。天猫上的粉丝趴为商家提供了一个可以沉淀用户的地方，在这里粉丝可以和商家进行互动，用个性化的内容嵌入用户的生活场景。淘宝的社交关系不是在淘宝上运作，而是在支付宝上运作，因为支付是和人们生活息息相关的。支付系统和社交构成生活场景，用生活场景把用户的需求连接起来。

(3) 自媒体出路。自媒体从博客开始就已经出现了，那时候出现了很多大网红，比如芙蓉姐姐等。最近自媒体的大发展，说白了是靠笔杆子写内容出身的。大家会很喜欢看些娱乐、八卦的内容，Papi 酱为什么会迅速火爆，就是这个原因。我认为自媒体和平台在一起合作会有更多的发展模式，比如与淘宝合作。现在有的文章写出去纯粹是为了 10 万 + 的阅读量，那么活路是不大的。只看阅读量会把媒体的路堵死，但如果能写出来好的东西，再被各大平台转发，这些流量才会被变现。与平台合作本身的渠道也会拓展，会有更多的优势。

(4) 在线医疗。医疗 APP 肯定会成为一个爆发点。好大夫在线做了十年，春雨医生也做了很多年，有效改变了一些挂号难的问题，很多人有亲身的经历。但如果移动医疗成为爆发点的话一定会是跟平台合作，这样才能拿到更多的谈判筹码，否则很难普及。

现存的医疗体制也是可能因为技术的发展而得到发展的。如果我们的医疗部门可以和大公司在城市服务和医疗服务上有所合作与突进，尤其是在移动端如此规模化的情况下，会极大地方便老百姓的生活。其实在北京和上海这样的大城市改变还是较容易的。很多私人医院都是通过手机端去预约咨询，甚至电子病历的查阅也都是在网上进行的。

# 第四章　数字营销广告主

2016 年中国数字营销年度市场规模为 2769 亿元，同比增长 29.7%，[①] 依然保持较快增速。其中移动广告支出规模占网络广告总规模的 55.8%，同比 2015 年增长 126.3%，发展势头依旧迅猛。艾媒咨询数据显示，2014 年起，中国移动广告市场增速均保持在 100% 以上，现阶段处于高速增长期，营销形式多样，移动营销常态化趋势明显。

根据各个行业 2016 年数字营销投放费用，目前确定 2016 年中国数字营销热门广告主的 TOP10 为交通类、网络服务类、房地产类、食品饮料类、浴室化妆用品类、零售及服务类、娱乐及消闲类、金融服务类、IT 产品类和通讯服务类，本章从数字营销投放规模、地区投放趋势、媒体选择和形式选择等方面考察各行业 2016 年的数字营销行为，洞察各行业数字营销现状与未来趋势，并介绍分享 2016 年的行业经典案例。

2016 年，交通类广告主对数字营销的关注热度不减，汽车行业广告主的数字营销投放总额在全行业中排名第一。总体来看，中国交通类广告主的数字营销市场未来呈垂直化、整合化、移动化发展趋势。同时，广告主也在积极探索新的营销形式，寻求场景营销、游戏营销、LBS 技术等营销形式和技术与品牌自身结合的新途径，通过系统性且富有趣味性的互动营销方式增强用户参与度与黏性，获得更佳的传播效力。

网络服务类广告主对数字营销的投放规模相比 2015 年增大，跃居全行业第二位。与 2015 年相比，广告主的投放呈现较明显的两极分化，该行业的数字营销投放表现出向大广告主集中的趋势。门户网站和展示类广告依然是网络服务类广告主的主要媒体选择及主要的广告投放形式，而广告主对社交媒

① 数据来源：艾瑞咨询．2016 年度发布数据集合报告．

体（如微博平台）的数字营销投放反比2015年更加保守。

门户网站、房产网站等媒体仍是房地产类广告主数字营销的重要选择，垂直化投放明显。直播看房等新的营销形式开始出现，结合房地产客户群体特点打造专业化直播平台，将精准营销与配套服务共同结合起来，直播在房地产领域的发展潜力值得期待。

门户网站与视频网站仍然是食品饮料类广告主数字营销投放的主要选择，而在具体的营销活动中，微博、微信等主流社交媒体成为传播的主要阵地。

化妆浴室用品行业的数字营销更加倾向于面向目标消费者的精准投放，垂直化趋势渐显。化妆浴室用品类的数字营销中，与用户互动、引导用户主动生产UGC内容形成口碑是广告主们关注的重点，这与化妆浴室用品类产品本身看重用户使用体验及效果有关。

零售及服务类广告主的数字营销较2015年大幅增长，跃居全行业第六。上海、北京和广东是零售及服务类广告主数字营销的重点投放地区，这与三个地区的经济发展和居民消费水平较高有关。就媒体和广告形式而言，微博媒体最得零售及服务类广告主青睐，门户网站与视频网站同样是重要选择。

娱乐及消闲类广告主的数字营销投放规模在2016年位居全行业第七位。与2015年相比，该行业广告主对微博媒体的关注上升，以新浪微博为代表的微博媒体成为广告主数字营销投放的首要媒体选择，由此带动了相关微博广告的大幅增长。

2016年，金融服务类广告主的数字营销投放整体呈现相对保守谨慎的状态，这是该行业由于高风险特性在经济大环境走低之际的应变与调整。门户网站仍是金融服务类广告主数字营销投放的主要渠道，且遥遥领先于垂直网站等平台。

IT产品类广告主的数字营销投放规模相对较小，以169663万元居全行业第九位。北京是IT产品类广告主数字营销投放的首要地区选择。微博媒体在该行业广告主的数字营销投放中表现突出，新浪微博成为广告主的首要媒体选择。

2016年，通信服务类广告主的数字营销投放费用为122833万元，投放规模较小。该行业广告主的数字营销投放高度集中在北京、广东和天津，三地的投放费用远远领先于其余省市和地区。门户网站和视频网站是2016年该行业广告主的数字营销媒体首选。

此外，2016 年门户网站仍是各行业数字营销的主要媒体选择。由于移动平台在广告送达率、互动分享和广告效果等方面的优势，网络广告的流量明显转向移动端；PC 端广告与移动端互相补充，使得跨屏、多屏营销成为大趋势。具体广告形式上的变化也十分瞩目，信息流广告与社交广告的快速增长体现着未来广告投放的主流形式。

## 一、研究对象与数据来源

### （一）研究对象

对于广告主的阐述，编委会将按照行业划分，分类反映 2016 年在数字营销领域内活跃的数个行业的营销行为和趋势，以期为各行业广告主、广告代理提供客观清晰的行业洞察。

### （二）数据来源

这一部分的数据主要来源于艾瑞咨询在 2016 年推出的各项行业报告及行业数据、易观及 AdMaster 提供的数据，行业优秀案例则由虎啸奖提供；每项数据的出处将以脚注的形式标注。

## 二、数字营销广告主概况

数据显示，2016 年中国数字营销年度市场规模为 2769 亿元，同比增长 29.7%，依然保持较快增速，预计 2019 年将突破 5400 亿元。[①] 虽然受到新广告法的影响，但网络广告在技术与形式上均取得了创新性的发展，业已成为广告主最为看重的广告形式。如图 4 - 1 所示。

2016 年移动广告支出规模占网络广告总规模的 55.8%，同比 2015 年增长 126.3%，发展势头依旧迅猛。接下来两年，移动广告在整体网络广告中的占比将持续增大，市场规模增速虽有放缓趋势，但仍将持续稳定增加，预计将在 2018 年突破 2500 亿元。[②] 艾瑞咨询数据显示，2014 年起，中国移动广告市

---

① 数据来源：艾瑞咨询 . 2016 年度发布数据集合报告 .

② 数据来源：艾瑞咨询 . 2016—2017 年中国移动广告行业研究报告 .

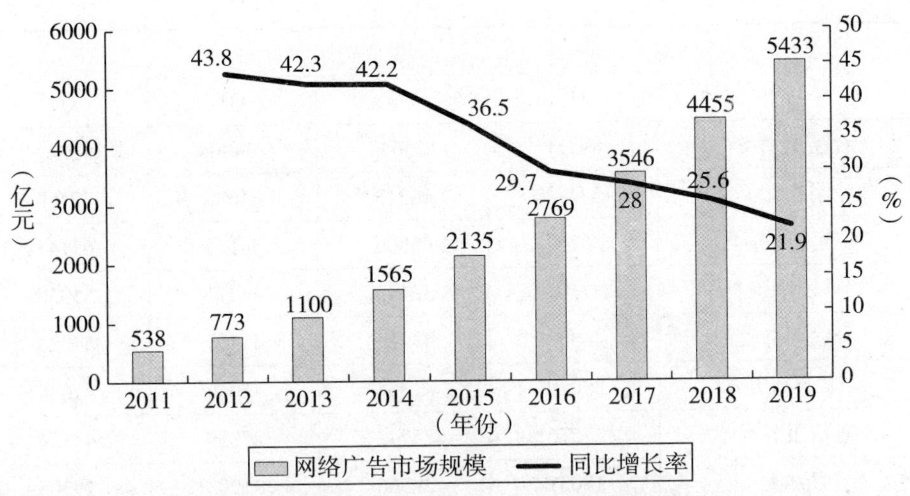


**图 4－1　2011—2019 年中国网络广告市场规模及预测**

场增速均保持在 100% 以上，现阶段处于高速增长期，营销形式多样，移动营销常态化趋势明显。

## 三、2016 年数字营销广告主行业分布状况

### （一）2016 年中国数字营销热门行业

2016 年，中国热门行业广告主数字营销投放规模前十位的行业分别是交通类、网络服务类、房地产类、食品饮料类、化妆浴室用品类、零售及服务类、娱乐及消闲类、金融服务类、IT 产品类、通信服务类。另有服饰类、医疗服务类、个人用品类、消费电子类、教育出国类、家居装饰类等行业在 2016 年数字营销领域较为活跃。如表 4－1 所示。

**表 4－1　　2016 年中国热门行业广告主数字营销投放花费**

| 行业 | 投放费用（万元） | | | |
|---|---|---|---|---|
| | Q1 | Q2 | Q3 | Q4 |
| 交通类 | 172309 | 224336 | 209385 | 220236 |
| 网络服务类 | 183490 | 191756 | 177298 | 200574 |
| 房地产类 | 82186 | 140399 | 155433 | 139466 |

续 表

| 行业 | 投放费用（万元） | | | |
|---|---|---|---|---|
| | Q1 | Q2 | Q3 | Q4 |
| 食品饮料类 | 89321 | 123644 | 134904 | 93327 |
| 化妆浴室用品类 | 57444 | 66313 | 64683 | 70180 |
| 零售及服务类 | 36277 | 45806 | 58129 | 65143 |
| 娱乐及消闲类 | 37104 | 39445 | 44471 | 55936 |
| 金融服务类 | 44838 | 43133 | 41453 | 47223 |
| IT 产品类 | 39019 | 42354 | 46646 | 41644 |
| 通信服务类 | 27576 | 26242 | 27859 | 41156 |
| 服饰类 | 18031 | 39566 | 31993 | 29306 |
| 医疗服务类 | 26252 | 28692 | 30289 | 30590 |
| 个人用品类 | 20727 | 27476 | 29430 | 29947 |
| 消费电子类 | 17537 | 23711 | 19707 | 33219 |
| 教育出国类 | 19930 | 21155 | 23050 | 17787 |
| 家居装饰类 | 12932 | 19468 | 14312 | 14610 |
| 杂类 | 6970 | 3313 | 2635 | 3225 |
| 工农业类 | 1910 | 3152 | 2954 | 2981 |
| 办公用品类 | 44 | 191 | 297 | 790 |

其中，交通类的投放费用分别为第 1 季度 206174 万元、第 2 季度 203819 万元、第 3 季度 207982 万元、第 4 季度 217358 万元，总体费用较去年而言稍有减少，但仍延续了 2015 年全行业第一的位次，表明交通类广告主仍然相当重视数字营销的投入。如图 4－2 所示。

## （二）2016 年中国热门行业广告主数字营销投放媒介选择分布

艾瑞咨询数据显示，2016 年，门户网站仍是各行业数字营销的主要媒体选择，投放力度远超出视频网站和汽车网站。由于移动平台在广告送达率、互动分享和广告效果等方面的优势，网络广告的流量明显转向移动端。PC 端广告与移动端互相补充，使得跨屏、多屏营销成为大趋势。

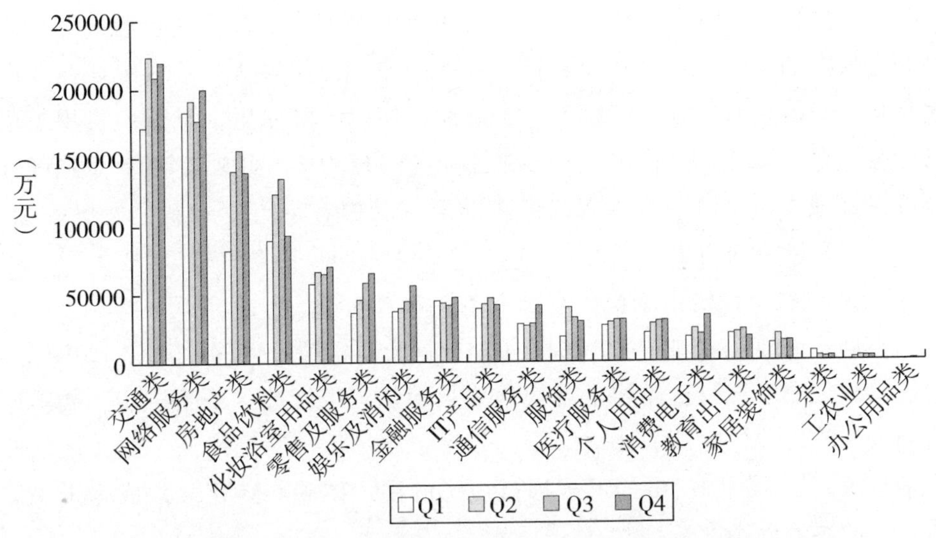


图 4-2 2016 年中国热门行业广告主数字营销投放花费

## （三）2016 年中国热门行业广告主数字营销投放形式选择分布

### 1. 网络广告细分市场结构性变化

2016 年，中国网络广告在细分领域市场出现了较大的结构性变化。《互联网管理暂行办法》对搜索引擎企业的规范，尤其是对医疗类广告的限制，对其搜索广告收入产生明显影响，一直保持领先地位的搜索广告遭遇市场规模增速与份额的双下滑，二者均首次跌破 30%，其中市场整体份额更是首次被电商广告超越，降至第二位。品牌图形广告市场份额持续受到挤压，以新闻、社交中信息流广告为主的其他形式广告则得到了快速发展，份额达到 12.9%，增势稳定；由于新广告法的实施使视频贴片广告优势凸显，且视频网站自制剧、网综、热门电视剧的热度带来的流量较为可观，视频贴片广告的份额亦呈现稳步上升趋势。①

### 2. 信息流广告成发展重点

2016 年，广告主在追求曝光之外同样重视广告效果，效果广告得到更大发展——大数据技术的应用与分析能力的不断提升孕育了网络广告市场的新需求，如爱奇艺于 2016 年推出的效果广告平台，创新多种广告展现形式，受

---

① 数据来源：艾瑞咨询 . 2016 年度数据发布集合报告 .

到广告主的青睐。随着里约奥运会、娱乐圈大事件、全球公共政治事件等公共话题性强的事件爆发，社交媒体、新闻门户、视频媒体和垂直媒体抓住流量契机，纷纷布局自身的信息流广告产品，使得中国原生信息流广告规模增势迅猛，在2016年达到267亿元，同比增长115.9%。此外，2016年热度升温的网红现象和直播平台给网络广告的形式和内容创意带来新的发展空间，与内容紧密结合的内生式广告成为网络广告未来的重要发展趋势。①

#### 3. 中国社交广告市场快速增长

根据艾瑞最新数据显示，2016年中国社交广告规模为241亿元。② 中国及全球的社交网络营销整体均呈现快速增长趋势。广告技术不断进步，展示广告与效果广告结合提升了社交广告的效果，立足于社交网络而不断发展的原生信息流广告、视频广告等形式通过更优的用户体验与转化效果成为未来广告投放的主流形式。

## 四、2016年热门行业广告主的数字营销

### （一）2016年交通类广告主的数字营销

#### 1. 2016年交通类广告主的广告投放分析

（1）交通类广告主数字营销投放规模

艾瑞咨询数据显示，截至2016年第4季度，2016年交通类广告主网络广告投放总额达826267万元，继续保持了全行业第一的领先位置。如图4－3所示。

汽车行业广告主在数字营销领域的表现尤其突出，各家汽车广告主目前的市场策略和执行手段都已经不只再是诸如H5或者VR这些表面的‘数字呈现和创意技术’，间或是DSP等所谓的‘广告大数据’等浮夸的概念，而是切入到全市场生命周期的各个环节，尤其是在购车服务体验和用户数据分析领域。可见交通类广告主对数字营销之重视，且这种重视已经由技术层面深入至运营层面。

交通类网络广告投放力度之所以如此强劲，存在多方面原因。

---

① 数据来源：艾瑞咨询.2016年度数据发布集合报告.

② 数据来源：艾瑞咨询.2016年度数据发布集合报告.

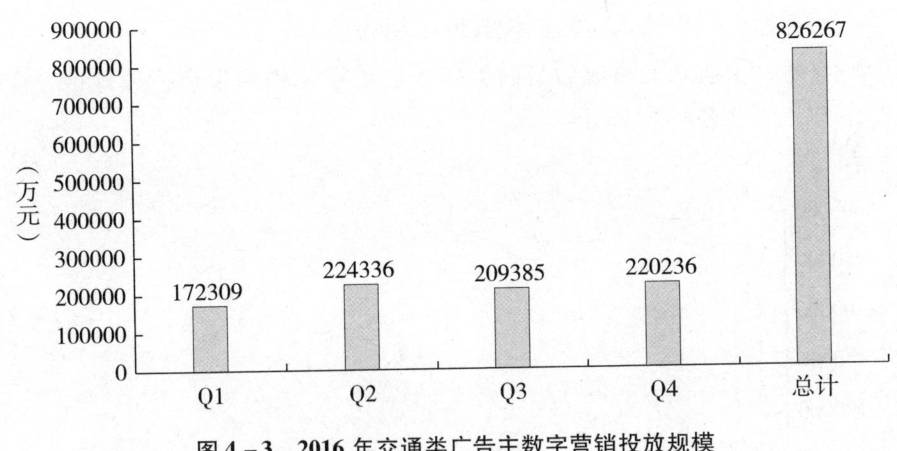


**图 4－3　2016 年交通类广告主数字营销投放规模**

第一，汽车作为单价较高的大宗型耐用消费品，其行业广告主的广告投放力度一直较大，尤其"供给侧改革"压力下行业小年的到来，使数字营销成为买车的重要信息流和客流渠道；第二，随着信息技术介入程度加深，汽车企业的商业模式也转向基于数据和平台的网络化服务，而汽车行业本身的智能化趋势也密切了和数字互联网之间的关系，使两个行业的融合速度高于其他行业，广告主试错的决心及包容的态度决定了对数字营销的接受程度远高于其他行业平均水平；第三，近年来（尤其 2015 年以来），"购车人群低龄化，销售区域低线化"，消费者结构和行为的改变使传统渠道逐渐淘汰，网上购车成为主流趋势，因此众多新车电商表现出较强的发展势头，传统汽车企业和经销商纷纷向互联网转型，互联网交易平台的建立自然需要强劲的网络广告投放跟进。

由于汽车行业数字营销市场尚无限制性准入标准，进入门槛较低，因此市场参与者众多。同时，由于数字媒体资源种类多，加上汽车企业投放力度始终较强，使得行业本身资源量较为可观。

2016 年第 1 季度网络广告投放金额排名前十位的车型中，SUV 占半数，可见 SUV 细分市场仍在持续发酵。合资品牌对新车的广告宣传力度更大，自主品牌的网络广告宣传力度也在不断加强。2016 年第 2 季度汽车行业与全行业市场发展保持一致，皆在第 2 季度有所回暖。第 2 季度轿车类的投放金额超过 SUV，但从投放金额前十位的车身类型数量来看，SUV 占六成，仍是第 2 季度推广重点。

（2）交通类广告主数字营销投放地区趋势

2016 年，上海、北京成为交通类广告主数字营销的重点投放地区，广东和吉林次之。如图 4－4 所示。

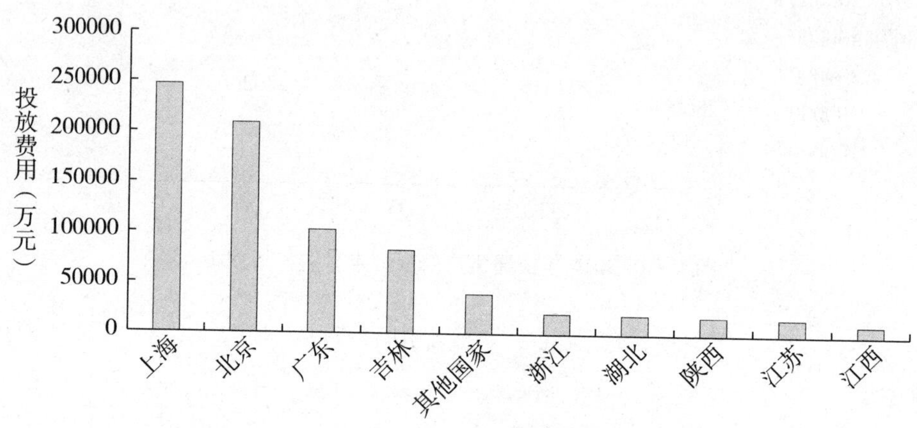


**图 4－4　2016 年交通类广告主数字营销投放地区趋势**

（3）交通类行业广告主数字营销媒体选择

根据艾瑞 iAdTracker 监测数据，2016 年，在交通类广告主数字营销投放媒体选择中，汽车网站、门户网站和视频网站延续了 2015 年的优势，继续稳居前三位。与此对应的是，数据显示，超过五成的中国网民通过门户网站汽车频道、专业汽车垂直网站和熟人推荐获取汽车信息，较集中的潜在市场是吸引广告主的广告投放的重要原因。

汽车网站仍是交通类广告主数字营销投放的首选平台，其全年投放费用超过汽车行业网络广告全年总投放的 62%，始终位居第一并大幅度领先排名第二的门户网站。

就具体媒体选择而言，汽车之家、易车网和腾讯是交通类广告主数字营销投放的主要媒体选择。其中汽车之家以 212134 万元的投放额名列第一，易车网以 171610 万元排名第二，二者远远超过以 61648 万元投放额居第三位的腾讯。可见，垂直类汽车媒体仍是交通类广告主数字营销投放的第一选择。如图 4－5 所示。

（4）交通类行业广告主数字营销形式选择

以长横幅大尺寸广告、视频贴片广告等为主的展示类广告是交通类广告

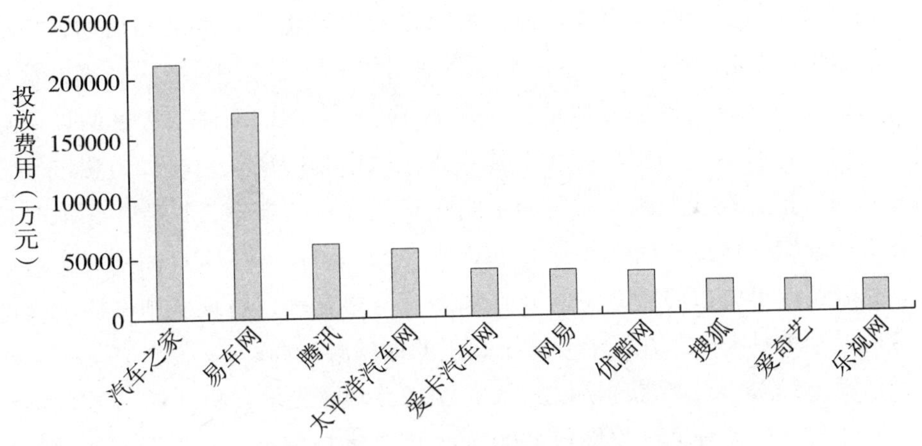


**图 4－5　2016 年交通类广告主数字营销媒体选择**

主进行数字营销的主要形式选择。如图 4－6 所示。

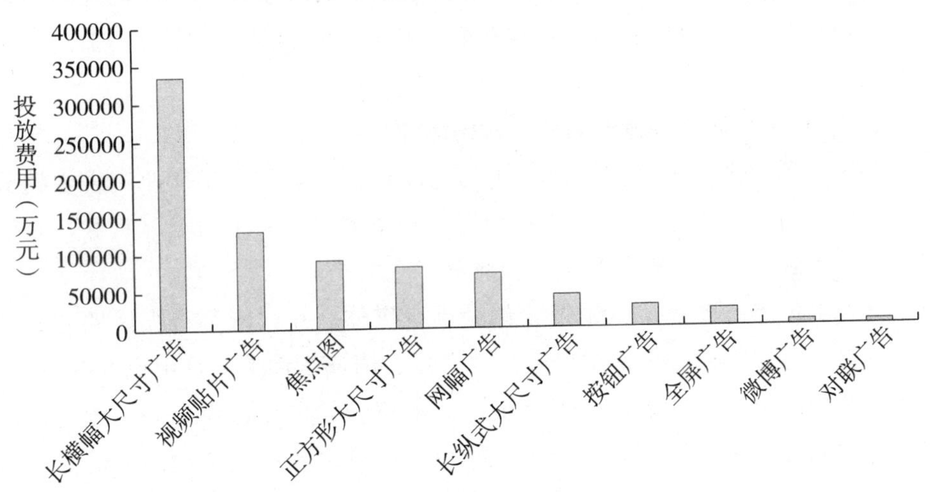


**图 4－6　2016 年交通类广告主数字营销形式选择**

### 2. 2016 年交通类广告主的数字营销案例

移动互联网相比 PC 互联网的一大优势就是解放了用户的场景限制，扩大了营销的边界，增加了营销渠道整合的可能性。百度地图作为一个基于地理位置定位的地图类应用，一般只有当用户查找 4S 店时，才会与汽车品牌产生一定的联系，因此作为汽车品牌，常常很难找到与百度地图深度合作的切入点和可能性。

别克威朗做了一些新尝试。别克威朗“天生爱跑”百度地图活动，搭载“我的足迹”功能，首次充分挖掘了百度地图数亿核心地理位置大数据，覆盖所有出行用户。通过将亿万地理位置分解成生活圈中 15 种最常见的设施属性，利用 LBS 技术，当用户在线下游戏体验踩中相应属性地（如电影院、公园等）时，即会在线上触发对应的定制化车型卖点和文案，打造“领取足迹任务卡—起跑—踩点—抽奖—分享—试驾—再次起跑”的 O2O 闭环式生态营销，充分调取了城市的所有空间并且都能够与之互动，将现实中平淡无奇的地点通过互动具象化，在线上开发了真正的地理游乐场。

活动上线 45 天，共获得超过 4.5 亿次的活动曝光量、超过 90 万次的活动参与和 2 万次活动分享，收集到 4000 余条潜在客户信息，并为百度地图的足迹功能新增足迹点 135 万个。通过线上到线下的游戏互动场景营销，别克威朗完成了 O2O 的个性化品牌体验，传递了“天生爱跑”的品牌精神，达到了预期营销目标，同时用户不断更新踩点位置也为百度地图的产品体验添砖加瓦，在汽车品牌与百度地图的首次深度合作中实现了双赢，不可不谓是一次成功的尝试。

**3. 2016 年交通类广告主的数字营销综述**

2016 年交通类广告主对数字营销的关注热度不减，汽车行业广告主的数字营销投放总额达 826267 万元，在全行业中排名第一。上海、北京和广东仍是交通类广告主数字营销投放的重点地区。

交通类广告主的数字营销投放偏爱垂直媒体。互联网垂直媒体拥有海量精准人群，其媒体核心板块用户留存能力强、用户黏性大，且用户群的属性、需求等较为相似，此处投放广告与用户需求契合的可能性更大，因此比其他媒体平台更能吸引广告主。就具体投放形式而言，展示类广告仍是最受欢迎的广告形式。

总体来看，中国交通类广告主的数字营销市场未来呈垂直化、整合化、移动化发展趋势。同时，广告主也在积极探索创新营销形式，寻求场景营销、游戏营销、LBS 技术等营销形式和技术与品牌自身结合的新途径，通过系统性且富有趣味性的互动营销方式增强用户参与度与黏性，获得更佳的传播效力。

## （二）2016年网络服务类广告主的数字营销

### 1. 2016年网络服务类广告主的广告投放分析

（1）网络服务类广告主数字营销投放规模

2016年，网络服务类广告主的全年数字营销投放额达到753118万元，较2015年同比增长42.7%，在全行业中排名第二。其中第4季度投放额明显上升，成为网络服务类广告主的重要投放时段。如图4-7所示。

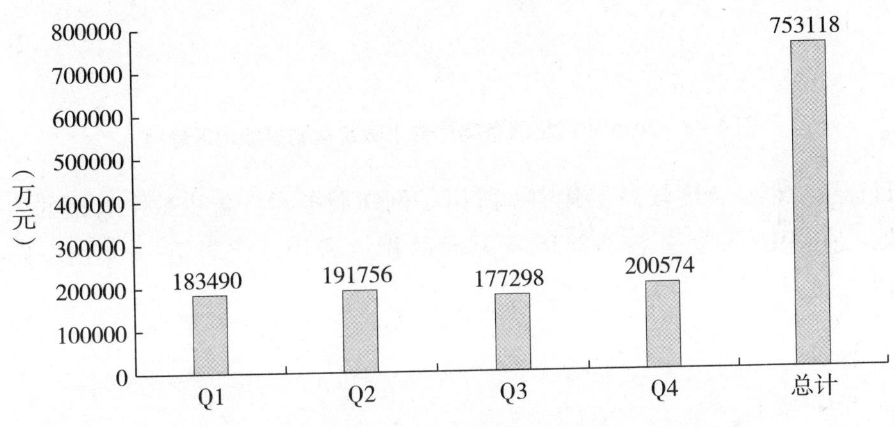


**图4-7　2016年网络服务类广告主数字营销投放规模**

广告主的投放力度方面，2015年的“三梯队”分布态势仍在延续，但两极分化更加明显。游族以127104万元的数字营销投放额排名第一，恺英网络、三七玩分别以114417万元和107024万元紧随其后，三者投放额之和占前十位投放额广告主投放额的61.6%，可见网络服务行业的数字营销有向大广告主集中的趋势。

（2）网络服务类广告主数字营销投放地区趋势

就投放地区的趋势而言，上海、北京和广东仍是网络服务类广告主数字营销投放的主要地区，其中，上海以407489万元的投放额居全国第一。整体而言，2016年网络服务类广告主数字营销的地区选择与地区网络服务发展程度强弱的规律分布基本一致。如图4-8所示。

（3）网络服务类广告主数字营销媒体选择

门户网站是网络服务类广告主在2016年数字营销的主要媒体选择之一，其次是视频网站和微博媒体。这几类媒体的使用者集群与网络服务类广告主

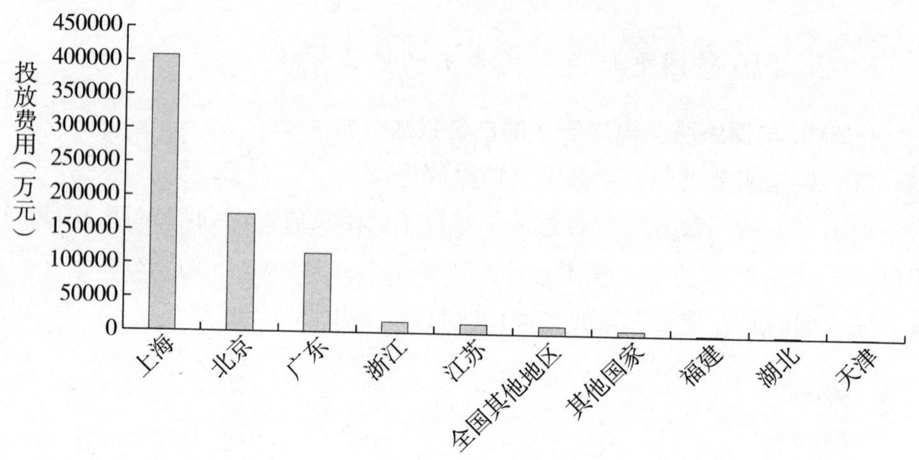


**图 4－8　2016 年网络服务类广告主数字营销投放地区趋势**

的目标用户群契合度较高。其中，腾讯是网络服务类广告主数字营销的主要阵地，在 2016 年吸引了 318836.4 万元的投放费用，位居第一。如图 4－9 所示。

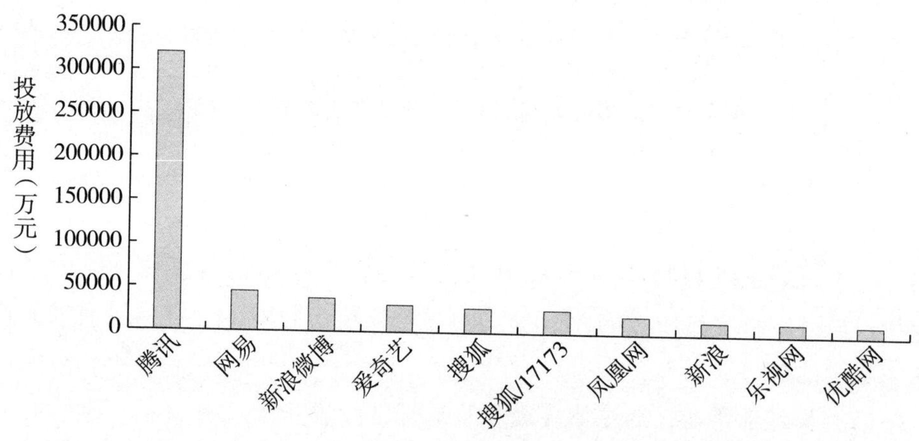


**图 4－9　2016 年网络服务类广告主数字营销媒体选择**

（4）网络服务类广告主数字营销形式选择

就广告形式而言，网络服务类广告主对正方形大尺寸广告、长横幅大尺寸广告等展示类广告形式的投入明显增加，可见其仍是该行业广告主数字营销的主要选择。视频贴片广告与微博广告仍是广告主的投放重点，但在整体投放额增加之际微博广告投放额不增反减，表现出该行业广告主对社交媒体数字营销仍持较保守的态度。如图 4－10 所示。

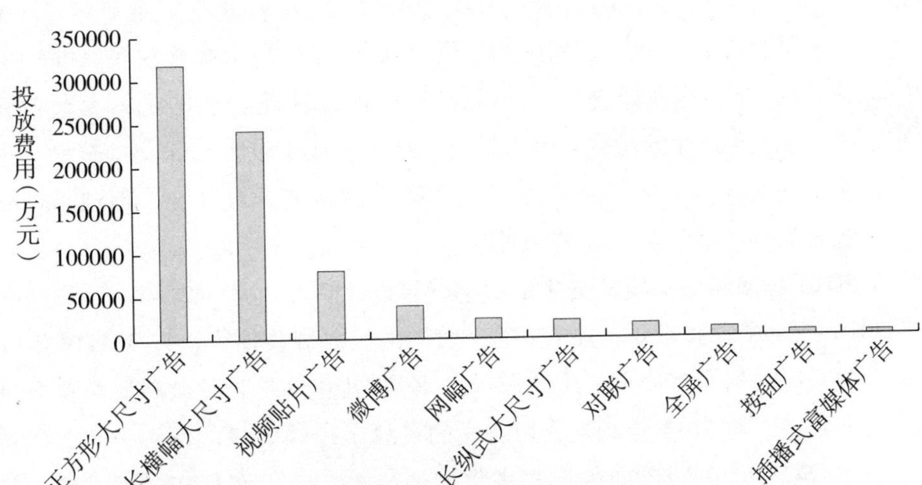


**图 4－10　2016 年网络服务类广告主数字营销形式选择**

### 2. 2016 年网络服务类广告主的数字营销案例

大众点评“霸王餐”业务，是指消费者可通过抽奖免费享受吃喝玩乐的生活服务。但业务上线之初，由于业务新、大众认知度低、参与的人并不多。为了在短时间内让大众点评“霸王餐”活动被广泛知晓，并提升网站流量，大众点评首创以第三方发布文章的形式，运用“虚构人物讲述与消费者强关联故事”的方式进行创意传播。

本案虚构了一个名叫 William Chen 的黑客，并为他打造了一份逼真的黑履历：19 岁用黑客技术导致通信网络瘫痪、因不满苹果公司嚣张做法大脑发布会等，将其打造成天赋异禀、仗义执言、敢作敢为的互联网罗宾汉，并推出了一则视频。在视频中，从现代人手机中 APP 太多的洞察切入，以 William Chen 的口吻配合逼真的手机操作动画，讲解了他开发的手机黑客应用 APPMIXER 的使用教程，声称 APPMIXER 可将任意 2 个手机 APP 合并为 1 个 APP，例如将“滴滴打车”和“Uber”合并后，就可以用一个 APP 召唤两家的专车。而 APPMIXER 的终极功能，则是把手机中所有吃喝玩乐的 APP 全部与“大众点评”合并成为“霸王点评”，其中所有消费都不用钱，正如大众点评“霸王餐”业务，吃喝玩乐全部免费。

本项目因为预算关系，仅在主创团队、大众点评团队的朋友圈自传播。

但因创意和执行中强烈的病毒性和传播性，最终取得了刷屏级、现象级的传播效果：视频点击观看量超过 340 万次，APPMIXER 百度搜索条目超过 170 万条，大量消费者自主留言、评论和转发，众多 IT 论坛大规模讨论 APPMIXER 的可行性，众多行业媒体与自媒体自发转评，且最重要的是，大众点评“霸王餐”关注度与业务量获得显著提升。作为小成本带来大收获的范例，这充分说明了社交媒体平台打造病毒营销和病毒性传播的可能性，而独具创新性的内容是病毒传播发生的必要条件。

### 3. 2016 年网络服务类广告主的数字营销综述

2016 年，网络服务类广告主对数字营销的投放规模增大，以 753118 万元的投放额一跃位居全行业第二位。游族、恺英网络和三七玩以微弱差距分别位列行业前三，与 2015 年相比，广告主的投放呈现较明显的两极分化，该行业的数字营销投放表现出向大广告主集中的趋势。门户网站和展示类广告依然是网络服务类广告主的主要媒体选择及主要的广告投放形式，而广告主对社交媒体（如微博平台）的数字营销投放反比 2015 年更加保守。

## （三）2016 年房地产类广告主的数字营销

### 1. 2016 年房地产类广告主的广告投放分析

（1）房地产类广告主数字营销投放规模

2016 年，房地产类广告主数字营销全年投放费用为 517485 万元，同比 2015 年下降 11.6%，居全行业第三位。如图 4－11 所示。

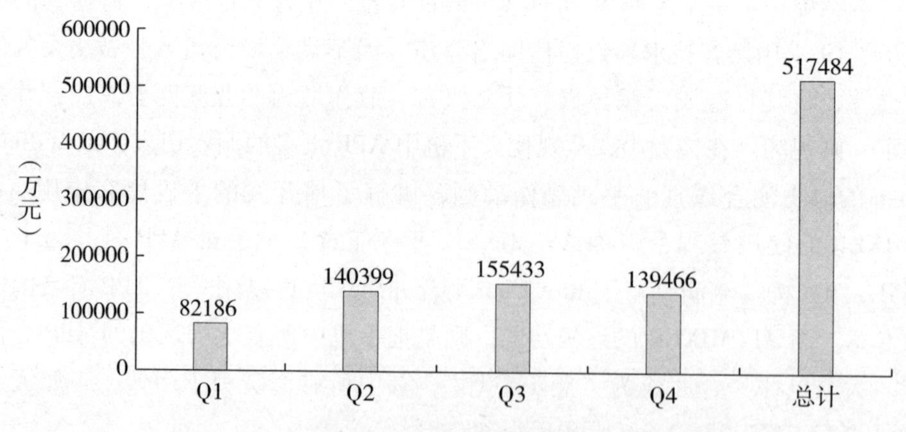


**图 4－11　2016 年房地产类广告主数字营销投放规模**

2016 年房地产广告主在数字营销领域的表现，主要以其在房产网站的广告投放情况为例。如图 4－12 所示、图 4－13 所示。

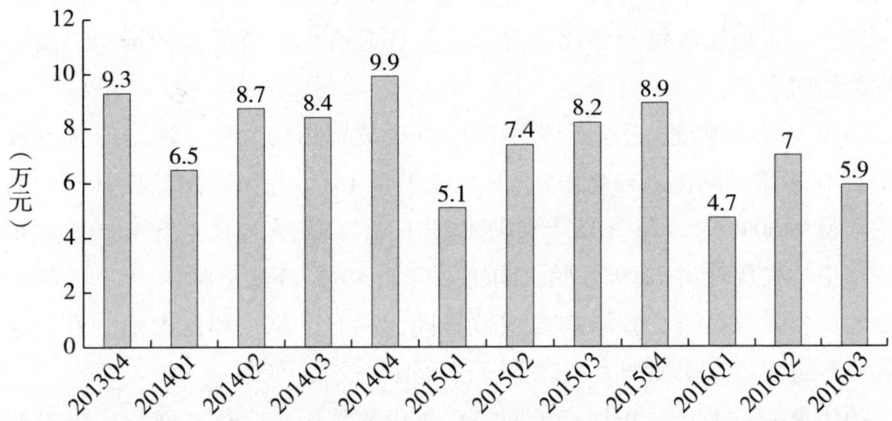


**图 4－12　2013 年第 4 季度至 2016 年第 3 季度房地产类广告主房产网站投放费用**

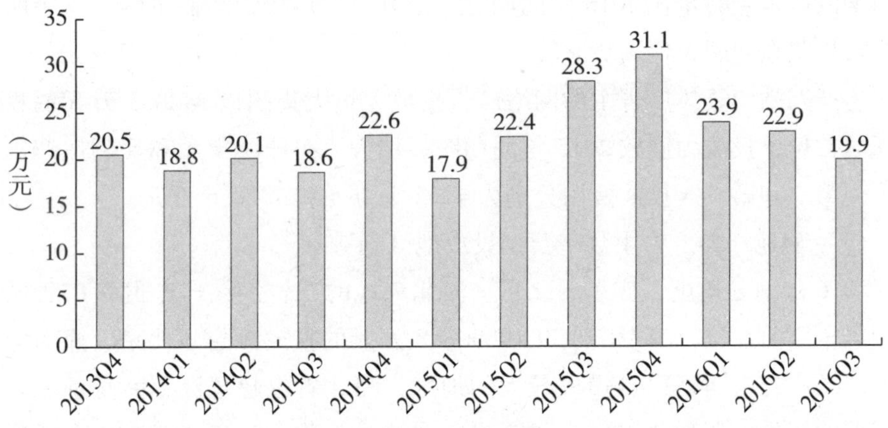


**图 4－13　2013 年第 4 季度至 2016 年第 3 季度房地产类广告主数字营销平均投放额**

2016 年第 1 季度，房地产市场总体呈现回暖态势。房地产类网络广告投放费用在全行业网络广告投放费用中占 9.8%，同比上升 0.4%，环比下降 5.9%。在房产网站投放广告的广告主数量为 1965 个，比 2015 年同期下降 31.2%，环比下降 31.3%。单个广告主平均投放额为 23.9 万元，同比上升 33.5%，环比下降 23.1%。[①] 广告主数量同比与环比的双双下降与季节性因素

① 数据来源：艾瑞咨询 . 2016 年 Q1 中国房地产网络营销季度数据报告 .

有关，同时也在一定程度上反映出小广告主为求生存转战线下营销渠道的趋势。而单个广告主平均投放额的同比增长，则表示大广告主对网络房地产广告的投入仍在增加，数字营销正在成为大广告主房产营销的主要手段；至于单个广告主平均投放额的环比下降，主要还是受到春节假期的影响，属于季节性的暂时下滑。

2016 年第 2 季度，房地产类网络广告投放费用在全行业网络广告投放费用中占 11.9%，同比上升 0.4%，环比上升 2.1%。在房产网站投放广告的广告主数量为 3046 个，与 2015 年同期相比下降 7.9%，环比上升 55.0%；单个广告主平均投放额为 22.9 万元，同比上升 2.3%，环比下降 4.3%。[①] 就房产网站的广告投放而言，新增广告主数量同比稍有下降，环比大幅上升，这表明各广告主在第 2 季度加大了线上营销渠道的投入。

2016 年第 3 季度，房地产类网络广告投放费用在全行业网络广告投放费用中占比为 14%，同比下降 0.5%，环比上升 2.1%。[②] 房产网站广告主数量与新增的广告主数量比 2015 年同期有所上升，但环比均转而下降，这表明房地产市场仍在回暖，但增势减缓。

房产网站中具体广告主的网络广告投放，恒大集团以 9408.5 万元的投放额遥居首位，投放力度较 2015 年同期明显加大；碧桂园集团和保利地产则分别位列第二和第三，投放费用分别为 4732.5 万元和 4028.6 万元。

（2）房地产类广告主数字营销投放地区趋势

2016 年前三季度，广东、北京、河北三地的广告主在房产网络广告的投放额居全国前三位，其中广东以 108008.8 万元的投放额超越北京，成为全国房地产类广告主网络广告投放最大的地区；河北省也超越江苏跻身前三。房产网站的广告主数量仍以广东省为最，多达 413 个，北京市以 249 个跃居第二，江苏省 226 个居第三位，情况与 2015 年同期大体持平；此外广告主数量增加较为明显的是河南省，在第 1 季度经历大幅减少后，于第 3 季度增至 218 个广告主，同比增长 69.0%，投放额也一跃排至全国第五。如图 4 - 14 所示。

（3）房地产类广告主数字营销媒体选择

就具体媒体而言，腾讯以 253390.2 万元的投放额遥遥领先于其他媒体，

---

① 数据来源：艾瑞咨询. 2016 年 Q2 中国房地产网络营销季度数据报告.

② 数据来源：艾瑞咨询. 2016 年 Q3 中国房地产网络营销季度数据报告.

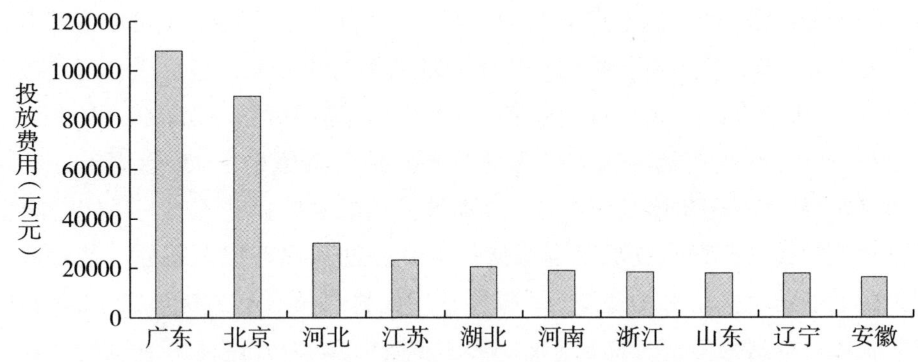


**图 4－14　2016 年房地产类广告主数字营销投放地区趋势**

搜房网和新浪乐居分别以 95664.9 万元和 77258.1 万元的投放额排名第二、第三位。主流门户网站和垂直类房产网站依然是房地产类广告主的主要选择。如图 4－15 所示。

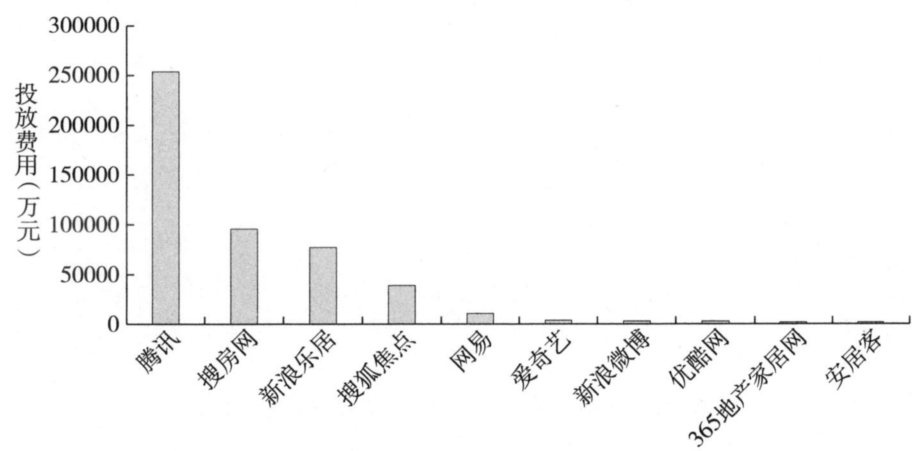


**图 4－15　2016 年房地产类广告主数字营销媒体选择**

（4）房地产类广告主数字营销形式选择

2016 年，门户网站与房产网站等仍是房地产类广告主数字营销的重点投放媒体，然而随着“直播”形式的热度持续攀升，在以往数字营销媒体及形式之外，乐居创新推出“房产＋直播”的营销新形式，开启了房地产行业的专业直播时代。“首播”App 通过栏目直播、裂变直播、开盘直播、网红直播等四大场景直播，吸引客户参与到项目的各个节点中去，直播首周吸引了 10

余万人在线观看，收获网友点赞 30 余万次。直播看房的创新形式可以为开发商在重大营销节点提供具有传播力和影响力的营销解决方案，也可以为用户带来更加高效的服务体验，或可成为未来房产类营销的重要手段。如图 4 – 16 所示。

2015 年，房地产类广告主发起的数字营销主要集中于 PC 端渠道，较少涉及移动端，而 2016 年，行业对于移动端营销的关注正在上升。乐居与阿里巴巴旗下的神马搜索达成战略合作伙伴关系，创新移动搜索服务，是对移动网民持续强劲增长趋势的适应。[①] 通过各自优势的整合形成完整的 O2O 购房服务闭环，提高为消费者提供一站式购房体验的能力，这种房地产类广告主与互联网企业或大数据企业的战略合作方式或成为未来房地产类广告主的数字营销趋势。

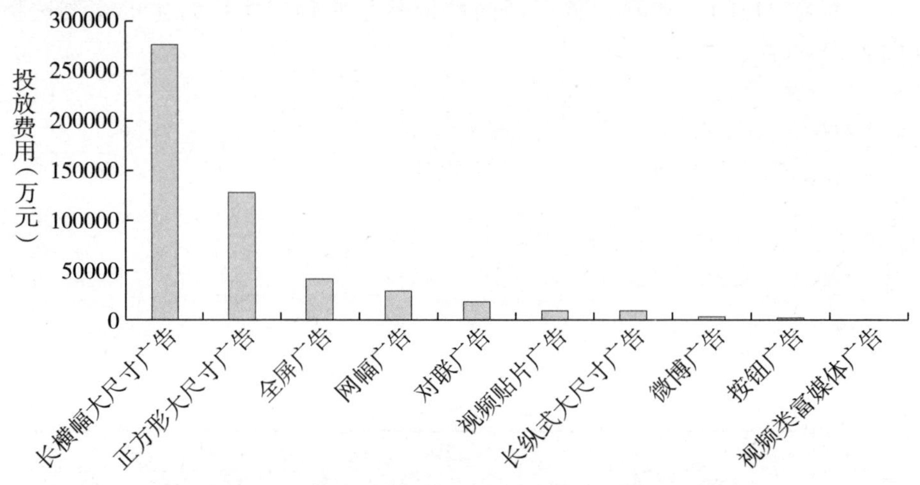


**图 4 – 16　2016 年房地产类广告主数字营销形式选择**

### 2. 2016 年房地产类广告主的数字营销案例

中介入行门槛低、缺乏行业标准，是中国房地产信息服务业存在的普遍问题。为改变消费者的这种认知和态度，2015 年年底，链家发起“链家 14 年，连接每个家庭的故事”的主题营销活动，希望通过与消费者的温暖沟通创新自身品牌定位，与消费者建立更加亲密的情感联结，建立链家网品牌专业可信赖的形象。

---

① 数据来源：艾瑞咨询 . 2016 年 Q2 中国房地产网络营销季度数据报告 .

链家以传统媒体和新媒体结合的形式打响此次品牌战役。由于本次营销主打情感沟通和维系，而社交媒体是情感营销的有力阵地，因此这次感恩老用户的 H5 和系列品牌视频都选在社交媒体投放。《最麻烦的客户》《最难卖的房子》两支品牌视频广告上线一周突破 1000 万播放量，并通过贺岁档影院贴片和《芈月传》视频网站贴片覆盖全国用户，引起反响。另外，“链家 14 年，我们一直离家不远”的微信朋友圈广告，通过精准定向投放 14 个目标城市达到 1.2 亿次用户曝光，并引流增加 5 万链家服务号粉丝。积累一定热度后，又以 14 周年主视觉平面广告在全国社区灯箱和楼宇出街，线上线下全方位结合，让情怀更真实。针对房地产中介业最敏感的问题，从情感沟通的方式出发合理选择媒体组合与消费者产生联系，不论从营销方案本身还是从执行效果来看，链家这把“温情牌”的确打得精彩。

#### 3. 2016 年房地产类广告主的数字营销综述

2016 年，房地产类广告主数量大，数字营销投放费用高，居行业第二。年初受传统假期影响，房地产市场较低迷，而第 2 季度和第 3 季度逐渐回暖，数字营销投放加大。季度投放正常波动，整体投放与 2015 年相比稍有回落，基本持平。

广东、北京成为房地产类广告主数字营销的主要地区，这与两地经济发展水平密切相关。而广东则在前三季度的投放总额上超过北京，成为房地产类广告主数字营销投入力度最大的地区。

门户网站、房产网站等媒体仍是房地产类广告主数字营销的重要选择，垂直化投放明显。直播看房等新的营销形式开始出现，结合房地产客户群体特点打造专业化直播平台，将精准营销与配套服务共同结合起来，直播在房地产领域的发展潜力值得期待。

### （四）2016 年食品饮料类广告主的数字营销

#### 1. 2016 年食品饮料类广告主的广告投放分析

（1）食品饮料类广告主数字营销投放规模

艾瑞咨询数据显示，2016 年食品饮料类广告主的网络广告预估投放费用为 441196 万元，居全行业第四位，同比下降 16.6%。四个季度投放额存在波动，其中第 4 季度有较明显回落。

广告主方面，2016 年百威英博再居行业首位，全年投放额为 35458 万元。

伊利和雅培公司则以 25858 万元和 16477 万元的投放额位居第二、第三名。如图 4－17 所示。

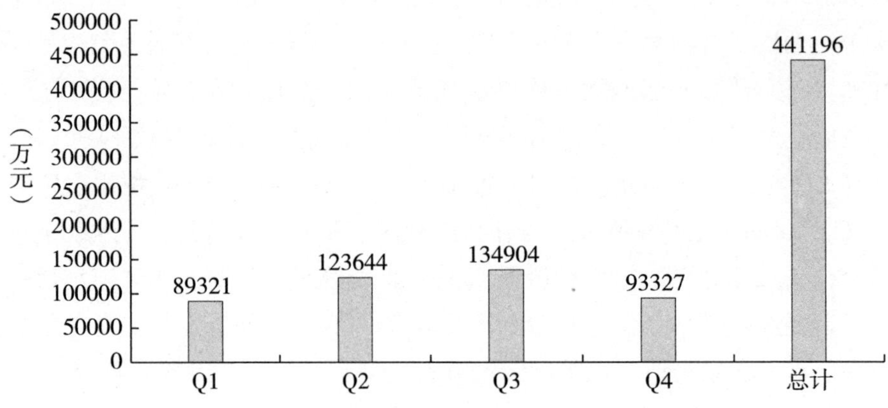


**图 4－17　2016 年食品饮料类广告主数字营销投放规模**

（2）食品饮料类广告主数字营销投放地区趋势

2016 年食品饮料类广告主数字营销中，上海以 137984 万元的投放额位居第一，遥遥领先于其他地区。由于食品饮料类广告主 TOP10 排名中国际品牌居多，因此该行业在其他国家的数字营销投放费用位列第二，领先于国内其他省市。如图 4－18 所示。

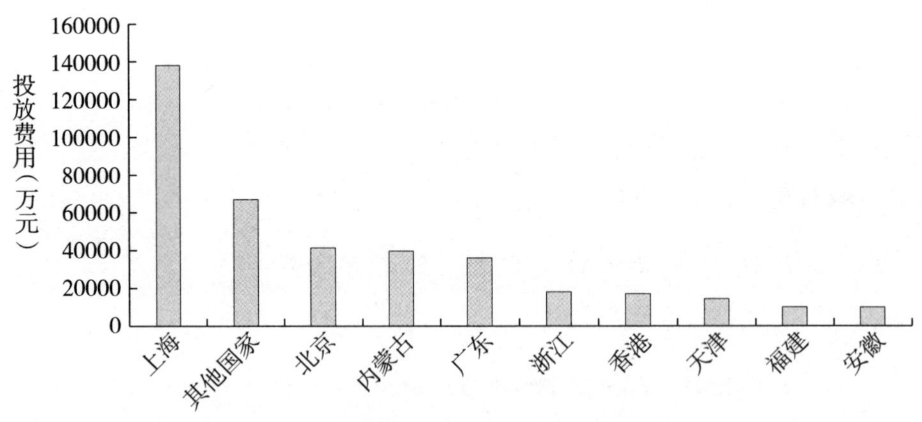


**图 4－18　2016 年食品饮料类广告主数字营销投放地区趋势**

（3）食品饮料类广告主数字营销媒体选择

2016 年，食品饮料类广告主的媒体选择仍以门户网站和视频网站为主，整体情况与2015年相比变化不大。从门户网站与优酷网、爱奇艺、乐视网等主流视频媒体的投放额及占比可以看出，PC端依旧是食品饮料类广告主的主要媒体选择，客户端则主要作为视频网站的同步第二战场。如图4－19所示。

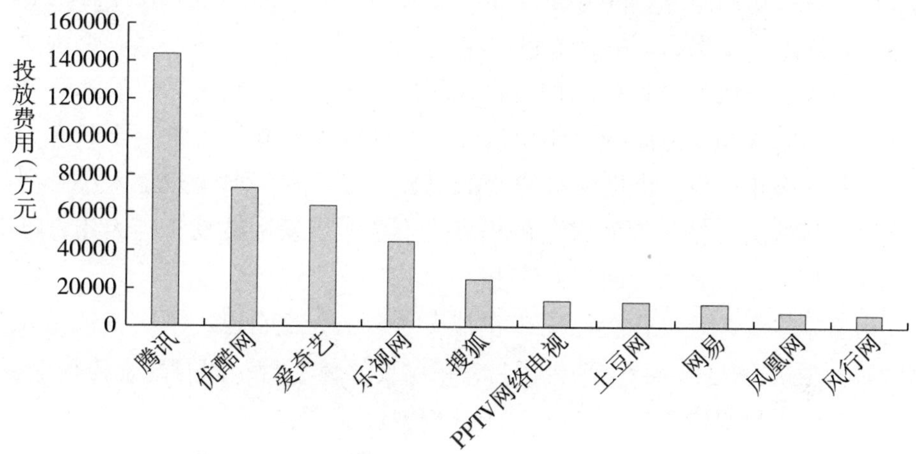


**图4－19　2016年食品饮料类广告主数字营销媒体选择**

（4）食品饮料类广告主数字营销形式选择

2016年，视频贴片广告是最受食品饮料类广告主欢迎的数字营销形式。由于食品饮料类消费者基数大且无法进行较精准的划分，受众范围广的视频贴片广告成为最合适的传播形式。如图4－20所示。

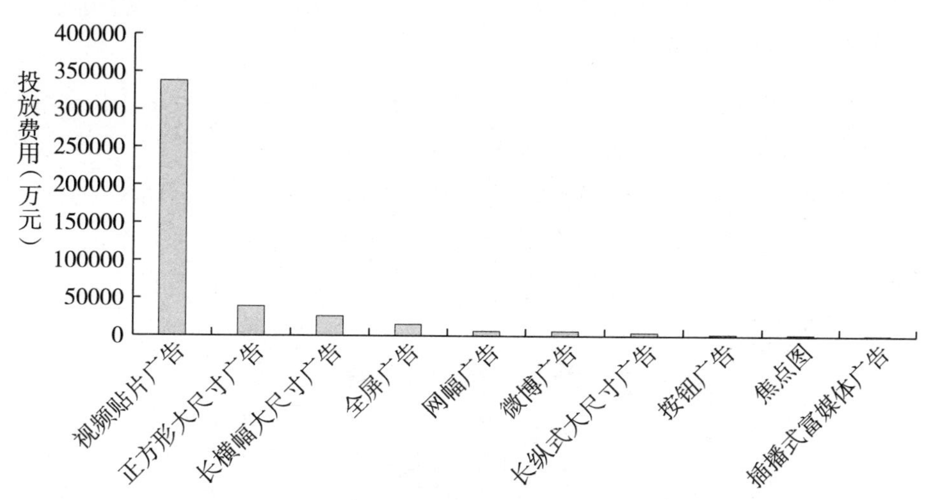


**图4－20　2016年食品饮料类广告主数字营销形式选择**

**2. 2016 年食品饮料类广告主的数字营销案例**

百事可乐在2016年春节期间发起了一起颇具影响力的营销活动。既要延续百事中国区"把乐带回家"为主题的标志性春节营销，又要在已经持续了五年的情况下做出新意、提升品牌知名度与其"酷"品牌形象在年轻人心中的高度，这成为本次营销的主要目标。

针对年轻一代爱"折腾"的特点，百事可乐春节营销选择启发和帮助年轻人重塑与家人朋友之间的过年快乐方式、将传统春节"折腾"出新意为切入点，利用猴年契机，借助家喻户晓的美猴王形象和经典美猴王六小龄童的影响力，打造出"把乐带回家"的乐猴王形象，启发和鼓励年轻人用自己七十二变的创意，将快乐带回家人身边。

由于中国的年轻一代更倾向于在社交平台上表现自己，本次营销选择了以微博、微信为代表的社交平台作为营销主要媒体平台，同时配合传统电视、户外广告、手机媒体等进行全方位的立体传播。

12月29日，一则六小龄童动态广告登陆朋友圈，引起网友热议关注，随后，百事趁势推出微信平台的"乐猴王新年签"，为年轻人们提供了抽签测试新玩法，轻交互形式产生黏性，大幅提升了用户间的互动率。同时，百事可乐在京东平台推出源于京剧脸谱的"乐猴王纪念罐"（非卖赠品），并与新浪微博推出"六小龄童乐猴王"热门话题，将《把乐带回家之猴王世家》微电影和乐猴王纪念馆推向高潮。此外，百事联合微博大V，先由六小龄童率先发声引起话题，众明星和营销号随后接力晒出"乐猴王纪念罐"，利用明星效应引发新一波关注，并将关注导流至电商平台实现变现。

本次营销中，线上传播与线下覆盖的全面配合，最终使百事中国推送的微信预热文章在2小时内突破10万阅读量，并得到《人民日报》《钱江晚报》等数十家纸媒自发报道；新浪微博"六小龄童乐猴王"话题总阅读数达一亿两千万，吸引网友讨论近五亿条，《把乐带回家之猴王世家》视频播放量突破3.25亿次，而京东平台江浙沪库存的"乐猴王纪念罐"也在上线2小时后销售告罄，新媒体社交平台的营销力可见一斑。

**3. 2016 年食品饮料类广告主的数字营销综述**

第一，2016年，食品饮料类广告主的数字营销投入规模较大，四个季度的投放存在波动，整体无明显上升或下降趋势。

第二，门户网站与视频网站仍然是食品饮料类广告主数字营销投放的主要选择，2015 年“二者领先”的局面仍在延续，其中视频网站的吸资力度与视频网站客户端的使用及视频贴片广告的热度有关；而在具体的营销活动中，微博微信等主流社交媒体成为传播的主要阵地。

## （五）2016 年化妆浴室用品类广告主的数字营销

### 1. 2016 年化妆浴室用品类广告主的数字营销

（1）化妆浴室用品类广告主数字营销投放规模

艾瑞咨询数据显示，2016 年化妆浴室用品类广告主的数字营销投放额达到 258619 万元，行业排名第五，投放额较 2015 年同比下降 23.1%；四个季度的投放整体呈上升态势，但增幅较小、增速较慢。如图 4－21 所示。

2016 年，数字营销投放费用排在前列的广告主仍以国际品牌居多，其中宝洁以 54290 万元的数字营销投放额位居第一，联合利华和欧莱雅集团分别以 34585 万元和 30166 万元的投放额排名第二、第三。

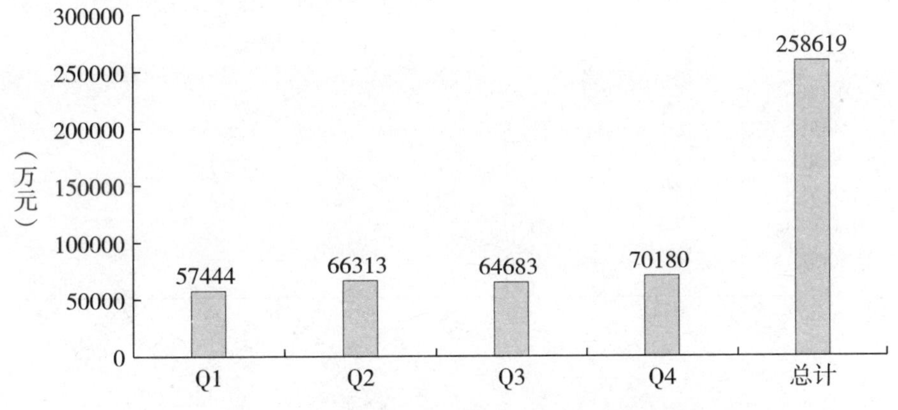


**图 4－21　2016 年化妆浴室用品类广告主数字营销投放规模**

（2）化妆浴室用品类广告主数字营销投放地区趋势

上海和广东分别以 127181 万元和 78223 万元的投放额位列前两位，成为化妆浴室用品类广告主 2016 年数字营销的重点投放地区。这与两地较高的经济发展水平、消费能力及较大的目标消费群基数有关。如图 4－22 所示。

（3）化妆浴室用品类广告主数字营销媒体选择

视频网站仍是化妆浴室用品类广告主数字营销的首要媒体选择，其中如爱奇艺、优酷网、乐视网等主流视频网站最受广告主欢迎。时尚网站的投放

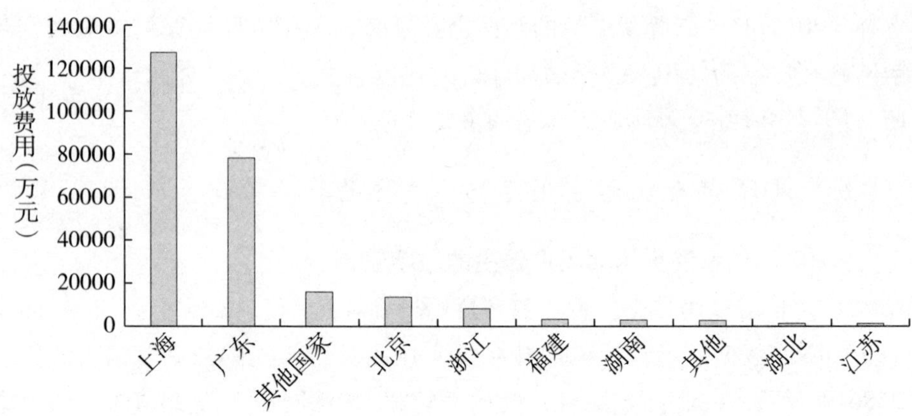


图 4－22　2016 年化妆浴室用品类广告主数字营销投放地区趋势

额在 2016 年超过门户网站，位居第二，这或可视为化妆浴室用品行业数字营销的垂直化趋势萌芽。如图 4－23 所示。

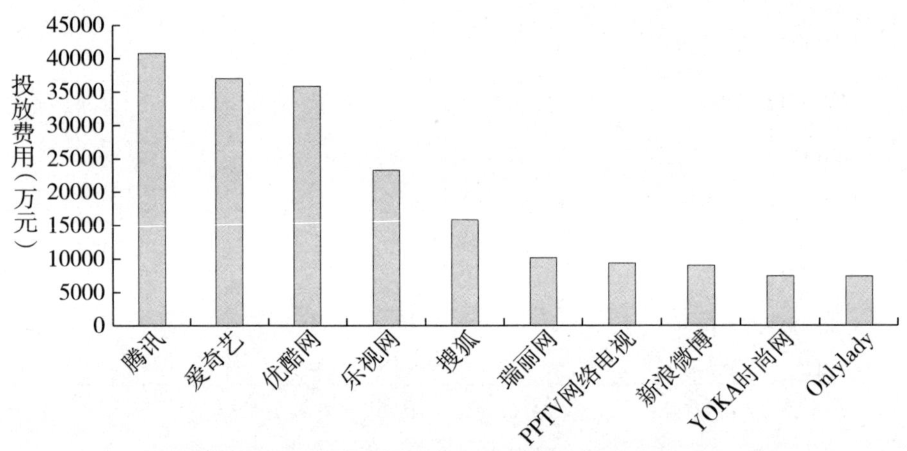


图 4－23　2016 年化妆浴室用品类广告主数字营销媒体选择

（4）化妆浴室用品类广告主数字营销形式选择

与 2015 年相比，2016 年化妆浴室用品类广告主数字营销的广告形式选择发生了较大变化，微博广告以 128253 万元的投放额一跃而上，超过 2015 年“一枝独秀”的视频贴片广告位居第一，成为 2016 年最受化妆浴室用品类广告主青睐的数字营销投放形式。视频贴片广告以 40142 万元的投放额位居第二，仍然是相关广告主进行数字营销的重要形式选择。这种变化反映出该行业广告主对社交媒体中用户互动和口碑传播的重视，并从侧面反映了用户生产的 UGC 内容与口碑塑造对化妆浴室用品类品牌与产品的重要影响。如图 4－24所示。

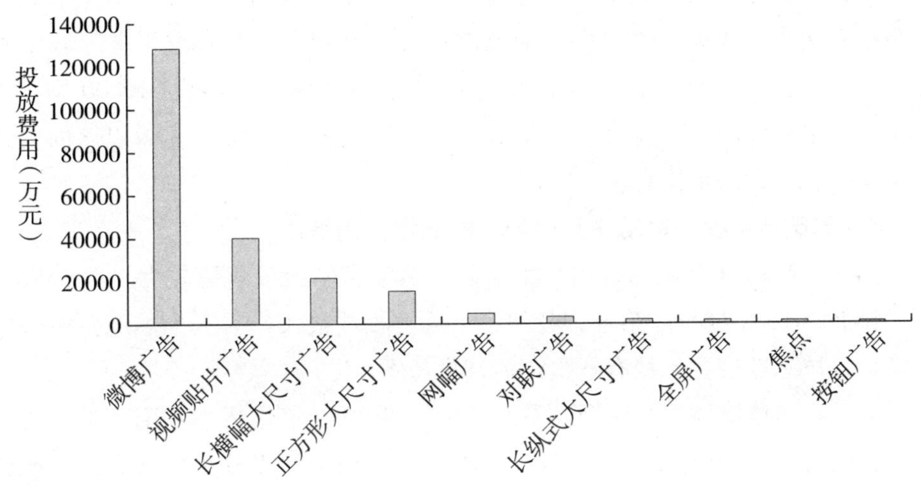


**图 4－24　2016 年零售及服务类广告主数字营销形式选择**

### 2. 2016 年化妆浴室用品类广告主的数字营销案例

2015 年下半年，相宜本草针对专营店渠道专门打造了本草精油护肤系列产品，推出“焕活年轻光彩”山茶花焕活系列，在本草文化核心的基础上对品牌进行全面系统升级，同时基于对女性自我、内心的洞察，发起了一场“与自己内心交流”的数字营销活动——肌肤的光，幸福的光。

在微博平台发起“11·11 礼遇幸福光”话题，并通过微信平台发布购物攻略 H5，提供免费小样申领，并借申领契机运用 LBS 技术展示顾客附近的线下门店，为门店引流。随后，以旅行日志的形式推出“幸福光”态度海报，鼓励用户上传幸福光照片及态度生成海报，产出品牌 UGC，借助微博、微信 KOL 的优势推广互动话题“我的幸福光”，在社交媒体上进一步增强传播力。同样，在微信 H5 也设“口碑专区”，通过奖励机制刺激用户分享产品使用心得体验，产出有效产品 UGC 以形成口碑效应。

由于是为专营店量身打造的全新产品，相宜本草注重线上线下结合推广，配合“双十一”购物狂欢节和线下活动推广节奏，借助社交平台的强大传播力直接导流至电商和线下门店，助力产品销售。多线联合，不仅让品牌用一个声音去诠释“幸福光”传播主题，也有助于导流链接的统一，增强营销活动的系统性，大大提升用户的参与度。本次营销中，相宜本草强调和鼓励用户 UGC 内容的生产与传播，这与社交平台的用户话语和传播规律相吻合——口碑往往比官方话语更具传播力和说服力；而整个营销过程中，活动曝光量达900 万次，有效参与的用户数量超过 3 万人，相宜本草官方服务号新增粉丝 1.5 万人，CRM 注册会员新增 2.3 万人，产品 UGC 内容超过 10000 则，数据也从效果层面印证，合理利用平台特性，顺应用户习惯和传播规律的营销活动将具有强大的传播力。

#### 3. 2016 年化妆浴室用品类广告主的数字营销综述

第一，2016 年化妆浴室用品类广告主数字营销投放规模较大，以 258619 万元排名 2016 年度行业第五，其中第 1 季度投放最大，后三个季度投放较为平稳，投放总额较去年稍有减少，但基本持平。

第二，微博媒体、视频网站及时尚网站是 2016 年化妆浴室用品类广告主数字营销投放的主要阵地。与 2015 年相比，时尚网站投放占比增大，表明化妆浴室用品行业的数字营销更加倾向于面向目标消费者的精准投放，垂直化趋势渐显。

第三，从微博广告投放的大幅攀升可以看出，在化妆浴室用品类的数字营销中，与用户互动、引导用户主动生产 UGC 内容形成口碑是广告主们关注的重点，这与化妆浴室用品类产品本身看重用户使用体验及效果有关。

### （六）2016 年零售及服务类广告主的数字营销

#### 1. 2016 年零售及服务类广告主的广告投放分析

（1）零售及服务类广告主数字营销投放规模

2016 年，零售及服务类广告主的数字营销投放费用总计 205355 万元，同比 2015 年增长 77.2%，跃居全行业第六位，投放规模较大，且四个季度投放额呈递增趋势。其中百胜餐饮以 19792 万元的投放额位居行业第一，韩国艺匠、痘博士以 14251 万元和 13972 万元位列第二、第三位。如图 4 – 25 所示。

（2）零售及服务类广告主数字营销投放地区趋势

上海、北京和广东是零售及服务类广告主 2016 年数字营销的重点投放地区，其中上海以 88425 万元的投放额位居全国第一。这与地区经济发展与居民消费水平有关。如图 4 – 26 所示。

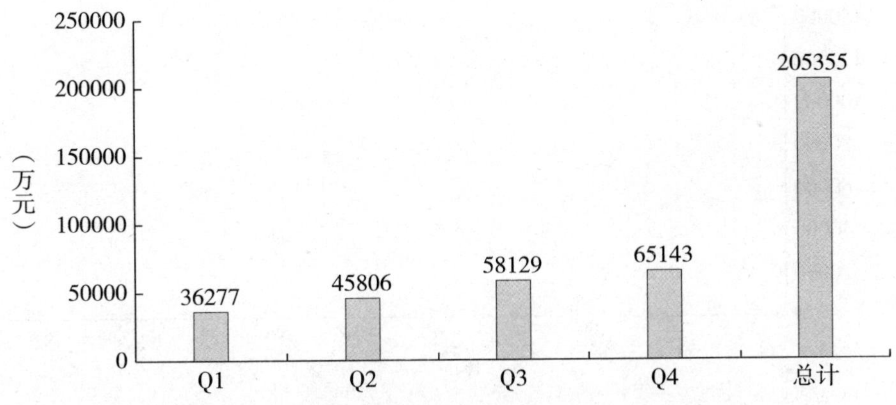


图 4－25　2016 年零售及服务类广告主数字营销投放规模

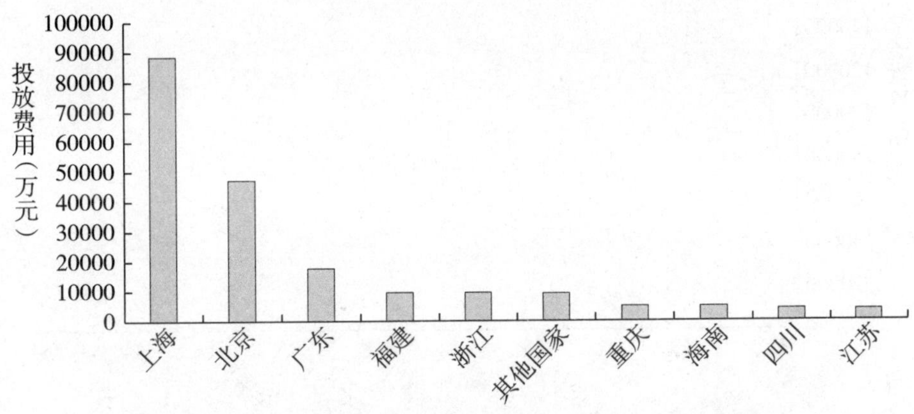


图 4－26　2016 年零售及服务类广告主数字营销投放地区趋势

（3）零售及服务类广告主数字营销媒体选择

就投放媒体而言，门户网站、微博媒体和视频网站是 2016 年零售及服务类广告主数字营销投放的主要媒体选择，其中又以新浪微博为首要选择，其投放费用高达 128317 万元，占投放费用前十位的媒体投放费用总额的 68.2%，远远高于其他媒体平台，表现出零售及服务类广告主对以微博为主的社交媒体平台的明显青睐。如图 4－27 所示。

（4）零售及服务类广告主数字营销形式选择

就广告投放形式而言，与媒体选择相对应，微博广告成为最受零售及服务类广告主欢迎的广告形式，视频贴片广告和其他展示类广告也是该行业广告主数字营销投放的重要广告形式。如图 4－28 所示。

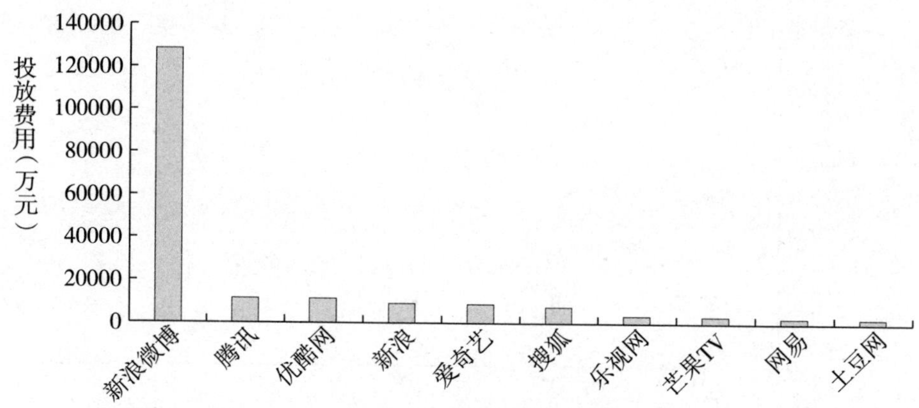


**图 4－27　2016 年零售及服务类广告主数字营销媒体选择**

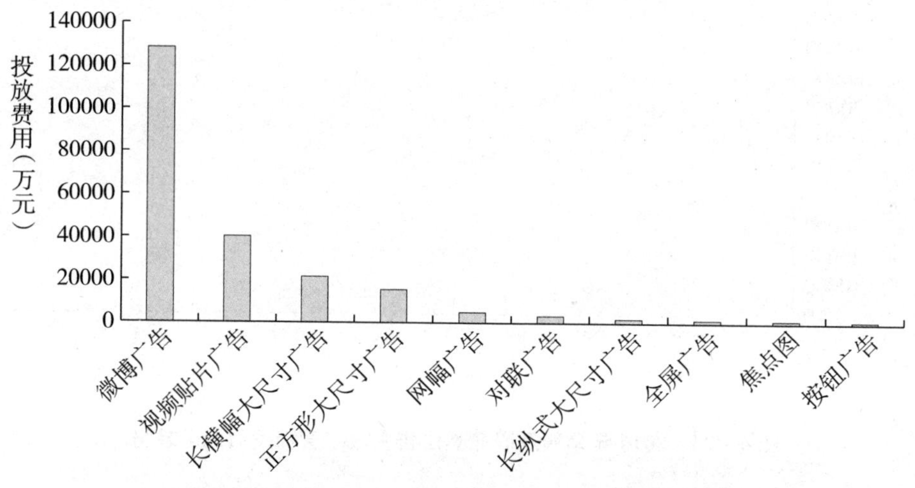


**图 4－28　2016 年零售及服务类广告主数字营销形式选择**

### 2. 2016 年零售及服务类广告主的数字营销案例

在进入中国市场 25 周年、2016 年新年来临之际，麦当劳希望在进行自有产品推广的同时，挖掘出传统中国文化中关于新年的文化内核，通过鼓励大家以独特的方式与家人一起分享美好时光，与消费者一起发现新年的意义，以此增强品牌与消费者的情感联系，提升品牌口碑并为门店引流。

为此，麦当劳抓住消费者在新年期间“送祝福”“许新年愿望”“开运”等社交行为习惯，结合品牌自身轻松快乐的理念，从跨年开始发起了以“新年求好运”为主题的营销推广活动。抓住消费者图吉利的心理契机，麦当劳推出从“跨年祝福新技能”到“新年愿望清单”、再到“餐厅惊喜任务卡”一系列活动，通过四个板块扩散“新年求好运”的主题话题。

第一版块。2016 年元旦跨年期间，麦当劳将其经典产品及新品巨无霸、麦旋风等与祝福语结合起来，化身为“红堡多多”“薯你最红”“展翅高飞”等十个跨年祝福语，由微信公众号推送给其关注者，并通过手机 H5、今日头条开屏和信息流广告进一步扩散。消费者在扫描推送的二维码后即可随机抽到十个祝福画面之一，并可凭此享受指定单品七五折福利。而由于其中一个祝福画面出现概率较低，在朋友圈掀起了一股“寻找第十个神秘折扣”的热潮。

第二版块。另外一款互动游戏“新年愿望清单 · 许愿赢麦趣鸡盒”，让消费者在手机里选择“萌吉幸恋福”对应的“大走桃花运，追到男/女神”“升职加薪，走上人生巅峰”“世界和平，为下辈子攒人品”等五个新年愿望，并邀请好友为其祝福，祝福数积累到一定程度即可兑换不同麦当劳新年产品。游戏通过微信大号（KOL）三次推送图文消息，迅速扩散了活动影响力，同时也在爱奇艺 APP 投放活动的视频贴片广告，再次将“新年求好运”活动推上话题巅峰。

第三版块。新年期间，麦当劳餐厅随机向消费者发放新年任务卡，消费者在完成制定新年任务后可赢取麦当劳新年创意窗花和买一送一福利。

第四版块。麦当劳与今日头条 APP 合作，开展“麦上头条，桃花开运”的主题活动，情人节期间在今日头条 APP 投放开屏以及信息流广告，消费者点击即可领取桃花口味圆筒冰淇淋兑换券一张，在 2016 年情人节掀起了一场桃花风暴。

本次麦当劳“新年求好运”营销活动期间，“跨年祝福新技能”活动参与人数总计 86091 人，到店转化 20841 人次；“新年愿望清单”活动参与人次超过 22.7 万人次；“桃花开运 · 麦上头条”情人节活动期间线上总计发放了 23555 个桃花口味圆筒冰淇淋；推广期间微信图文阅读数总计 182454 次；今日头条开屏信息流以及爱奇艺视频贴片投放总计曝光 18548358 人次，总点击数 1015610 人次。借跨年与情人节之势，结合社交媒体、主流的视频网站和新闻 APP 展开线上宣传，并结合产品将流量引到线下实现变现，总体而言，本次营销推广达到了预期目标，实现了较好的传播效果。

**3. 2016 年零售及服务类广告主的数字营销综述**

第一，零售及服务类广告主的数字营销投放总计205355 万元，较2015 年大幅增长，跃居全行业第六，其中百胜餐饮、韩国艺匠和痘博士的数字营销投放费用位列行业前三。上海、北京和广东是零售及服务类广告主数字营销的重点投放地区，这与三个地区的经济发展和居民消费水平较高有关。

第二，就媒体和广告形式而言，微博媒体最得零售及服务类广告主青睐，门户网站与视频网站同样是重要选择，与此相对应，微博广告、视频广告和其他展示类广告形式成为该行业广告主的主要形式选择。

## （七）2016 年娱乐及消闲类广告主的数字营销

**1. 2016 年娱乐及消闲类广告主的广告投放分析**

（1）娱乐及消闲类广告主数字营销投放规模

2016 年娱乐及消闲类广告主的数字营销投放规模达 176956 万元，居全行业第七位。四个季度的投放费用平稳增加。如图 4 – 29 所示。广告主方面，旅游类广告主的数量及数字营销表现均较为突出，其中携程旅行以 22940 万元的投放额位居行业第一，浙江卫视、方特网则以 7428 万元和 5910 万元居第二、第三位。

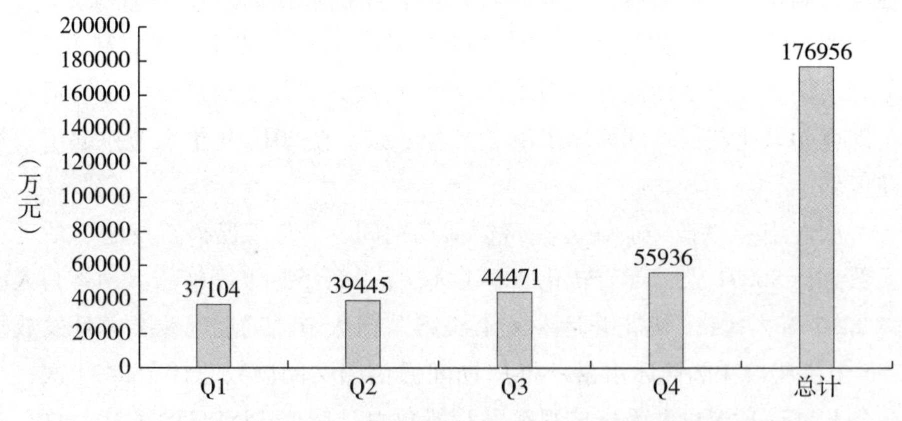


**图 4 – 29　2016 年娱乐及消闲类广告主数字营销投放规模**

（2）娱乐及消闲类广告主数字营销投放地区趋势

就地区投放趋势而言，上海、其他国家和北京成为 2016 年娱乐及消闲类广告主数字营销投放的主要地区选择。国内投放地区趋势与各地经济发展程度基本一致；由于旅游类广告主成为娱乐及消闲行业数字营销投放的重要力量，其他国家也成为相关广告主的地区投放的重要选择。如图 4－30 所示。

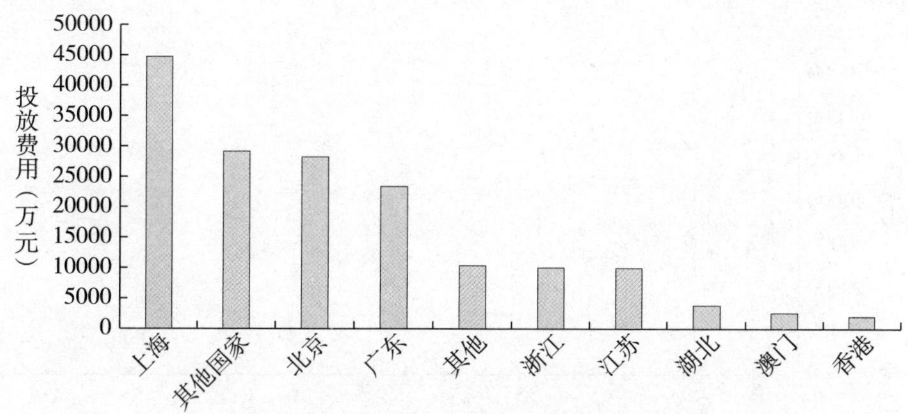


**图 4－30　2016 年娱乐及消闲类广告主数字营销投放地区趋势**

（3）娱乐及消闲类广告主数字营销媒体选择

视频网站、微博媒体与门户网站是娱乐及消闲类广告主 2016 年数字营销投放的主要媒体选择。如果在 2015 年，微博媒体还只是娱乐及消闲类广告主的新兴选择，那么在 2016 年，吸引了 40225 万元投放额的微博媒体业已成为娱乐及消闲类广告主数字营销投放的首要媒体选择。如图 4－31 所示。

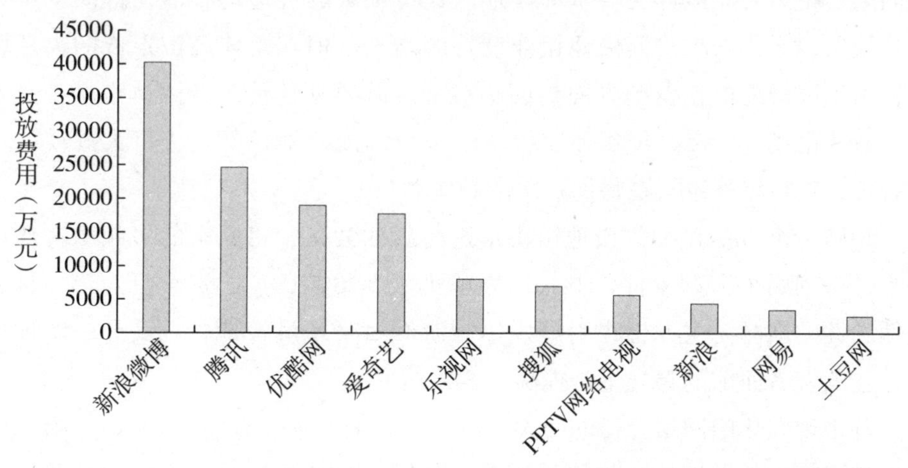


**图 4－31　2016 年娱乐及消闲类广告主数字营销媒体选择**

(4) 娱乐及消闲类广告主数字营销形式选择

视频贴片广告仍是娱乐及消闲类广告主数字营销投放的主要形式选择，而微博广告在2016年大幅增长，超过正方形大尺寸广告、长横幅大尺寸广告等展示类广告位居第二。如图4－32所示。

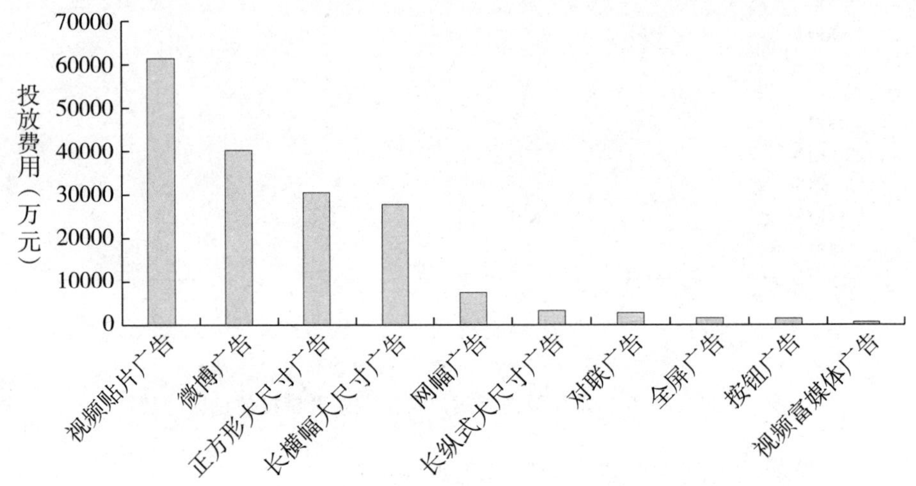


**图4－32　2016年娱乐及消闲类广告主数字营销形式选择**

## 2. 2016年娱乐及消闲类广告主的数字营销案例

哈尔滨作为著名的旅游城市，每年吸引数以百万计的游客慕“冰雪”之名而来。距离北极最近的哈尔滨极地馆，将顶级的极地动物演艺推向了全世界。虽然，十年来哈尔滨极地馆业绩持续增长，但在整体经济走低的大环境下，哈尔滨极地馆在营销方面仍面临挑战，既要守住传统的团体市场，又要注意散客市场。所以，每年冬季旅游旺季哈尔滨极地馆都会进行大规模的活动宣传，宣传始终维持在每周一次的频率。

2016年年初，哈尔滨极地馆决定进行新的尝试，将原来的多频次宣传调整为做一到两个大型事件，形式以影响力大、覆盖面广，资金投入小，且具有话题性的新闻为主，旨在引爆媒体与游客对哈尔滨极地馆的关注，增加极地馆在消费者面前的曝光量，提高游客入馆率。

基于现在热门网络传播的两大特点——“有趣”“有用”，又由于哈尔滨极地馆主打的就是极地动物娱乐演艺，其倾力打造的也是一个娱乐化的、有趣的景区，因此此次策划主要锁定在“有趣”。活动以极地馆生性温和的白眉企鹅为主体，在查阅资料后决定以企鹅滑冰为切入点，在适合企鹅外出活动的1—2月推出了“南极企鹅打冰滑梯”活动。

首先，借助极寒天气，“哈尔滨温度似南极，南极企鹅都出来了”，迅速引爆消费者对活动的关注。借助微信传播快、覆盖人群广的特点，活动在朋友圈首选趣味内容发布，并迅速引发刷屏。另外，极地馆方面为中央电视台采集全国极寒天气新闻素材时提供内容，由此得到中央电视台报道，同时通过与核心媒体沟通，得到媒体转载发布，进一步引爆关注，制造舆论话题。在新闻发布的第二天，朋友圈就被“知道哈尔滨有多冷吗？……哈尔滨极地馆的企鹅都放到外面养了！”这样一条消息刷屏了。同时，另一条新闻《南极企鹅在哈尔滨被冻哆嗦了》登上了中央电视台等知名媒体，并得到各大微博自主转发。

此次事件相关视频在视频网站播放量达230万余次，微信推送阅读量达20万余次，微博覆盖网友超过3亿人。整个过程中，通过对传统媒体与新媒体的整合，活动在一周之内几乎获得了以头条形式呈现的全媒体报道，同时还获得了新媒体的大面积转发，成功引发公众的关注与讨论。

#### 3. 2016年娱乐及消闲类广告主的数字营销综述

第一，2016年，娱乐及消闲类广告主的数字营销投放规模以176956万元位居全行业第七位。由于旅游类广告主的数量及数字营销表现均较为突出，除国内经济发展水平较高的地区外，其他国家也成为娱乐及消闲类广告主数字营销投放的重要地区选择。

第二，与2015年相比，该行业广告主对微博媒体的关注上升，以新浪微博为代表的微博媒体成为广告主数字营销投放的首要媒体选择，由此带动了相关微博广告的大幅增长。

### （八）2016年金融服务类广告主的数字营销

#### 1. 2016年金融服务类广告主的广告投放分析

（1）金融服务类广告主数字营销投放规模

艾瑞咨询数据显示，2016年，金融服务类广告主数字营销投放规模达到176647万元，在全行业中排名第八，与2015年相比没有变化，但投放额比2015年同比下降37.5%，减幅较大，这表明金融服务类广告主在数字营销领域的投放更加谨慎保守。如图4－33所示。

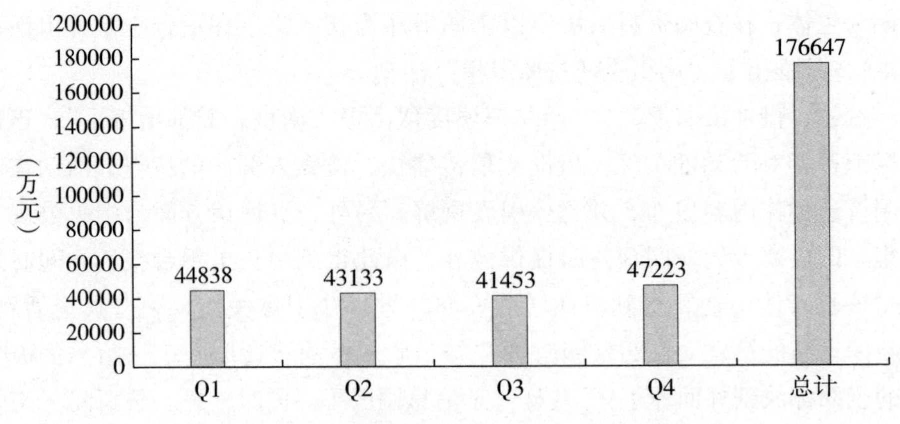


**图 4－33　2016 年金融服务类广告主数字营销投放规模**

（2）金融服务类广告主数字营销投放地区趋势

2016 年，北京、上海、广东三地依旧是金融服务类广告主数字营销投放的主要地区，其中北京以 59162 万元的投放额居首，上海、广东分别以 37839 万元和 23569 万元的投放额排名第二、第三位。金融服务类广告主数字营销投放地区分布与地区经济发达程度大致相符。如图 4－34 所示。

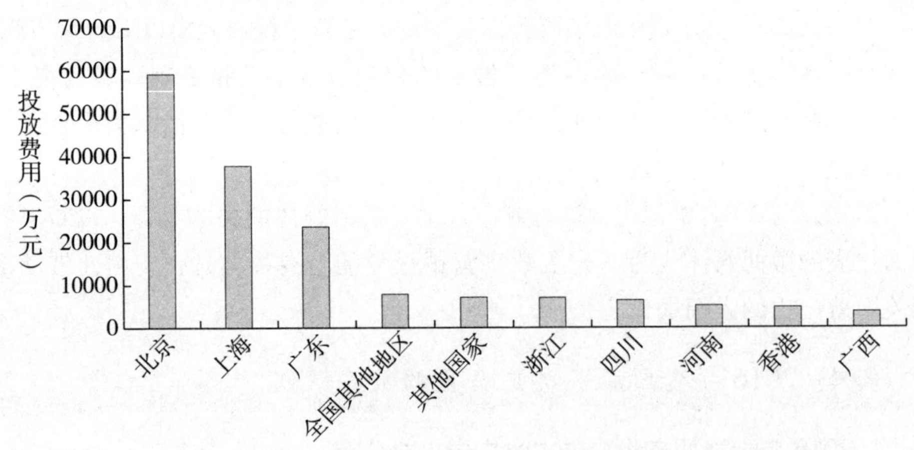


**图 4－34　2016 年金融服务类广告主数字营销投放地区趋势**

（3）金融服务类广告主数字营销媒体选择

2016 年，金融服务类广告主在数字营销中仍以门户网站为主要选择，其次是财经网站、视频网站与新闻网站。金融服务类目标客户群主要为社会中上阶层人士，这与门户、财经、新闻类网站的主要目标用户较契合。与 2015 年相比，金融服务类广告主在微博媒体的广告投放明显减少，这表明金融服务类广告主在数字营销投放上更加谨慎，且更偏向信息相对规范的主流官方媒体。

具体媒体而言，新浪、搜狐为代表的主流门户网站是金融服务类广告主数字营销的主要媒体选择。微博媒体的广告投放虽有减少，但新浪微博仍是相关广告主的重要媒体选择。如图 4－35 所示。

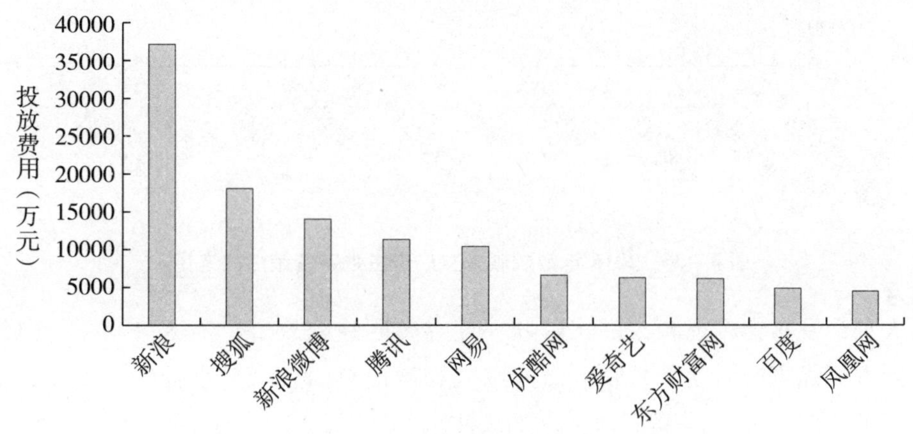


**图 4－35　2016 年金融服务类广告主数字营销媒体选择**

（4）金融服务类广告主数字营销形式选择

以长横幅大尺寸广告、正方形大尺寸广告为主的展示类广告是金融服务类广告主 2016 年数字营销的主要形式选择，视频贴片广告、微博广告、网幅广告等形式也受到相关广告主的欢迎。如图 4－36 所示。

**2. 2016 年金融服务类广告主的数字营销案例**

打折、促销、优惠等活动已经成为各家银行信用卡争夺消费者的利器。面对激烈的竞争环境，兴业银行将关注点集中到了既是目标受众，又是一个值得关注的群体——白领，并且与美团 APP 达成跨界合作，希望通过 O2O 的模式，为白领们增添福利。

针对白领午餐时间紧、选择少、怕等位的痛点，兴业银行联合美团外卖，推出“活力人生－白领午餐”项目，自 2015 年年底至 2016 年上半年，每周四开展兴业特享日活动。通过“午餐就该是白领的”这种一语双关的表达方式，利用 3D 感 H5、“女汉子”系列海报、Gif 实景海报等形式承载创意在微博、微信社交媒体上进行病毒式传播，引爆话题。同时，在腾讯视频和优酷

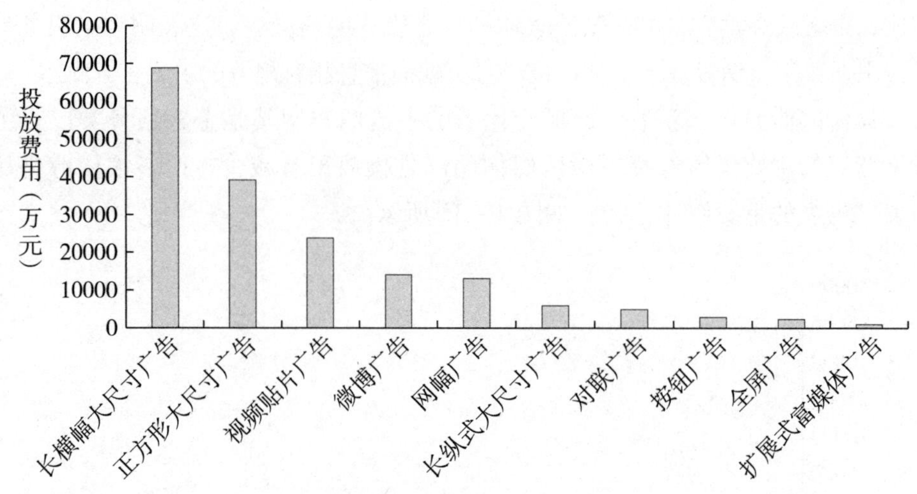


**图 4－36　2016 年金融服务类广告主数字营销形式选择**

两大平台发布推广视频，讲述白领一族寻餐囧途的故事，传达兴业银行白领午餐方便优惠的活动，并联合微博红人和微信热门公众号进行外围推广，借助 KOL 的人气引发消费者对活动的关注。

白领午餐活动上线 2 个月，在微信、微博社交媒体上的内容累计阅读量超过 400 万人次，针对活动的刷卡量超过 100 万笔；期间兴业银行信用卡的办卡量增加 15%，真实的消费者的增加拓展了兴业银行的未来服务空间。

**3. 2016 年金融服务类广告主的数字营销综述**

第一，2016 年，金融服务类广告主的数字营销投放整体呈现相对保守谨慎的状态，全年投放规模较去年大幅减少，总体规模较小，这是该行业由于高风险特性在经济大环境走低之际的应变与调整。

第二，北京、上海、广东三省依旧是金融服务类广告主 2016 年数字营销投放的主要地区，金融服务类广告主数字营销投放地区分布与地区经济发达程度大致相符。

第二，门户网站仍是金融服务类广告主数字营销投放的主要渠道，且遥遥领先于垂直网站等平台。金融服务类广告主的产品和服务，与门户、垂直、视频网站等平台的活跃用户契合度较高。通过寻找有共同诉求的媒体和企业平台合作，打造具有特色的数字营销活动已在实践中体现发展潜力，或可成为常规数字营销投放之外的又一着力点。

## （九）2016 年 IT 产品类广告主的数字营销

### 1. 2016 年 IT 产品类广告主的广告投放分析

（1）IT 产品类广告主数字营销投放规模

2016 年，IT 产品类广告主的数字营销投放费用达到 169663 万元，在全行业中排名第九，规模较小。第 3 季度投放额较其余三个季度有明显上升，是 IT 产品类广告主数字营销的重要时间段。如图 4 - 37 所示。

就广告主而言，英特尔以 10887 万元的投放额位居第一，鲜城和 IBM 分别以 10127 万元和 7807 万元排名第二、第三位。

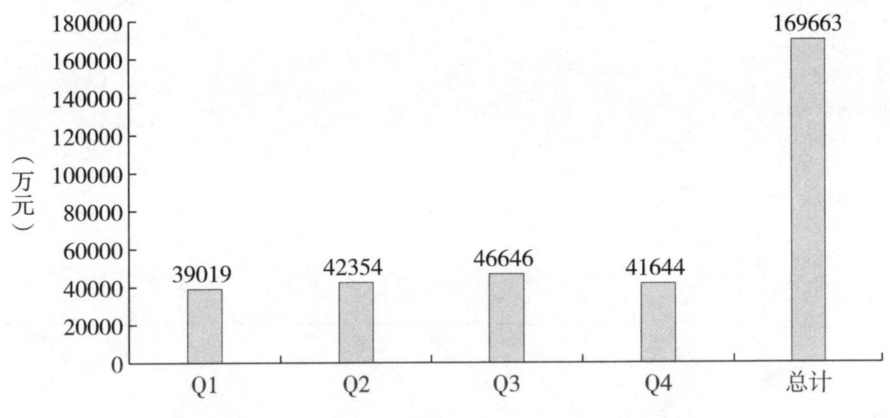


**图 4 - 37　2016 年 IT 产品类广告主数字营销投放规模**

（2）IT 产品类广告主数字营销投放地区趋势

北京地区投放的绝对优势延续至 2016 年，投放额达到 73589 万元，较 2015 年稍有下降。广东位居第二，投放额为 31813 万元；上海的第三名位置则由其他地区以 17099 万元的投放额替代，上海以 16425 万元的投放额紧随其后。如图 4 - 38 所示。

（3）IT 产品类广告主数字营销媒体选择

微博媒体在 IT 产品类广告主数字营销投放中表现十分突出，新浪微博更是以 45380 万元的投放额位列 2016 年 IT 产品类广告主数字营销媒体选择首位，表明 IT 产品类广告主非常重视社会化媒体这一渠道。视频网站、门户网站和 IT 网站也是该行业广告主数字营销投放的重要媒体选择。如图 4 - 39 所示。

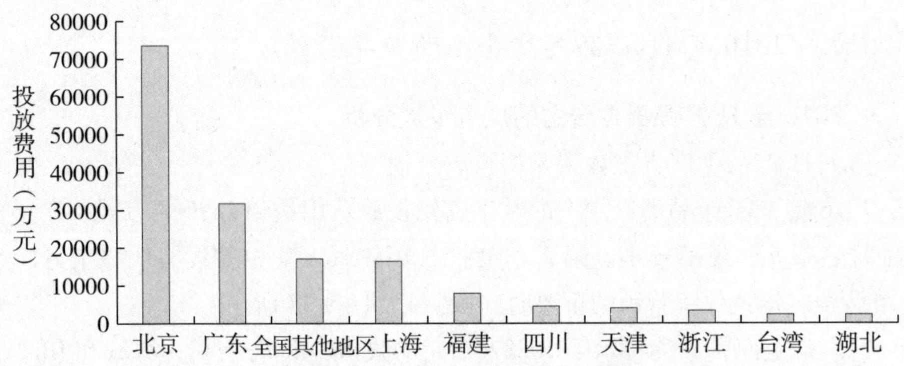


**图 4-38　2016 年 IT 类广告主数字营销投放地区趋势**

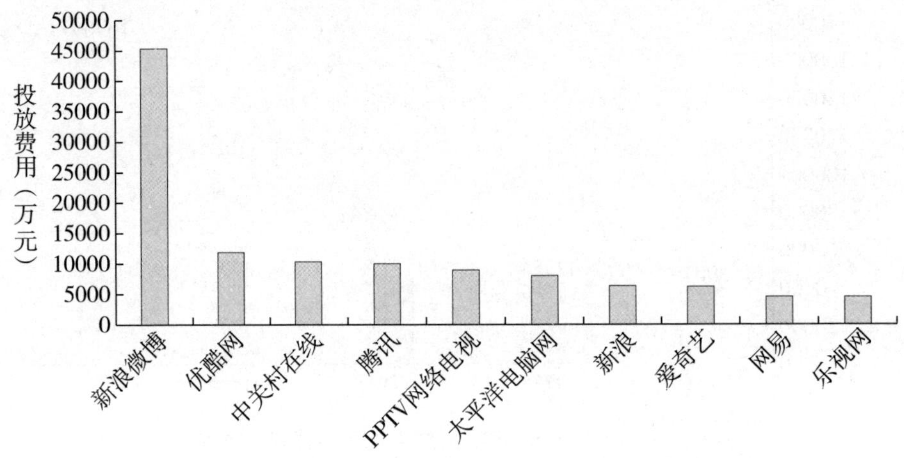


**图 4-39　2016 年 IT 产品类广告主数字营销媒体选择**

（4）IT 产品类广告主数字营销形式选择

长横幅大尺寸广告位代表的展示类广告在 2016 年超过微博广告，成为最受 IT 产品类广告主青睐的数字营销投放形式，微博广告和视频贴片广告紧随其后，同样是受 IT 产品类广告主重视的重要形式。如图 4-40 所示。

### 2. 2016 年 IT 产品类广告主的数字营销案例

在中国很多贫困的农村地区，孩子们因为书源匮乏而无法阅读更多课外好书，更不用说像电子书这样的现代阅读方式。出于全方位支持全民阅读、让更多人爱上读书的品牌理念，2015 年，亚马逊 Kindle 联合中国扶贫基金会，发起 Kindle 公益项目，组织了五省十所贫困农村小学的学生进行主题作文写作，Kindle 甄选优秀作品通过出版社进行电子书的转码和出版。每个受助学

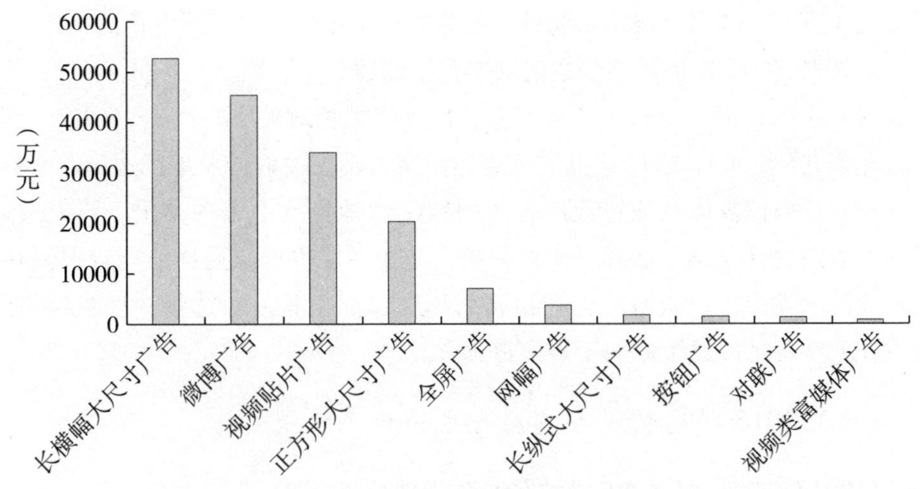


**图 4－40　2016 年 IT 产品类广告主数字营销形式选择**

校出版一本电子书，在 Kindle 书店上进行限时义卖。义卖所得款额将用于购买 Kindle 电子书阅读器并捐赠给各个学校，为他们建造电子图书馆，让孩子们用自己的努力争取读到更多的书。

为了吸引社会大众对这些与自己“毫无关联”的作文集产生共鸣并以实际行动参与这项公益行动，亚马逊和 Kindle 以自身既有用户和粉丝为核心目标受众，发起“书路计划”，希望借此引发人们与这些孩子们之间的共鸣，激发他们心中的小小善意。

活动从孩子们的作文里挑选出一些精彩语句，制作成 H5 微站上线微信朋友圈吸引关注，同时联合公益媒体、为作文集《书路童行》写序的作家们以及与读书相关的 KOL，发文支持孩子的作文集，扩散吸引更多目标人群；同样，在微博平台也推出了“书路计划”话题，进一步扩大活动影响力。线下，活动与德高公司合作，在北京地铁 14 号线新开的大望路站内，展出了孩子们的手写作文原稿，呼吁更多人关注参与到书路计划中来。

同时，活动还与爱奇艺合作，为此次义卖捐赠行动拍摄成纪录短片《梦想是一本书的距离》，不仅在活动结束之后引起二次传播的回温，也为亚马逊 Kindle 公益项目的未来发展作了背书。

通过微信微博社交平台、视频网站合作、线下展示类广告等多渠道的整合式营销，本次活动期间，微博“书路计划”话题曝光量超过 800 万，H5 微站在朋友圈被热传，吸引了 2 万多人群近 6 万次点击，《书路童行》最终义卖所得近 4 万元，圆满完成了最初预期的为农村学校建立电子图书馆的目标。

**3. 2016 年 IT 产品类广告主的数字营销综述**

第一，IT 产品类广告主的数字营销投放规模相对较小，以 169663 万元居全行业第九位。北京是 IT 产品类广告主数字营销投放的首要地区选择。

第二，微博媒体在该行业广告主的数字营销投放中表现突出，新浪微博成为广告主的首要媒体选择。IT 产品类广告主在广告形式选择上有较多偏好，大尺寸展示类广告、微博广告和视频贴片广告都是其主要选择，表明相关广告主在数字营销形式上倾向于多渠道整合。

## （十）2016 年通信服务类广告主的数字营销

**1. 2016 年通信服务类广告主的广告投放分析**

（1）通信服务类广告主数字营销投放规模

2016 年，通信服务类广告主的数字营销投放费用为 122833 万元，居全行业第十位，投放规模较小。中国移动以 39148 万元的投放额居行业第一位，步步高电子和华为则以 17985 万元和 13692 万元名列第二、第三位。如图 4 - 41 所示。

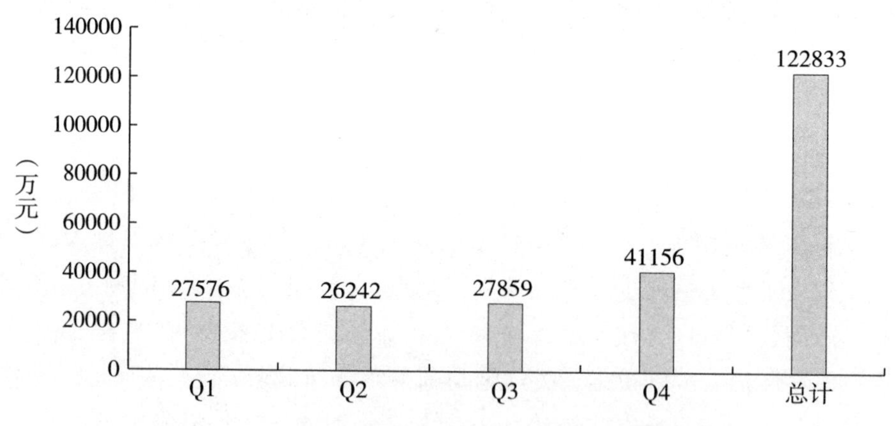


**图 4 - 41　2016 年通信服务类广告主数字营销投放规模**

（2）通信服务类广告主数字营销投放地区趋势

就地区趋势而言，通信服务类广告主的数字营销集中投放在北京、广东和天津，投放额分别为 66813 万元、45127 万元和 7646 万元，远远领先于其他省市和地区。如图 4 - 42 所示。

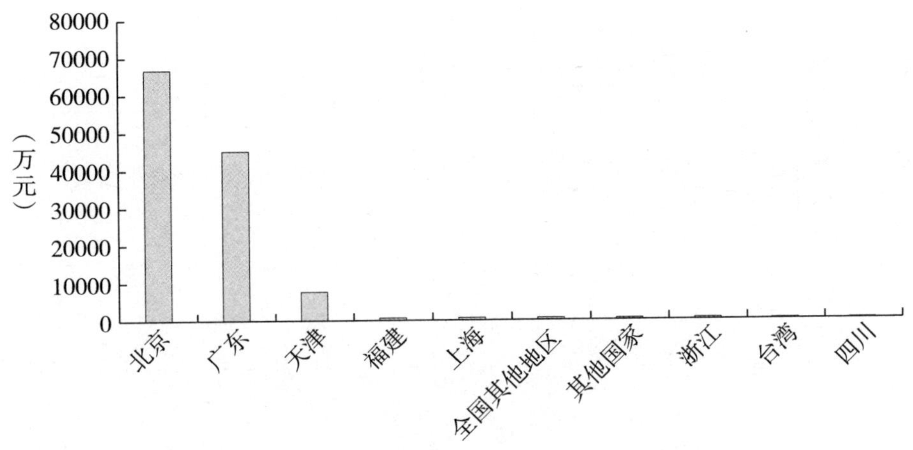


**图 4－42　2016 年通信服务类广告主数字营销投放地区趋势**

（3）通信服务类广告主数字营销媒体选择

在媒体选择方面，门户网站和视频网站是 2016 年通信服务类广告主的数字营销媒体首选。就具体媒体选择而言，网易以 20870 万元的投放额居首位，优酷网、爱奇艺次之。与 2015 年相比，各媒体的数字营销投放额差距相对缩小，表明通讯服务类广告主开始倾向于采用多媒体、多渠道整合的方式进行数字营销推广。如图 4－43 所示。

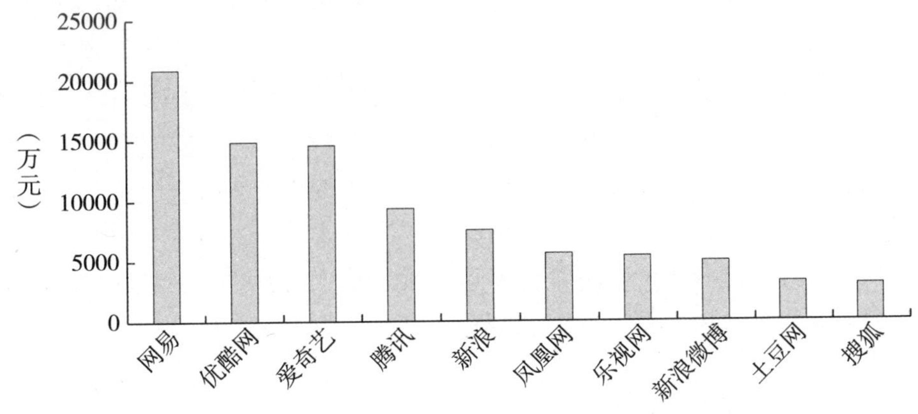


**图 4－43　2016 年通信服务类广告主数字营销媒体选择**

（4）通信服务类广告主数字营销形式选择

视频贴片广告是 2016 年通信服务类广告主数字营销的首要形式，长横幅大尺寸广告、正方形大尺寸广告等展示类广告也是重要的投放选择。如图 4－

44 所示。

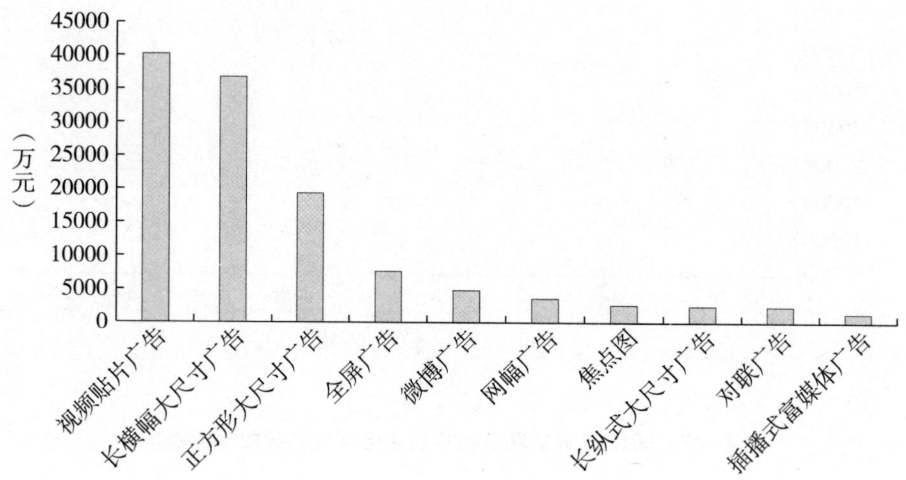


**图 4-44　2016 年通信服务类广告主数字营销形式选择**

### 2. 2016 年通信服务类广告主的数字营销案例

自近年布局“机海战术”以来，华为荣耀推出的产品不仅样样爆款，品牌宣传创意也是层出不穷，即使在高频度的宣传里，每次也能玩出新花样。为拍照旗舰机荣耀 7i 做宣传时的一系列创意就是经典的一例。

为给荣耀 7i 的上市发布会造势，华为在社交媒体上展开了一场声势浩大的推广活动。由于卖点主打拍照的荣耀 7i 主张翻转镜头带来多重角度，由此延伸到新视野，荣耀手机官方微博率先发布了四张动图，均以“i”字母象形，分别寓意“专业”“便捷”“美”“多面”，意在开启探索丰富视界之路。紧接着，一大波品牌竞相“借势”秀创意，纷纷发表角度宣言，这也是本次推广的亮点所在。

首先，荣耀品牌缔造者余承东率先发表了角度宣言：企业要始终保持敏锐的预见性。荣耀掌门人赵明紧跟着发声：笨鸟不等风，勇敢向前飞。华为终端 CMO 张晓云的表达则更加直白：荣耀穿着互联网的鞋走自己的路。最后，产品经理吴德周也发表了感想：做好产品，是坚持做正确的事，而不是容易的事。

紧接着，hao123、搜狐新闻客户端、ZAKER、百度地图、今日头条、凤凰网、澎湃新闻、去哪儿、瑞丽网、手机中国等品牌纷纷“借势”发声，表达自己的品牌态度。

各个品牌风格迥异的海报均围绕字母“i”的元素展开设计，这个“i”即契合荣耀。全新的“i”系列主题，也在荣耀 7i 主张的“我有我的角度”的主基调下，用精彩生动的元素演绎联动品牌自身的品牌理念。而荣耀 7i 希望借以角度宣言，鼓励年轻人敢不同，秀自己。这种新青年拍照文化及其引领的新青年群体生活方式，赢得了时尚年轻群体的广泛认同，系列海报在社交平台掀起了大范围转发分享热潮。

**3. 2016 年通信服务类广告主的数字营销综述**

第一，2016 年，通信服务类广告主的数字营销投放费用为 122833 万元，投放规模较小。该行业广告主的数字营销投放高度集中在北京、广东和天津，三地的投放费用远远领先于其他省市和地区。

第二，门户网站和视频网站是 2016 年该行业广告主的数字营销媒体首选，就具体媒体选择而言，各媒体的数字营销投放费用差距相比 2015 年有所缩小，表明通信服务类广告主开始倾向于采用多媒体、多渠道整合的方式进行数字营销推广。

## 专家述评

**姚晓洁**　好耶集团首席战略官

由于整体经济环境的暂行走低，2016 年中国各行业广告主对数字营销的投入力度相对减小，尤其是金融服务类行业，数字营销投放显得更加谨慎，但这并不妨碍各行业广告主对数字营销的重视。宏观上，数字营销的比例仍在急剧上升，这是和数字化及智能终端在整体国民中的渗透率一致的。就像未来没有网民一样，“未来也没有数字营销，因为所有营销都是数字营销。”

数字营销并不一定会取代传统营销。未来，典型显性的数字营销可能全发生在人与数字设备屏幕及内容的交互中，但还有大量隐形的数字营销将通过智能终端及物联网数据为交互介质、以传统户外和促销为形式，共同为潜在消费者提供更好的智能营销体验。传统营销手段可以成为数字营销的良好辅助。现阶段，随着企业互联网转型加速，各项新技术、新形式的出现，广告主的数字营销方式也在不断创新，直播与房地产行业的结合就是典型的例子。

当广告主面临数字营销的投入决策时，他们的选择受到多方面因素的影响。行业与互联网融合的程度、广告主自身产品数字化及其在互联网领域的水平等行业与广告主自身的条件是广告主数字营销选择的内在动因。首先，行业融合的程度与其对数字营销的依赖比重及认同程度成正比例增长关系，产品形态也与服务模式密切相关；其次，广告主与 BAT 三大平台的合作关系也是重要影响因素，这是由广告主的产品业务形态与 BAT 生态相关性决定的。

在“互联网+”的产业融合大趋势下，不少行业和广告主纷纷投身数字营销，这是顺势而为的聪明举措，但其中仍有需要注意的地方。广告主对数字营销的投入选择受到多种因素影响，这种影响不仅体现在广告主的主观选择中，也体现在数字营销的客观效果上。吴晓波先生在《腾讯传》中有段话：自己没有体现出自生长的能力，那么做推广其实收获是不大的，你达到 100 万用户就是 100 万用户，它不会出现病毒式扩张。一个产品的流行要看用户口碑，看用户口碑自发增长的分界线，如果你没有达到这个界限，推广就没有意义。因此在大趋势下，广告主要做的不仅是看到趋势，更要认清自己，基于自身核心产品与价值提供优质的用户体验才是关键，盲从概念绝非明智之举。

# 第五章　数字营销代理

作为数字营销领域极其重要的环节，数字营销代理中介自数字营销技术及手段自诞生以来就扮演了极其重要的角色，有的脱胎于传统的广告公司、公关公司，有的从事传统的媒介购买服务，更多的公司则是随着数字传播时代的技术公司。

随着互联网行业的稳健发展，2016 年的数字营销代理业界表现出诸多发展趋势。总体来说，半数以上的广告主对于未来的行业发展保持着 10% ~ 30% 增长速度的乐观预期，与数字营销代理商的关系也逐渐趋于稳定，大多数雇主已经不再通过比稿的方式频繁更换数字代理商，对数字代理商的满意度逐年提升，合作时间也有所延长。其次，本土代理商以其接地气的优势获得了长足的发展，无论是从数量上还是总收入情况来看，都比 2015 年取得了更好的成绩；而跨国代理商依旧以资金运作的方式并购整合，坚持大格局战略眼光的同时，本土服务能力也进一步增强，给本土代理商带来了更多压力。于广告主而言，整合型、一体化的数字代理成为主要的需求对象，代理商的声誉以及其之前的经验值是广告主最为关注的要素。

在不同类别的代理公司中，2016 年的媒介代理和需求方平台（DSP）因同样的问题而颇受关注，欺诈和虚假流量泛滥已经形成了“柠檬市场”，以宝洁为代表的广告公司以及以 Facebook 为代表的平台提供方纷纷“站出来”表达了不满和抗议。在行业巨头们的带动下，长期存在的虚假数据的行业现状开始有所改变，“透明化”将会成为行业发展的趋势，自动化营销技术也因此被视为重要的发展方向。而创意型代理、社会化营销、搜索引擎营销（SEM）这三类代理公司依然保持着较为稳定的增长事态，未来社交类渠道的投放将是广告主数字营销的重中之重，社会化营销的增长势头可观。随着大数据公司、咨询公司、平台的代理公司等成员的纷纷加入，数字营销代理商的队伍不断壮大，参与广告服务的主体的结构变化成为行业趋势。

回顾数字营销代理十几年的发展史，行业变革从几年一次已经进入到了如今一年一变的快速发展阶段，从广告曝光和点击监测为主的数字营销初级时代，到社交营销和跨多屏营销的繁荣快进时代，到目前以数据技术驱动的营销智能化时代，每个阶段都有它的特色和驱动因素，在技术的推动下，不久的未来我们甚至会迎来人工智能为主要特点的营销时代。数字营销代理虽是一个崭新行业，但在内涵上与传统广告代理商并无二致，都是以广告主、市场主的需求为核心，谋求共生。因此，数字营销代理商需与雇主携手努力，去构建一个相互信任、互为添彩的数字营销界，实现整个行业的良性发展。

本章收集了业界的相关数据并对华扬联众的首席运营官孙学、利欧数字营销总裁郑晓东、华谊嘉信联席总裁吴孝明进行了深度访谈，以此作为对2016 年数字营销代理行业事件的浓缩与总结。

## 一、数字营销代理市场概况

### （一）营销代理市场发展趋势

随着数字时代的迅猛发展，广告主对于代理商数字营销能力的需求也不断增加，有将近 85% 的广告主称在选择广告代理商时数字营销能力是关键，甚至对传统广告及线下市场营销服务代理商也提出了数字营销能力的要求，这意味着接下来几年数字营销有着更大的发展潜力。① 以华扬联众为例，由于广告主在数字营销上的预算比重保持了持续增长，其 2016 年数字营销方面的收入较 2015 年实现了 40% 的增长，其首席运营官孙学认为整个行业将会继续保持这种比较可观的增长速度。

广告主对于 2017 年数字营销预算的评估也说明了这种潜力，有 22% 的广告主认为数字营销的预算在 2017 年会比 2016 年增长 30% 以上，37% 的广告主认为增长幅度在 10% ~29%，只有 3% 的广告主认为预算会少于 2016 年。② 如图 5 -1 所示。

即使在 2012 年的线下市场营销代理商的数据有所缺失的情况下，根据胜

① 数据来源：胜三咨询 . 2016 年中国营销趋势研究 .

② 数据来源：Admaster. 2017 数字营销趋势报告 .

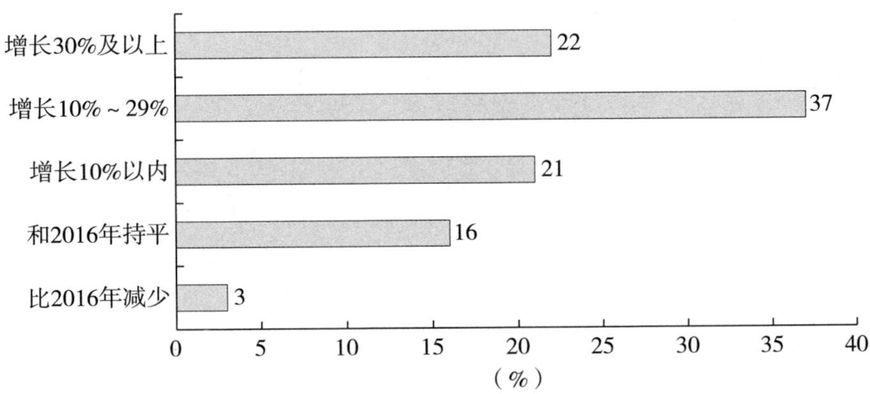


**图 5－1　数字营销预算增长预估**

三咨询近几年公关行业的调查数据，我们也能够总结出日趋稳定的形势：广告主合作的不同代理商数量不断减少，合作时间不断延长，也就是说广告主正在与代理商建立更为稳定的合作关系，这就对代理商的业务能力和业务范围提出了更高的要求。

**表 5－1　广告主合作代理商数量**

| 年份 | 2012 | 2014 | 2016 |
|---|---|---|---|
| 数字营销代理商平均数量 | 3.3 | 2.48 | 2.02 |
| 创意广告代理商平均数量 | 3.5 | 2.31 | 1.61 |
| 线下市场营销代理商平均数量 | | 2.2 | 1.74 |
| 媒介代理商平均数量 | 2 | 1.2 | 1.08 |
| 总计代理商平均数量 | 8.8 | 8.21 | 6.45 |

调查显示，64%的广告主偏向于选择整合型的代理商模式，且中国广告主对于这种模式的偏好程度远高于全球平均水平，这可能是由于中国市场的复杂性所致。[①] 如图 5－2 所示。

在代理商市场的满意度排名中，数字营销代理商以 66% 的满意率在行业中位列第三，排在前两位的是线下市场营销代理商和创意广告代理商，分别达到了 83% 和 66.2%。总的来说，有 70.2% 广告主对其当前合作的代理商比

① 数据来源：胜三咨询．2015 中国公关行业营销趋势研究．

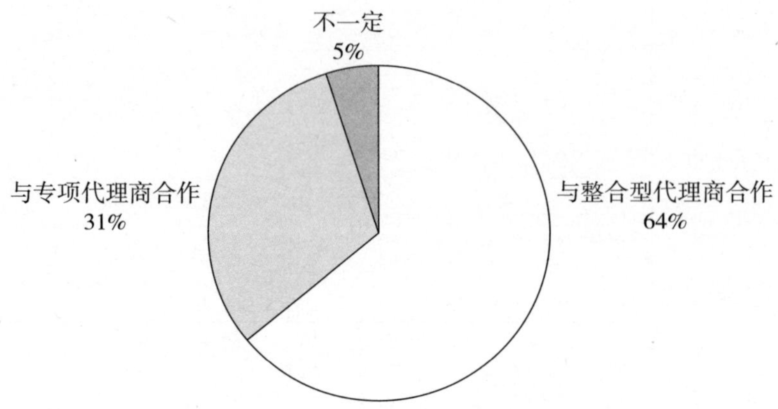


**图 5－2　广告主与代理商的合作模式**

较满意，余下近 1/3 的广告主仍经常通过比稿的方式更换代理商。而在比稿时，数字营销代理商的声誉、数字营销能力、创意能力和以往的案例等是广告主关注的重点。[①] 如图 5－3 所示。

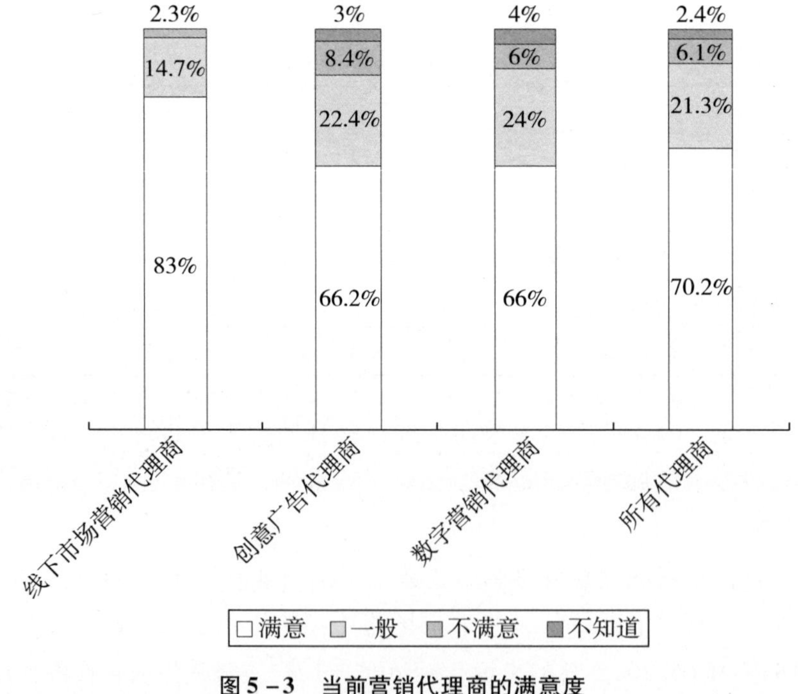


**图 5－3　当前营销代理商的满意度**

① 数据来源：胜三咨询 . 2016 年中国营销趋势研究 .

不管是选择数字营销代理商还是传统广告代理商，策略、创意、执行效果都是广告主会考虑的主要因素。在当下环境以及行业发展的演变过程中，相对于传统代理，客户会更看重数字代理的效果执行。新媒体时代多样化和多量化的特征，使得数字营销代理商必须快速反应，在执行方面往往没有精耕细作的时间，这不可避免地会影响创意，因此事前的准备非常重要。代理商一方面要关注时代发展潮流，另一方面要关注和了解客户，应通过方法主动去吸引客户而不是被动地等待客户挑选。如图 5－4 所示。

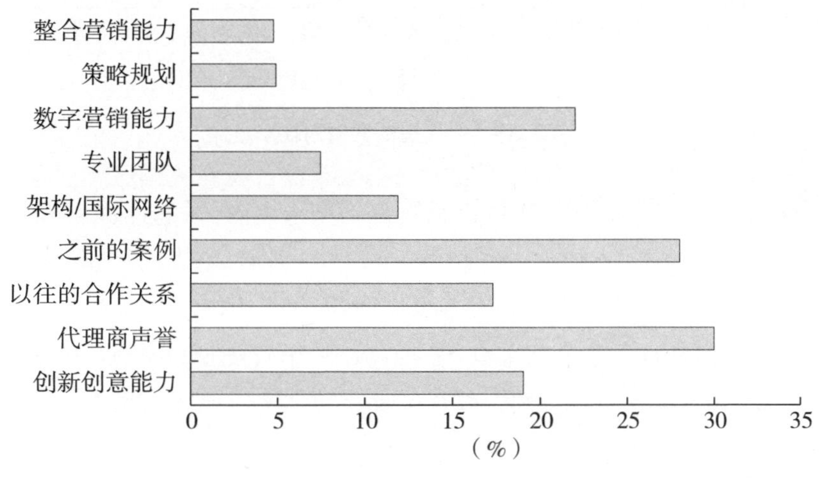


**图 5－4　选拔数字营销代理商的标准**

2016 年中国网络广告市场规模有望达到 2808 亿元，同比增长 34%。[①] 目前虽然数字营销还未能赶超传统营销的地位，但是始终保持着比较快的增长速度，且行业满意度较高，数字营销代理商正在与广告主建立更为稳固长久的合作关系。

## （二）数字营销代理商概况[②]

2016 年中国广告代理商总数为 43144 家，比 2015 年数量增长了 15.3%。其中本土代理商数量 40859 家，增长了 10%；跨国代理机构数量 285 家，增长了 2%。如图 5－5 所示。

① 数据来源：艾瑞咨询. 2017 年中国媒体价格增长趋势报告.

② 数据来源：胜三咨询. 2017 年中国广告代理商图谱.

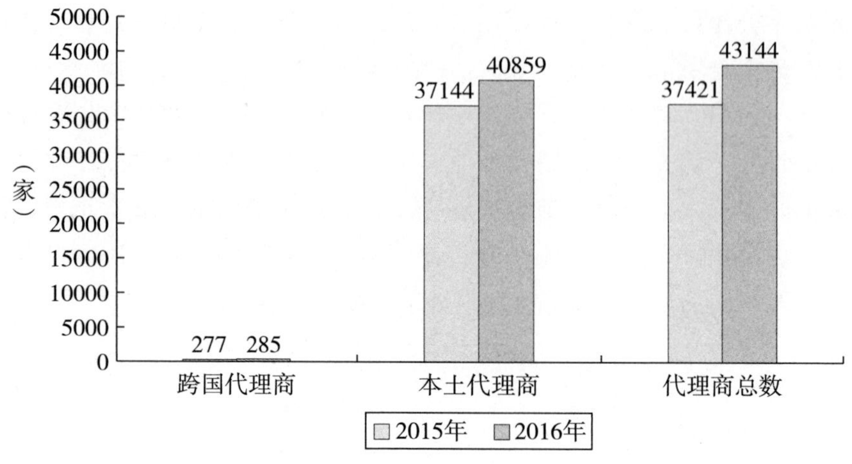


**图 5－5　代理商数量对比**

就收入来看，虽然 2016 年行业整体收入约为 1036 亿元，较 2015 年增长了 5.5%，但就平均收入而言，数额有所减少。此外，本土代理商与跨国代理商的收入水平差距逐渐缩小，其中本土代理商 2016 年预计总收入为 795.23 亿元，跨国代理商预计总收入为 240.87 亿元，跨国代理商以 0.6% 的数量份额占据了约 23% 的市场收入份额，收入差距从平均收入差值 8682 万元减少到 8256 万元。如图 5－6、图 5－7 所示。

跨国和本土大型代理机构在全国主要城市的地域和收入分布情况与 2015 年差距不大，北京、上海、广东、四川、华中区域总和超过总体收入一大半，依然占据绝对领先位置。

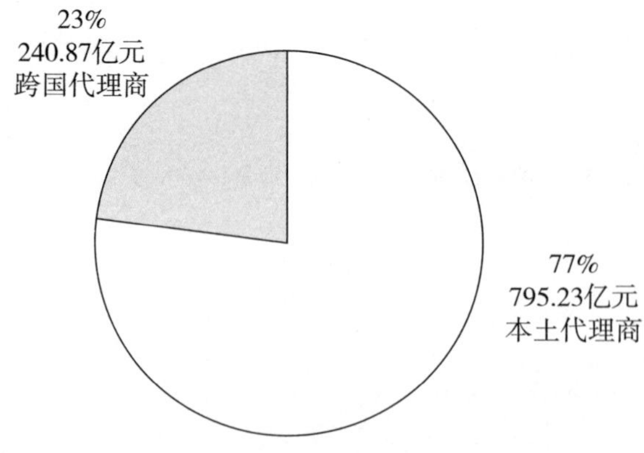


**图 5－6　2016 年两类代理商收入对比**

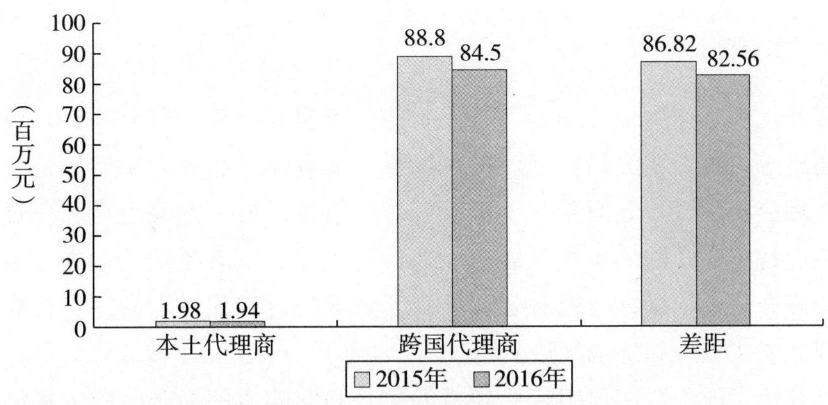


**图5-7　代理商平均收入对比**

在过去十几年中，本土化的数字代理商越来越活跃，其优势在于接地气，更加了解中国本土的客户需求，服务的广度和深度自然更好一些，而劣势在于缺乏用高策略战略去帮助客户，以及传统和数字、策略和媒介结合起来进行运用的能力。而跨国数字代理商服务的优势在于他们掌握了大量的传统客户资源，更多国际客户特别是五百强的客户，如今也不停地通过从中国本土代理业界挖人或者购买公司的方式去提升其欠缺的中国本土数字营销的能力。总的来说，本土代理商要保持其本土优势并注重战略眼光和整合实力的提升，跨国代理商要兼具国际化视野以及本土特色化的挖掘，把中国的本土服务做得更接地气更踏实。

本土代理商与跨国代理商之间的差距会越来越缩小，大家出身、经验不同，面对同一个市场和同一批消费者，难免会有不同的熟悉的速度和熟悉的过程，但随着时间演变大家都会更加熟悉这个市场，差距也会逐渐缩小。

## 二、数字营销代理公司

数字营销代理公司从数字营销技术及手段诞生以来就开始在营销界扮演重要角色，有的脱胎于广告公司、公关公司，有的从事传统的媒介购买服务，还有诸多原生公司应运而生。根据公司主要的业务类型可分为七类——媒介代理、创意型代理、社会化营销、搜索引擎营销（SEM）、网络公关（EPR）、需求方平台（DSP）和其他。

## （一）媒介代理

媒介代理是作为独立的运营方，专门从事媒介研究、媒介购买、媒介策划与实施等与媒介相关的业务服务，以媒介资源代理业务为主要经营对象的广告代理公司。它一方面服务于媒介资源提供方，另一方面也为客户提供特定行业或特定媒介的广告投放服务，通常对媒介资讯有系统的掌握，不仅能为选择媒介提供依据，还能有效实施媒介资源的合理配置与利用，并有着很强的媒介购买能力和价格优势。

近几年，随着数字营销行业规模的扩张和影响力的提升，数字媒体的价格也水涨船高。即便2017年国内媒体价格涨幅有所放缓，网络媒体与移动媒体也仍保持9%、15%的较高涨幅，其中搜索引擎类、视频类和垂直类的网络媒体涨幅巨大。AdMaster的数据中也强调了移动端的投放趋势，有87%的广告主表示将进一步增加移动营销预算。① 如图5－8所示、图5－9所示。

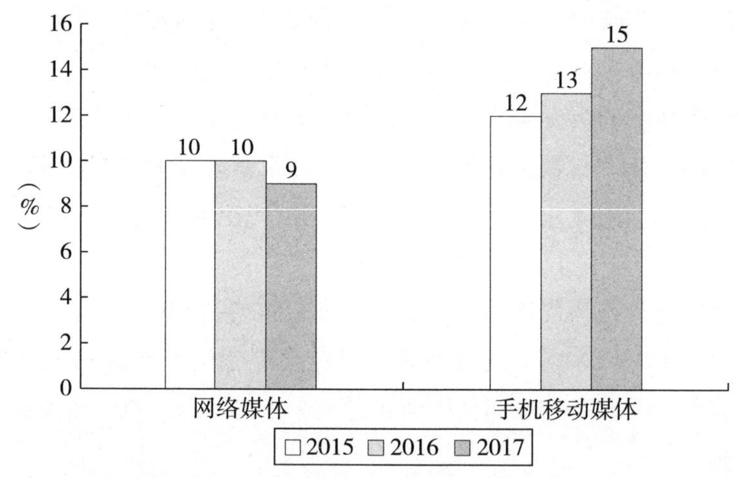


**图5－8　数字媒体净价涨幅年度对比**

在大幅的增长趋势之下，对于数字媒介行业的规范还迟未跟进。继2014年、2015年持续削减压缩广告及公关代理商数量后，2016年年初宝洁又做了一件震动媒介代理界乃至整个行业的决定，其首席品牌官Marc Pritchard宣称“给数字营销自由通行证的日子已经过去了。”针对广告欺诈、机器人、点击

① 数据来源：胜三咨询.2017年中国媒体价格增长趋势报告.

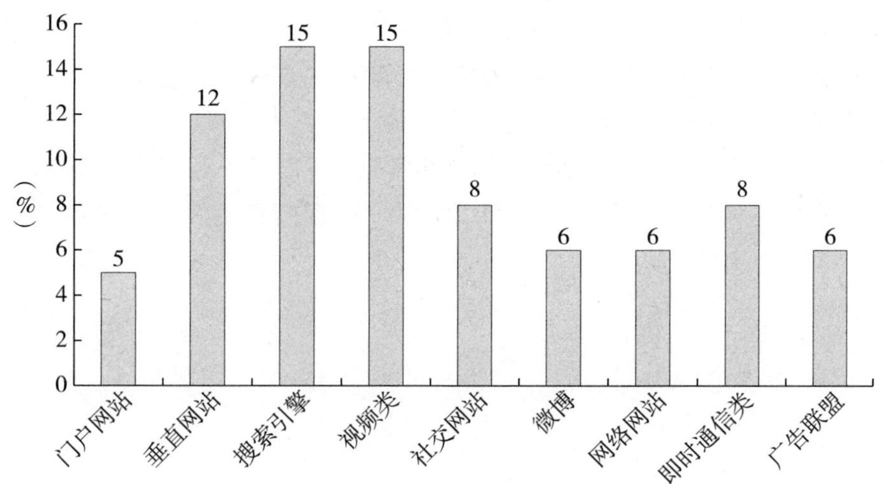


**图 5－9　各数字媒体净价涨幅情况**

欺诈等窃取广告主预算的数字营销行业乱象，宝洁提出了新的限制条件：媒介代理机构、广告技术合作伙伴和媒体必须启用第三方可见性测量，以及根除欺诈。“我们只会跟愿意遵守规则的公司合作并购买媒体。”Pritchard 在互动广告局年度领袖会议上表示，宝洁将采用可视性标准去统一衡量媒体、广告技术平台以及 Facebook、Google 等数字营销平台，“数字广告的评估需要与传统尼尔森电视收视率系统相似的衡量体系”。言论一出，立刻引发业界热议。作为世界上最大的广告客户，宝洁的这一举动无疑会推动数字营销行业的发展变革，尤其对媒介代理机构来说，必须与其广告技术合作伙伴共同重塑行业标准以获取广告主信任。

### （二）创意型代理

广告创意在传统广告产业链中一直占据主导地位。实质上，它是根据产品市场、目标消费者和竞争对手等情况制定的广告策略，换言之，是寻找一个说服目标消费者的理由，并根据这个理由通过视、听表现来影响目标消费者的感情和行为，而设计、生产并推广这一内容产品就是创意代理公司的主要工作任务。

目前的国内创意代理行业有如下几个特点以及发展趋势：①比稿仍是广告主挑选创意代理商的最主要的方式，90.2% 的广告主会采用比稿流程，21.1% 的会使用测试任务，任务也常常作为比稿流程的一部分，这个频率要远高于全球基准。②服务费用或年费模式已取代佣金模式成为创意代理报酬的支付趋势，在2014年这种报酬模式占55.8%，如今已增长到72.2%，是数字营销代理行业中的最高值。③创意和经验是广告主选择创意代理商的重要指标，67.3%的广告主认为创新与创意非常重要，53.2%强调代理商在品牌、行业和业务方面的知识和经验，43.2%要求代理商具备强大的策略策划能力。[①] 如图5-10所示。

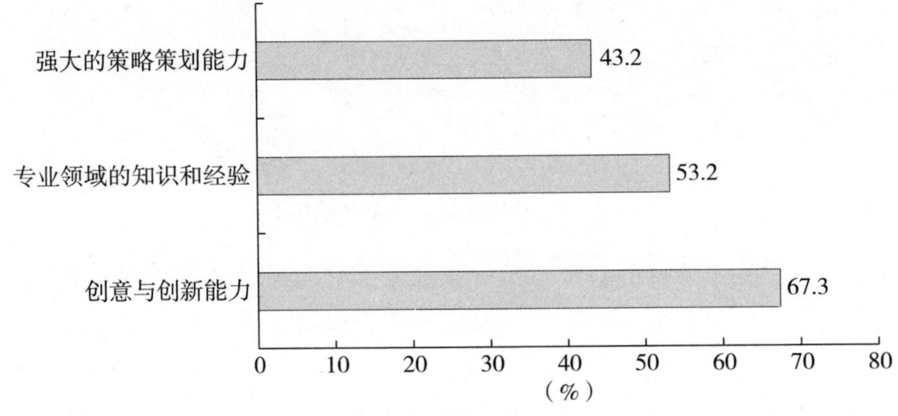


**图5-10 创意代理商的主要选拔指标**

2016年第七届数字营销虎啸奖将创意类的单项金奖颁给了《霸王黑客》，这是2015年上海W公司为大众点评新推出的“霸王点评”功能做的一组病毒视频广告和H5，在视频中虚构了一个逼真的顶级黑客 William Chen，声称其为解决大家手机中APP杂多的问题开发出了能够合并任意APP的APPMIXER，最终指向所有吃喝玩乐APP与“大众点评”合并为“霸王点评”，免费吃喝玩乐。这一项目首创了APP新功能第三方发布的形式，运用虚拟人物与消费者产生强关联，在创意营销和社会化营销界获得赞誉，一揽包括虎啸奖、长城奖、中国广告年度数字大奖在内的多项业内大奖。在《第一财经周刊》主办的“2016年中国商业创新50人”中，W的创始人李三水赫然在列，2014年10月李三水创办了W并将“野狗”视为W的图腾，这家以创意和情怀闻名的代理公司在创始之初就迅速主导了HTML5这一新型社会化营销的风潮，如今更是在全案作品中大展拳脚，而大众点评就是W在品牌全案领域迈

① 数据来源：胜三咨询.2016年中国营销趋势研究.

出的重要一步。

虽然88.4%的创意及广告策划依然由创意代理商主导，但在广告客户内部参与度越来越高的行业趋势下，品牌主对于策划的影响力也逐渐提升。根据《2016年全球创意报告》（*The Gunn Report*）[①] 来看，在全球范围内喜力打败了饮料巨头可口可乐成为2016年获奖最多的品牌。但在国内，2016年可口可乐依然不可动摇地占据着创意第一品牌的地位，而杜蕾斯从2014年的20多名快速发力一跃成为创意榜单的第二名。

### （三）社会化营销

社会化媒体营销就是利用社会化网络、在线社区、博客、百科或者其他互联网协作平台和媒体，进行营销、销售、公共关系处理和客户服务维护及开拓的一种营销方式。区别于传统的广告投放与播放，社会化营销更在意消费者彼此之间及与品牌客户之间的社会化联系，更加依赖数字化技术。一般来说，社会化媒体营销工具包括微信、论坛、微博、SNS社区、知乎等。

无论是在移动端还是PC端，社交类渠道都是广告主数字营销投放的重中之重，尤其对于移动端，社交类平台牢牢占据投放渠道的首位。72%的品牌主表示将在2017年增加社会化营销投入，其中63%的表示重点将是在2016年的互联网关键词——网红、KOL推广上。2016年的数字营销国际金奖案例中，社交媒体以87.2%的使用率居首位，符合三观、惊喜反转和趣味性构成了受众参与社交分享的三大主要动因，而明星名人的KOL化是社交化营销中最常使用的方式之一，“冰桶挑战”就是明星社交营销的典型案例。[②] 如图5-11所示。

在近几年的社会化营销领域中，有一个品类非常受人瞩目——口红。口红界的营销之王非YSL莫属，轰动一时的热播韩剧《来自星星的你》让YSL圣罗兰口红火遍亚洲，在中国消费者的抢购之下YSL频频断货，中国市场也因此成为了YSL的重点营销市场。2016年10月，YSL星辰系列口红的话题在各大社交媒体上快速发酵，百度指数瞬间增长1300%。捆绑情侣的“给你买YSL星辰唇膏的就是好男朋友”以及鸡汤类“单身也要爱自己，从一管口红

---

① 数据来源：The Gunn Report and Showreel of the Year.

② 数据来源：易观.数字营销国际金奖案例统计分析.

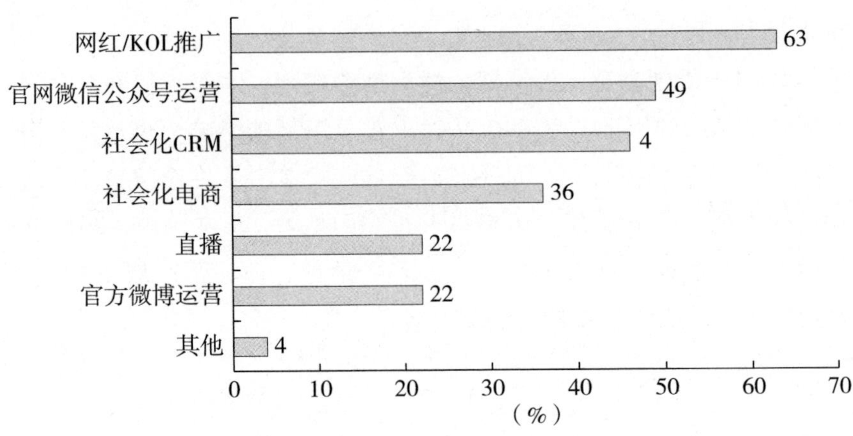


**图 5－11　2017 年社会化营销的重点评估**

做起”等文案在短短两天内刷爆朋友圈。在这场社交化营销中，YSL 大获全胜，“她经济”的营销手段使得搜索 YSL 口红的男性超过六成。从消费者的心理需求层面来讲，这场胜利在于完美结合了物质刺激与精神按摩，一方面以饥饿营销刺激情侣受众，另一方面又以精神按摩满足单身女性群体的感性需求。

虎啸分析总结了 2017 年社会化营销的五个关键词，除了“精神按摩”之外，围猎感官的“技术腊肠”、因受众精准化问题带来的“媒介焦虑”、精准的垂直渠道所带来的细分用户微领袖“MOL”以及处理渠道碎片的“人工智能”都成为今年社交化营销需要关注的重中之重。①

## （四）搜索引擎营销（SEM）

SEM 是 Search Engine Marketing（搜索引擎营销）的缩写。SEM 是伴随互联网发展而产生的营销手段，注重利用搜索引擎来进行产品的网络营销和推广，根据用户使用搜索引擎的方式，利用用户检索信息的机会尽可能将营销信息传递给目标用户。SEM 包括 SEO 和 PPC 两部分。SEO 是 Search Engine Optimization（搜索引擎优化）的缩写，通过对网站内部调整优化及站外优化，使网站满足搜索引擎收录排名需求，在搜索引擎中关键词排名提高，从而把搜索用户带到网站。PPC 是 Pay Per Click（点击付费竞价广告）的缩写，只有

① 参见虎啸网．5 个关键词，看懂 2017 年的营销趋势．

当客户广告被点击才会产生费用，广告的展现是免费的。此外还可以通过调整每次点击付费价格来控制自己在特定搜索结果中的网站排名，实现成本可控。

中国互联网络信息中心（CNNIC）最新发布的《第38次中国互联网络发展状况统计报告》数据显示，截至2016年6月，我国搜索引擎用户规模达5.93亿人，使用率为83.5%，较2015年增长了4.7%。手机搜索用户数达5.24亿人，使用率为79.8%，较2015年增长了9.7%。搜索引擎稳居第二大互联网应用之位，仅次于即时通信应用。即便2016年4月的魏则西事件给以百度竞价排名为主的搜索引擎营销带来了极为负面的影响，但由于其在数字营销界的重要地位，众多广告主尤其是传统广告主依然将搜索引擎视为非常重要的投放渠道。在2017年的广告主渠道投放调查中，移动端有42%的广告主选择继续投入搜索渠道，而在PC端搜索引擎的投放更是仅次于视频网站收获了55%的意向。①

数字营销领域的知名专家Avanish Kaushik曾说："对任何一家公司而言，SEO与SEM都将是其从互联网上获取用户的重要手段。就和其他渠道一样，SEM有一定的精准度，有效，成本也可控。这是一个独特的获取高精准度用户的手段。"但由于技术的更新迭代，SEM一直都是数字营销行业变化最快的领域。营销专家斯科特认为，作为搜索引擎营销的代理商应当把握七件事情：①SEM在行业购买中的位置正在分散化，任何一个营销阶段都可能需要SEM的参与，随着技术的提升，SEM可以做到更多；②用户在移动和PC端的行为和意图是不同的，要关注不同设备上的用户操作和体验；③借助SEM实现再营销，例如搜索助手再营销、相似用户再营销、动态再营销等，鼓励购买过的顾客继续参与交叉销售；④线上线下可以通过集成SEM实现营销活动效果最大化；⑤SEM是高度可控、高度可定制的渠道，非常适合进行"新的定价计划""新的设计""受众统计信息"的测试工作；⑥无须在归因上花费太多，只需根据归因的数据重新分配各渠道预算或开启关闭某些渠道；⑦SEM在一定程度上可以用于品牌推广，是保护品牌声誉的有效方法之一。对于CMO来说需要考虑以下几点：SEM投放在哪儿、采用什么样的方式、用什么信息接触到用户以及最终需要实现的目标。

---

① 数据来源：中国互联网络信息中心．第38次中国互联网络发展状况统计报告．

## （五）网络公关（EPR）

EPR 是 Electronic Public Relation（网络公关）的缩写，指社会组织为了塑造组织形象，借助互联网络，为组织收集和传递信息，通过在电子空间中实现组织和公众之间双向互动式的全球沟通来实现公关目标，影响公众的科学与艺术。①

2016 年全球公关行业增速持续放缓至 5%。② The Holmes Report 发布了 2016 全球公关公司排行榜 Top250，PRWeek 也在一年一度的《2016 全球公关代理商业务报告》中公布了全球公关代理商收入排行榜 Top20。③ 结合两个报告来看，2016 年全球收入排名前十位的公关代理机构分别为：爱德曼、万博宣伟、福莱国际、凯旋公关、博雅公关、明思力、伟达公关、奥美公关、蓝色光标、高诚公关和博然思维。其中蓝色光标从 2015 年的第 14 位上升到 2016 年的第 9 位，是唯一挤入排行榜前十位的本土公关公司。如表 5－2 所示。

**表 5－2　2016 全球公关代理商收入排行榜 Top20**

| 排名 | 代理商名字 | 全球年收入（亿美元） | 员工数（人） | 员工人均创收（万美元） | 公司总部 |
|---|---|---|---|---|---|
| 1 | 爱德曼（Edelman） | 8.55 | 5849 | 14.61 | 芝加哥 |
| 2 | 万博宣伟（Weber Shandwick） | 7.35 | 4300 | 17.09 | 纽约 |
| 3 | 福莱国际（FleishmanHillard） | 5.70 | 2750 | 20.73 | 圣路易斯 |
| 4 | 凯旋公关（Ketchum） | 5.30 | 2575 | 20.58 | 纽约 |
| 5 | 明思力集团（MSLGroup） | 4.95 | 3025 | 16.36 | 巴黎 |
| 6 | 博雅公关（Burson Marsteller） | 4.50 | 2500 | 18.00 | 纽约 |
| 7 | 传达公关（Hill Knowlton Strategies） | 3.80 | 2700 | 14.07 | 纽约 |
| 8 | 奥闰公关（Qgilvy Public Relations） | 3.53 | 2550 | 13.84 | 纽约 |
| 9 | 博然思维集团（Brunswick） | 2.60 | 980 | 26.53 | 伦敦 |

① 姚凯．网络公关及其传播方式研究［J］．科学管理研究，2004，22（1）：62－66.

② 数据来源：The Holmes Report. 2016 全球公关公司排行榜．

③ 数据来源：PRWeek. 2016 全球公关代理商业务报告．

续 表

| 排名 | 代理商名字 | 全球年收入（亿美元） | 员工数（人） | 员工人均创收（万美元） | 公司总部 |
|---|---|---|---|---|---|
| 10 | 蓝色光标（BlueFocus） | 2.45 | 5622 | 4.36 | 北京 |
| 11 | 汉威士公关（Havas PR） | 2.18 | 1200 | 18.17 | 纽约 |
| 12 | 凯维公关（Cohn & Wolfe） | 1.95 | 1250 | 15.60 | 纽约 |
| 13 | 高诚公关（Golin） | 1.92 | 1400 | 13.71 | 芝加哥 |
| 14 | 富士高商务咨询（FTI Consulting） | 1.90 | 599 | 31.72 | 纽约 |
| 15 | Media Consulta International | 1.65 | 808 | 20.45 | 柏林 |
| 16 | 培恩公关（Porter Novelli） | 1.53 | 720 | 21.25 | 纽约 |
| 17 | ICF Oison | 1.43 | 735 | 19.43 | 费尔法克斯 |
| 18 | 安可公关顾问（APCO Worldwide） | 1.20 | 680 | 17.63 | 华盛顿 |
| 19 | Finsbury | 1.10 | 220 | 50.00 | 伦敦 |
| 20 | WE Communications | 0.99 | 666 | 14.88 | 贝尔维尤 |

保留到小数点后两位，四舍五入

资料来源：Rankings tables：PRWeek Global Agency Business Report 2016.

本土化公关公司蓝色光标的大幅迈进说明本土公关代理商与国际代理商的差距正在缩小，传统的公关公司早已开始脱胎换骨向数字营销界进军，市场主对其公关代理的满意度也逐年攀升，在经历了2013年前后的行业动荡之后，公关代理在数字营销领域不断拓展，市场主与公关代理商之间的合作关系回归稳定。如图5-12所示。

2016年公关界最引人注目的是三星公关的大败局，堪称“最失败公关案例”的Note7“爆炸门”几乎葬送了三星的整个中国市场。网络公关危机的处理有三个原则：降低危机的相关性，在事件与受众之间做切割；降低新闻传播的冲突性和故事性；尽量减少危机发生的波次。而三星几乎在每一个节点都做出了错误的举动，各种行动一拖再拖以致最后危机都已经发展了8次之久仍未停息。如今的网络传播已经达到了瞬间引爆的速度，网络公关必须讲求效率，切忌“拖延症”。

### （六）需求方平台（DSP）

在互联网广告产业中，DSP是一个系统，也是一种在线广告平台。作为

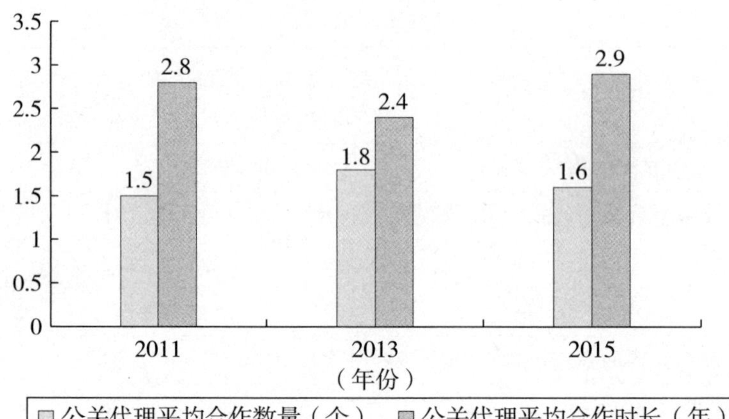


**图 5－12　市场主合作公关代理商数量、时长对比**

程序化购买市场中的核心环节，已经成为发展最快的产业链环节。它服务于广告主，帮助广告主在互联网或者移动互联网上进行广告投放，DSP 可以使广告主更简单便捷地遵循统一的竞价和反馈方式，对位于多家广告交易平台的在线广告，以合理的价格实时购买高质量的广告库存。DSP 让广告主可以通过一个统一的接口来管理一个或者多个 Ad Exchange 账号，DSP 甚至可以帮助广告主来管理 Ad Exchange 的账号，提供全方位的服务。

2016 年 3 月，Facebook 宣布放弃其从两年前开始搭建的 AltasDSP 项目，引发了业内的震荡。其项目负责人 Dave 用团队半年来的测试经历解释了原因：①尽管经过了筛选，仍有非常大量的劣质广告和虚假机器人流量，规模甚至达到了 75%；②通过对广告形式进行调查，发现只有原生和视频广告才具有展示价值。因此 Facebook 放弃了全面的 DSP 产品，视原生广告、视频广告和移动端为未来的发展方向。这件事也解释了目前 DSP 行业较为低迷的局面，从 2013 年兴起的程序化购买热潮在 2015 年达到了高峰后，从 2016 年第 2 季度开始，新鲜感消退而质疑恐慌袭来，RTB 下挫使得程序化广告领域刚开始就显露出萧条的迹象。

当然，这并不意味着程序化广告已经进入衰亡，根据实力媒体的报告预测①，全球程序化购买将在 2018 年占到数字展示广告总花费的 64%，约为 641 亿美元，其中美国以 2016 年 240 亿美元的程序化广告花费占据全球 62%

① 数据来源：实力媒体 . 2017 年程序化预测报告 .

的总花费。中国的程序化市场虽然以 26 亿美元的份额位列第三，但中国市场的程序化购买仅占广告总花费的 23%，市场潜力可见一斑。程序化购买依然会保持增长，2017 年，中国数字程序化购买市场规模预计达 220 亿元，中国广告市场将进入“程序化购买 +”时代。RTBchina 每个季度更新的《中国程序化广告技术生态图》[①] 也显示，新的广告技术公司仍在源源不断地加入。在较为乐观的市场前景下，健康生态的建构刻不容缓，“透明化”是关键。“透明化”削减甚至杜绝市场中存在的“信息不对称”，能够有效遏制“柠檬市场“的形成。业内也开始积极响应，2016 年 6 月智子云发布了国内首家全透明的 DSP——BrandMax，以全透明可审计、品牌安全优先、品效合一，以及非套利的服务费模式为产品理念，有望成为行业引领者。

专业人士预估和总结了 DSP 领域未来的三大趋势：一是 DSP 将领跑“透明化”；二是私有化 DMP 成为效果评估的关键工具；三是 DSP 开始回归技术本质。易观的《未来媒体与广告营销发展趋势》报告中预测：程序化营销将会替代程序化购买广告——程序化营销从内容出发，贴合用户，有效遏制广告流量欺诈；程序化营销打破数据孤岛，精准有效识别每一个用户；程序化营销从用户每个场景需求出发，做到提前精准预测用户相关需求。

### （七）其他

数字营销代理作为伴随互联网时代而衍生的专业分工行业，本身处于不断整合、分化的过程之中，以上六种分类是仅就行业内的共识所做的粗分，目前全案代理公司、数据咨询公司以及其他细分领域的代理公司也受到了越来越多的关注。全面数字代理商必须覆盖包括数字策略、数字营销和数字科技在内的三个方面，提供包括广告创意、技术架构支持在内的十五种数字服务。中国目前能称得上“全面服务式”数字代理商的机构依然来自大型全球控股集团，比如 WPP 和电通安吉斯等，这两家公司 2016 年全年合计斥资逾 30 亿美元，分别完成了 39 宗和 36 宗大小交易，可见在广告主对于整合型营销代理的需求下，并购一体化正在成为国内的行业趋势。过去的咨询公司主要帮助他们的客户提供商务和管理上的战略性建议，并不属于营销代理公司的范畴。而如今数字类广告强有力地冲击着市场，咨询公司纷纷涉猎广告行

---

① 数据来源：RTBchina. 中国程序化广告技术生态图，2016.

业，通过成立内容工作室和广告代理机构来吸引客户并拓展业务。根据调研公司 Econsultancy 的《百大数字广告代理机构排名》[①] 报告，由咨询公司创立的数字广告代理机构在前五名中占据三席，竞争力强悍不容小觑。还有其他细分领域的代理公司在此就不做赘述。

随着广告公司业态和形态的融合，广告代理商从狭义的广告公司拓展到更宽意义上的代理商，大数据公司、咨询公司、平台的代理公司等成员的纷纷加入，使得数字营销代理商的队伍不断壮大，参与广告服务的主体的结构变化成为行业趋势。

## 三、数字营销代理未来发展趋势

### 1. 代理形态

孙学认为广告主在选择数字营销代理商时会越来越关注整合营销能力，包括基于互联网环境的消费者洞察分析能力、内容资源整合能力、大众媒体与自媒体整合能力等，另外数据整合应用能力也是重要指标。上文的数据也显示，更多的广告主倾向与整合型代理商合作。

吴孝明在访谈中也表达了对全案型代理未来发展的期待，他认为不管是本土还是跨国的数字营销代理都要朝向全案、一体的方向发展，从而有能力为全案中的每一部分提供优质服务。同时，在发展的过程中代理商也应当注重内功的修炼，把握住商业演变的机会，扎稳根基。因此，对于人才的投入和培养非常重要，即便在技术重要性无限放大的互联网时代，人才也是不能忽略的要素，每个公司都应注重对于人才的投入。

### 2. 技术手段

人工智能、虚拟现实（AR/VR）、场景化营销、物联网等新的技术手段都是数字营销行业在提及“未来”时频繁出现的词汇，其中许多技术手段已经开始渗入到行业的发展之中，例如，眼下非常火爆的 VR 产业，在 2016 年的房地产、零售业、游戏行业、制造业、旅游等行业中均有所尝试。Dior 就专门推出了品牌 VR 设备 Dior Eyes，让消费者身临其地观赏 Dior 时装秀，蒙牛也率先推出了中国乳业首例 720°全景 VR 视频《蒙牛工厂奇妙之旅》，成为业内创新标杆。

---

① 数据来源：Econsultancy. 百大数字广告代理机构排名.

对于数字营销代理商而言，未来不仅要关注新的技术形态更要兼顾原有的技术手段。除了对 AR/VR、自动化营销技术等新技术的关注外，仍有半数以上的广告主肯定了 DMP、AP、LBS 等原有技术的发展潜力。[①] 如图 5－13 所示。

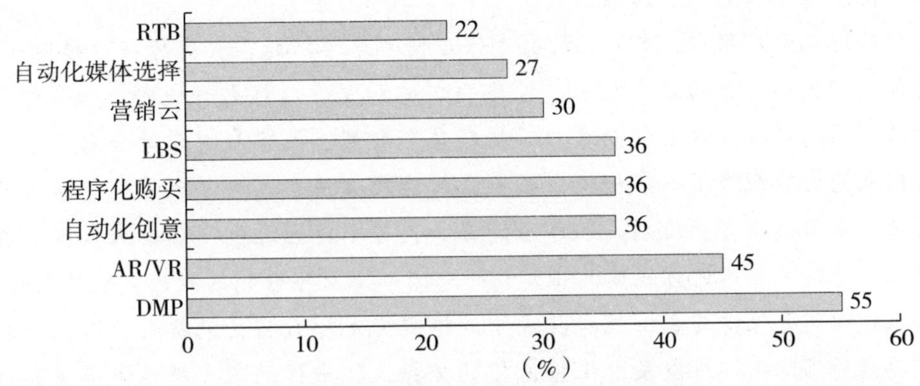


**图 5－13　2017 年数字营销技术发展预测**

Admaster 预估，随着大数据技术发展，数字营销自动化将成为数字营销的主要趋势，也是未来实现数字化的智能营销的重要前提。品牌在选择第一方数据管理平台时，会核心考虑三个因素：①DMP 平台技术方要有丰富的实际运营和咨询服务经验，能够帮助企业规避问题，并实现长远的规划；②它要拥有相对完善的数据多渠道整合能力和经验以及线上、线下消费者行为打通能力，一步到位解决品牌所有数据管理和应用需求；③能够提供较为全面的应用场景、跨渠道和平台，贯穿品牌与消费者的沟通和互动，最大化数据的商业价值。而 2016 年，数字营销行业生态中低质量虚假流量成为行业的热点，在信任重建的行业背景之下，建立品牌第一方数据管理平台和推动反作弊技术发展将成为未来发展的关键。华扬联众的首席运营官孙学在访谈中也提到，未来的数字营销代理业，必须要在“品效合一”这个话题上给出答案。

除了大数据，吴孝明也关注了大内容，并特别强调了两部分：一个是社会化营销，已经跨越了线上线下的区隔，完成了融合；另一个是“小视频”的概念，不仅包括 Video 小视频和直播类，5G 时代的到来使得传播形式即将从文字传播升级到影像传播，视频这部分的未来发展也是值得关注的。

---

① 数据来源：Admaster. 2017 数字营销趋势报告.

## 专家述评

**郑晓东** 利欧数字营销总裁

在过去十几年中，本土化的数字代理商越来越活跃，其优势在于接地气，更加了解中国本土的客户需求，服务的广度和深度自然更好一些，而劣势在于缺乏用高策略战略去帮助客户，把传统和数字、策略和媒介结合起来进行运用的能力。而跨国数字代理商服务的优势在于他们掌握了大量的传统客户资源，更多国际客户特别是500强的客户，并不停通过从中国本土代理业界挖人或者购买公司的方式提升其欠缺的中国本土数字营销的能力。总的来说，本土代理商要保持其本土优势并注重战略眼光和整合实力的提升，跨国代理商要兼具国际化视野以及本土特色化的挖掘，把中国的本土服务做得更接地气更踏实。

**吴孝明** 华谊嘉信联席总裁

本土代理商与跨国代理商两者之间的差距会越来越缩小，大家出身、经验不同，面对同一个市场和同一批消费者，难免会有不同的熟悉速度和熟悉过程，而随着时间演变大家都会更加熟悉这个市场，差距也会逐渐缩小。但不管是本土还是跨国的数字营销代理都要朝向全案、一体的方向发展，从而有能力为全案中的每一部分提供优质服务。因此，代理商应当注重内功的修炼，把握住商业演变的机会，扎稳根基，加大对人才的投入。而就广告主挑选数字代理商标准这方面，他认为不管是选择数字营销代理商还是传统广告代理商，策略、创意、执行效果都是广告主会考虑的主要因素。在当下环境以及行业发展的演变过程中，相对于传统代理，客户会更看重数字代理的效果执行。新媒体时代多样化和多量化的特征，使得数字营销代理商必须快速反应，在执行方面往往没有精耕细作的时间，这不可避免地会影响创意，因此事前的准备非常重要。非常看好大数据和大内容的未来发展，尤其在内容方面，要关注社会化营销和视频类。同时，商广协数字营销委员会成立于组成成分、运作模式等已经发生变化的商广协之下，可以预期这个数字营销委员会将与之前数字营销性质的协会或委员会有大的不同，其对于整个行业做出的变革值得期待，这一事件甚至可能成为一个非常重要的里程碑。

# 附录　2016 年度数字营销大事记

## 2016 年度数字行业背景大事记

### 2016 年度互联网会议

2016 年 1 月 14 日，由第一财经主办的“正在发生的未来·2016 上海互联网大会”在上海举办。会议探讨了“互联网 +”的机会在何方。

2016 年 4 月 8 日，第四届 CITE 中国电子信息博览会在深圳开幕。展会上发布了“CITE2016 创新产品与应用奖”榜单。

2016 年 5 月 9 日，“2016 虚拟现实技术创新及产业发展大会”在北京国家会议中心举行。全方位展示前沿技术、产品设备及优秀集成案例的真实体验。

2016 年 5 月 18—20 日，由中国电子学会主办的第八届中国云计算大会在北京举办。此次大会旨在推动云计算大数据落地生根，打造云计算大数据技术、产业和应用等方面的交流平台。

2016 年 6 月 21—23 日，由中国互联网协会主办的 2016（第十五届）中国互联网大会在北京举行。此次大会以“繁荣网络经济建设网络强国”为主题。

2016 年 9 月 23—24 日，由中国电子学会主办的第七届中国物联网大会在天津举办。大会为物联网行业搭建了一个跨国界、跨领域、跨专业的交流平台，为企业提供技术交流与合作的舞台。

2016 年 10 月 21 日，中国数字营销协会理事会年会盛大召开。会上，中国商务广告协会数字营销研究中心正式成立。

2016 年 11 月 16—18 日，由我国倡导并举办的第三届世界互联网大会在浙江乌镇举办。大会旨在搭建中国与世界互联互通的国际平台和国际互联网共享共治的中国平台。

2016 年度互联网相关政策

2016 年 1 月 13 日，国家网信办发布了《互联网新闻信息服务管理规定（修订征求意见稿）》，并向社会公开征求意见。

2016 年 4 月 19 日，习近平主持召开网络安全和信息化工作座谈会，强调推进网络强国建设，推动我国网信事业发展，让互联网更好造福国家和人民。

2016 年 5 月，工业和信息化部大力推动电话用户实名登记工作。自 12 月 1 日起，三家基础电信企业依法对非实名手机号实行双向停机，督促和强制非实名用户补登记。

2016 年 5 月，国务院印发《关于深化制造业与互联网融合发展的指导意见》，协同推进"中国制造 2025"和"互联网"行动，组织实施制造业与互联网融合发展试点示范、智能制造试点示范和智能制造专项，加快制造强国建设。

2016 年 6 月 25 日，国家互联网信息办公室发布了《互联网信息搜索服务管理规定》。

2016 年 6 月 28 日，国家互联网信息办公室发布了《移动互联网应用程序信息服务管理规定》。

2016 年 7 月 1 日，由中国人民银行制定的《非银行支付机构网络支付业务管理办法》正式实施。

2016 年 7 月，《中华人民共和国网络安全法》获表决通过。这是我国第一部网络安全的专门性综合性立法。

2016 年 7 月 9 日，国家工商总局颁布《互联网广告管理暂行办法》，9 月 1 日正式实施。

2016 年 7 月 13 日，国家食品药品监督管理总局毕井泉局长签署第 27 号令《网络食品安全违法行为查处办法》，2016 年 10 月 1 日起施行。

2016 年 7 月 27 日，交通运输部、工信部等 7 部委联合发布《网络预约出租汽车经营服务管理暂行办法》，2016 年 11 月 1 日起施行。

2016 年 8 月 1 日，国家网信办发布的《移动互联网应用程序信息服务管理规定》开始实施。

2016 年 8 月 24 日，由中国银监会、工业和信息化部、公安部、国家互联网信息办公室制定的《网络借贷信息中介机构业务活动管理暂行办法》公布实施。

2016 年 11 月 7 日，全国人民代表大会常务委员会发布《中华人民共和国网络安全法》，2017 年 6 月 1 日起施行。

2016 年 12 月 1 日，《互联网直播服务管理规定》在全国施行，明确禁止互联网直播服务提供者和使用者利用互联网直播服务从事危害国家安全、破坏社会稳定、扰乱社会秩序、侵犯他人合法权益、传播淫秽色情等活动。

## 2016 年度互联网主流趋势

截至 2016 年 12 月，我国网民规模达 7.31 亿人，互联网普及率达 53.2%，超过全球平均水平 3.1 个百分点，超过亚洲平均水平 7.6 个百分点。

2016 年，我国手机网上支付用户规模增长迅速，达到 4.69 亿人，年增长率为 31.2%。

2016 年，中国互联网行业整体向规范化、价值化发展，同时，移动互联网推动消费模式共享化、设备智能化和场景多元化。

截至 2016 年 12 月，手机网上支付用户达 4.67 亿，线下支付习惯已经形成。

2016 年，网约车用户规模达 1.68 亿人，半年增长率达 37.9%，伴随着政策的出台，共享出行进入规范发展期。

2016 年，“互联网 +”传统产业融合加速，在线销售比例达 45.3%，在线采购比例达 45.6%，互联网营销比例达 38.7%。

2016 年，三成网民使用线上政务办事，互联网推动服务型政府建设。政务新媒体平台分地区分领域全覆盖，助力政务信息公开。

2016 年，PC 客户端游戏增长接近停滞，移动游戏成为网络游戏支柱产业。

2016 年，即时通信用户规模达 6.66 亿人，占网民总体 91.1%。个人即时通信产品功能差异化明显。

2016 年，我国网络购物的用户达到 4.67 亿人，其中手机购物用户达 4.41 亿人，占手机网民的 63.4%，增长率为 29.8%。网络购物市场进入成熟期。

2016 年，网上外卖用户达 2.09 亿人，年增长率为 83.7%。外卖行业仍处于初始阶段，但是平台逐渐意识到精细化运营的重要性，行业有待进一步规范。

2016 年，在线医疗逐渐兴起，包括医疗信息查询、网上预约挂号、网上咨询问诊、网购药品/医疗器械/健康产品、运动健身管理。用户规模达 1.95 亿人。

2016 年，借力互联网的发展，互联网慈善不断创新，公益众筹、社交圈筹款等逐渐被广泛运用。有 32.5% 的网民有过慈善行为，其中扶贫行为最多。

## 2016 年度数字领军企业大事记

### 搜索引擎

1 月 13 日，百度一名发言人表示，百度正在讨论投资印度的电商创业公司，包括 Zomato、BookMyShow 和 BigBasket。

1 月 15 日，据百度硅谷人工智能实验室（SVAIL）官方消息，百度已开源关键人工智能（AI）软件 Warp-CTC，公开了关键代码。

3 月 31 日，百度正式发布“智慧汽车战略”，并与长安汽车签署战略合作协议。

4 月 12 日，西安电子科技大学计算机专业学生魏则西因身患滑膜肉瘤去世，此前通过百度搜索排名寻找医院，耗费了大量钱财，也贻误了治疗时机。魏则西的去世引起网友对于百度的集体声讨。

4 月 13 日，百度董事长兼 CEO 李彦宏今日通过内部邮件宣布百度业务架构重组。即日起，百度将成立“百度搜索公司”，向海龙出任新公司总裁。

6 月 8 日，百度搜索公司总裁向海龙在百度联盟峰会上表示，百度即将升级和推广产品百度百家号。

1 月 5 日，搜狗 CEO 王小川在 2016 年新年寄语中表示预计 2015 年全年收入接近 6 亿美元，环比增长超过 50%，利润超过 1 亿美元，环比增长超过 200%。从业务上看，搜狗输入法手机用户月活跃超过 2.4 亿人，并还在快速增长。

2 月 1 日，搜狗公布了 2015 年第 4 季度与全年财报。财报显示，非美国会计准则下，搜狗 2015 年全年净利润超过 1 亿美元，接近 2014 年的 3 倍。

5 月 8 日，搜狗公司宣布上线“搜狗明医”垂直搜索，旨在把权威、真实有效的医疗信息提供给用户。

5 月 19 日，搜狗宣布与微软正式达成合作，搜狗搜索将对接微软必应全球搜索技术，推出搜狗英文搜索、搜狗学术搜索两个垂直频道。

## 社会化媒体

### 微信

1 月 26 日，微信悄然上线红包照片功能，推出红包新玩法，引发热议。

2 月 2 日，最新版本的微信去掉了 QQ 号导入联系人功能，距微信上线这一功能刚好过去 5 年时间。

3 月 14 日，微信安全、法务团队在北京召开“微信生态权益新闻发布会”，披露了 2015 年微信生态安全及微信品牌维权的发展情况。

4 月 12 日，微信团队对外发布公告，公布了外部链接内容相关管理规范。

4 月 19 日，微信宣布对公众号命名规则进行调整，新申请账号不再允许重名。

4 月 20 日，微信再一次进行了版本升级，增加了公众号置顶功能。

5 月 12 日，微信公众平台发布公告，截至 5 月 12 日，已辟谣文章 58 万篇，共删除谣言文章 8.5 万篇，共处罚 7 千多个严重违规账号。

6 月 6 日，微信 iOS 版再一次更新，最大亮点是发表朋友圈选择可见范围时，可以临时选人。

6 月 29 日，微信公众平台对公众号素材库文章进行了升级，升级后，编辑微信公众号文章发送出的预览模式开始增加有效期限。

7 月 19 日，腾讯云移动产品总监徐华龙，在微信公开课现场发布腾讯云 1 亿元微信生态定向扶持计划，全力扶持微信生态企业。

### 微博

1 月 28 日，新浪微博放开 140 字限制并在会员用户中测试，2 月 28 日有望全面放开，而在 feed 流界面上依然会显示 140 字。

- **2016 年微博十大热门事件**

1. 李世石与 AlphaGo 展开人机大战
2. 和颐酒店女生遇袭事件

3. 山东问题疫苗事件
4. 杨绛先生逝世
5. 英国脱欧公投
6. “中国一点都不能少”
7. 里约奥运会女排夺冠
8. 徐玉玉被骗致死
9. 临沂网戒中心
10. 美国大选

**陌陌**

1月8日，陌陌公司召开首届全国商业合作伙伴峰会，并宣布了2016年陌陌移动营销服务两大策略，分别为推出多层级管理系统和优化专业渠道团队。

3月2日，陌陌新版本上线，新增了匿名点赞功能“点点”。该功能会根据用户所处的地理位置，推荐附近用户。用户可以选择向左滑“无感”，或者向右滑进行“点赞”，假如双方互赞，即可直接进行线上聊天。

11月29日，陌陌宣布旗下哈你直播与音乐服务机构太合音乐集团达成战略合作，双方将整合太合在唱片行业的资源和陌陌的网络资源，布局音乐产业链。

视频网站

**优酷土豆**

1月8日，日本东京电视台宣布，自2016年1月起，将之前与合一集团运营的优酷土豆平台的独家动画网络版权合作，扩大为与爱奇艺、乐视和哔哩哔哩动画共四家互联网企业五个平台的非独家动画网络版权合作。

1月13日，合一集团（优酷土豆）举行动漫战略发布会，推出“创计划”，宣布未来每年将投入5亿元，支持动漫产业孵化国产动漫内容。同时，还推出了针对少儿用户的专用APP“小小优酷”。

3月10日，优酷公布将在2016年继续加大投入，以100亿资源打造付费内容，推出超过50部的定制剧目。

4月6日，优酷土豆总裁刘德乐表示，合一集团正式完成私有化，接下来会内容升级，投入更多资金打造付费内容。

**百度**

2 月 12 日，百度公告称，其董事会最近收到了来自百度董事长兼首席执行官李彦宏和爱奇艺首席执行官龚宇（微博）的非约束性提议。该提议提出将在爱奇艺全部 28 亿美元估值（不含现金和债务）的基础上，收购百度持有的爱奇艺 80. 5% 的全部已发行股份。

4 月 20 日，百度宣布旗下百度视频业务正式独立运营，将致力于打造中国 PGC 视频第一平台。

4 月 18 日，乐视与百度正式签署战略合作协议，双方将围绕着互联网广告联盟、用户权益、电影宣发、全球化、创新技术应用等方面展开合作。

**爱奇艺**

2 月 29 日，爱奇艺与环球音乐达成战略合作，双方将在环球音乐演唱会在线直播、完整 MV 版权库和艺人合作、衍生开发等方面展开合作。

5 月 5 日，爱奇艺宣布正式启动以打造原创文学 IP 为核心的文学业务。

**腾讯**

1 月 15 日，腾讯正式推出代表其互联网电视业务的品牌——“企鹅电视”。

**快播**

1 月 7 日，海淀法院公开开庭审理被告单位深圳市快播科技有限公司。被告人王欣、吴铭、张克东、牛文举涉嫌传播淫秽物品牟利罪一案。王欣否认快播传播淫秽视频。

## 电子商务

**阿里巴巴**

4 月 12 日，阿里巴巴与乐视共同宣布达成战略合作。

11 月 11 日，阿里巴巴旗下各平台总交易额达到 1207 亿元，其中无线占比达到 81. 87%。京东交易额同比增长 60% 移动端订单占比 85%。

1 月 18 日，菜鸟网络宣布启动专业揽件众包计划，联合 6 家速递服务企业，在北上广深杭 5 个城市提供服务。

**京东**

1 月 16 日，京东集团 CEO 刘强东在京东集团年会上做公开演讲，刘强东透露，2016 年如果没有大的天灾人祸，京东集团的净收入将进入世界 500 强。

1月31日，京东研发体系物流实验室日前在江苏宿迁展开无人机送货实验，对无人机送货流程、飞行调动系统、设备需求、人员分工等方面进行测试。

3月17日，京东拍卖频道正式上线。

5月13日，京东集团宣布成立京东JDX事业部，京东智慧物流开放平台正式亮相。

6月19日，京东宣布6月1—18日的大促期间，京东累计订单量过亿，6月18日全天（00：00—24：00）下单量同比增长超过60%。

11月9日，京东、苏宁与花椒直播平台跨界合作，联手亮相“双十一”大战，同时花椒直播宣布：“双十一”当天礼物全场5折。

## 垂直网站

**美团·大众点评**

2016年1月19日，“美团·大众点评”宣布，美团与大众点评共同成立的新公司已完成首次融资，融资额超33亿美元，融资后新公司估值超过180亿美元。

2月24日，美团·大众点评宣布正式成立家装事业部。

3月17日，大众点评宣布将联手中国烹饪协会及360公司推出“明厨亮灶”放心餐厅工程。

7月30日，美团·大众点评宣布新的组织架构调整和人事任命，设立“餐饮平台”，任命王慧文为餐饮平台总裁；设立人才培养平台“互联网＋大学”，任命原到店餐饮事业群总裁干嘉伟担任首任校长。

12月9日，美团宣布组建餐饮生态业务部，销售符合“餐饮开放平台”标准的餐饮软件，团队规模2000人。

**滴滴出行**

5月10日，滴滴代驾宣布与中联物流达成合作，为其提供汽车末端配送驾驶服务，打造“互联网＋汽车物流”新模式。

10月10日，滴滴出行宣布与东方航空达成战略合作伙伴关系，双方将在产品、会员权益、市场营销等方面展开合作，打造空地联运生态圈，为双方用户提供旅游出行一站式便捷服务。

**其他**

3月18日，阿里巴巴集团旗下营销推广平台阿里妈妈发布“万有引力”

计划，将对相关媒体开放阿里的内容、能力、权益、数据及商业等五大领域。

3 月 29 日，58 同城宣布，瓜子二手车直卖网已完成 2. 045 亿美元的新一轮融资。

6 月 23 日，58 集团宣布将 58 同城二手频道全面升级为转转，实现数据和流量打通。

**人人车**

3 月 30 日，据饿了么运营公司“拉扎斯网络科技（上海）有限公司”信息显示，阿里巴巴董事局副主席蔡崇信、滴滴 CEO 程维等人进入董事名单。这意味着饿了么已完成阿里巴巴 12. 5 亿美元融资。

2 月 24 日，国内母婴垂直电商蜜芽宣布已战略投资家庭亲子娱乐品牌悠游堂。

5 月 10 日，易到用车正式宣布阿里巴巴集团原农村淘宝中西部大区总经理冯全林加盟，任易到用车首席运营官（COO）。

3 月 30 日，人人车宣布 2016 年“纵横战略”：千城扩张计划和开放生态计划。CEO 李健表示，2016 年将投入 5 亿元品牌广告费，支持二手车“纵横战略”的实施。

### 门户网站

1 月 11 日，消费门户网站“什么值得买”宣布成立五年来首次融资，投资方为华创资本，投资金额为 1 亿元。

1 月 12 日，新浪和微博共同宣布近期董事会成员调整，陈丕宏不再担任新浪公司董事，而是接替张懿宸，担任微博公司董事，张懿宸不再担任微博公司董事。

## 2016 年度数字行业资本并购大事记

2016 年 1 月 5 日，乐视宣布与美国初创电动汽车公司 Faraday Future（法拉第未来）达成战略合作。未来双方将在汽车、技术、互联网和云、娱乐内容等方面开展深度合作，共同打造互联智能交通工具与出行方式。

1 月 7 日，光线传媒对外宣布，已与多米音乐签订对外投资的公告，以总计 6800 万元的自有资金购其 13. 63% 的股权，并由光线传媒副总裁李晓萍出任多米音乐的董事。

2 月 16 日，58 到家宣布合并嘟嘟美甲。据了解，完成合并后，嘟嘟美甲品牌仍将保留并且独立运营。

3 月 14 日，暴风科技宣布拟通过资产并购重组的方式，收购稻草熊影业、立动科技、甘普科技的股权和团队，进军影视、游戏、海外三大业务。

4 月 15 日，京东集团 CEO 刘强东发布内部邮件，证实集团旗下“京东到家”将与“达达”进行合并。合并后，京东集团将拥有新公司 47% 的股份并成为单一最大股东。

5 月 14 日，世纪佳缘宣布，完成与百合网的合并交易，即将从美股退市。

6 月 15 日，美丽说、蘑菇街、淘世界合并后，正式宣布新集团为美丽联合集团，陈琪将出任新集团 CEO。

6 月 21 日，腾讯发布公告称，收购 Supercell 84. 3% 的股权，该交易金额预计为 86 亿美元。

7 月 5 日，国内独立移动应用分发平台豌豆荚宣布，其分发业务将并入阿里巴巴移动事业群，双方已正式签订并购协议。

7 月 18 日，百度宣布将投资美国金融科技公司 ZestFinance。ZestFinance 将机器学习与大数据分析融合起来提供更精准的信用评分等服务。

7 月 26 日，乐视在洛杉矶召开全球发布会，创始人贾跃亭正式对外宣布全资收购美国最大智能电视巨头 Vizio，收购价格为 20 亿美元。

9 月 26 日，滴滴出行宣布数千万美元战略投资共享单车平台 ofo，未来双方将在城市出行领域展开全方位合作。

10 月 12 日，百度宣布成立百度资本（Baidu Capital），基金规模 200 亿元，主要将投资于泛互联网领域中后期项目。

## 2016 年度数字行业新兴热点大事

### 网络直播

1 月 27 日，乐视体育宣布，以 3 亿元对价收购体育主播直播平台章鱼 TV 全部股权。完成收购后，章鱼 TV 将成为乐视体育旗下 UGC 直播平台，依托乐视体育版权资源构建以主播为中心的 UGC 生态系统，鼓励更多年轻草根出镜解说比赛。

3 月 15 日，斗鱼 TV 对外宣布，完成新一轮 1 亿美元（约 6.7 亿元人民币）融资。其中，腾讯出资 4 亿人民币领投，红杉资本进行了追加投资，跟投方还包括南山资本等。

3 月 22 日，欢聚时代发布财报。财报显示，欢聚时代第四季营收为 18.998 亿元，同比增长 62.3%；净利 3.592 亿元，同比下滑 4%。第 4 季度来自虎牙直播的营收为 1.336 亿元，较 2015 年同期的 5300 万元增长了 152.2%。

3 月 23 日，游戏语音通讯平台 YY 发布新的移动端 5.0 版本。据悉，5.0 版本更新，再次强调了移动端开通直播的功能升级，更加强化直播功能和用户观看体验。

4 月 13 日，百度、新浪、搜狐、爱奇艺、乐视、优酷、酷我、映客、花椒等 20 余家从事网络表演（直播）的主要企业负责人共同发布《北京网络直播行业自律公约》。

4 月 14 日，文化部称，斗鱼、虎牙直播、YY、熊猫 TV、战旗 TV、龙珠直播、六间房、9158 等多家网络直播平台因涉嫌提供含有宣扬淫秽、暴力、教唆犯罪、危害社会公德内容的互联网文化产品，被列入查处名单。

4 月 18 日，新浪、百度、搜狐等 20 家网络直播平台正式实施主播实名认证，同时承诺不为 18 岁以下主播提供注册通道。

6 月 7 日，花椒直播宣布花椒 VR 直播专区正式上线并开放体验。

6 月 14 日，由前搜狐移动视频总经理曾雄杰创办的直播平台米熊科技宣布完成 3000 万元天使轮融资，投资方唐人影视。

6 月 15 日，花椒直播宣布联手众多企业发布“融”平台。

7 月 8 日，爱奇艺正式发布奇秀直播 APP，主打追星与造星。

7 月 7 日，文化部出台《文化部关于加强网络表演管理工作的通知》，首次明确了表演者为直接责任人，今后网络直播将实行随机抽查，表演者一旦上“黑名单”将被全国禁演。

### 网红

3 月 19 日，Papi 酱获得了罗辑思维等资本 1200 万元联合注资，估值达 3 亿元。

4月18日，《Papi酱》系列视频因存在低俗粗口，被广电总局勒令整改。

4月21日，Papi酱广告招标会在诺金酒店召开，丽人丽妆以2200万元的价格成为此次拍卖的标王。

2016年，医疗界人士称之为“品牌医生元年”，医生靠微博+医疗专业平台成为网红。

虚拟现实（VR）

1月15日，雷军在内部年会上表示，2016年将成立小米探索实验室，研究VR/机器人等前沿科技。

2月，高盛发布了《VR与AR：解读下一个通用计算平台》的行业报告。腾讯科技将该报告做了汉化处理，供行业内人士参考。

2月21日，奥飞娱乐宣布，将以增资扩股方式投资国内全景视觉服务商“互动视界全景视觉”（Sightpano），布局VR。

2月24日，联络互动宣布投资互动设备与软件品牌雷蛇，投资金额总计7500万美金，双方将在VR领域开展深入合作。

4月16日，官方认证信息为“小米通讯技术有限公司”的新浪微博ID“小米VR”在微博亮相。

4月29日，世纪佳缘高级副总裁司晹表示，世纪佳缘正在探索VR在社交和婚恋领域的应用。

5月5日，爱奇艺正式发布iVR+虚拟现实产品套件，启动VR生态激励计划，并表示将在10个热门IP上全面实现VR化，开放100个IP进行游戏合作开发，联合300家合作伙伴共同打造VR生态。

5月24日，一加手机确定将在近期推出VR眼镜。

5月31日，暴风魔镜推出新一代虚拟现实产品暴风魔镜5及5 Plus，并与手势识别公司Leap Motion达成技术合作，将手势识别技术集成到新产品中。

6月1日，中兴通讯首次通过基于5G标签技术的Pre5G Massive MIMO基站，使用AXON天机7智能手机，进行了无线VR虚拟现实业务演示。

7月25日，国内VR公司赛欧必弗日前宣布，完成A轮4000万元融资。

人工智能（AI）

3月15日，谷歌DeepMind研究团队设计的人工智能AlphaGo在围棋比赛中击败人类选手李世石。

2016 天津夏季达沃斯论坛上，机器人“佳佳”亮相。“佳佳”是中国首台特有体验交互机器人。

## 移动支付

**微信支付**

1 月 13 日，腾讯首度发布《移动支付网络黑色产业链研究报告》，数据显示 2016 年南方地区的网络诈骗情况尤为严重，资金受损最严重的十个城市中八个都集中在南方。

2 月 7 日，QQ 公布了除夕红包截至晚上 10 点的数据，刷一刷次数已经突破 1200 亿。除夕夜 QQ 同时在线人数为 2. 59 亿人，每轮红包参与人数达 1. 3 亿人。

2 月 15 日，微信团队发布公告，宣布自 2016 年 3 月 1 日起，微信支付将对从零钱到银行卡的超额提现收取手续费，转账恢复免费，而微信红包、AA 收款等其他功能不受影响，继续免收手续费。

3 月 31 日，微信发布电子发票解决方案，通过微信公众号、卡包、扫一扫、企业号、微信支付零钱包等提供的整体连接能力，尝试实现电子发票的收纳、归集、流转、报销、入账、再消费的无缝链接。

4 月 21 日，微信支付团队宣布“星火计划”正式启动，将累计投入 1 亿元营销经费，全力扶持平台服务商。

4 月 29 日，微信支付团队公布将升级包括面对面账单、资金流系统升级、微信找零、“支付 + 会员”解决方案等产品能力。

12 月 8 日，腾讯和星巴克在广州共同宣布正式达成战略合作，微信支付将自即日起接入星巴克中国大陆近 2500 家门店。

**支付宝**

2 月 7 日晚，支付宝宣布，20：36 分春晚第一轮“咻一咻”开始，此轮结束时，互动次数达到 677 亿次，而 2015 年春晚整场的总互动次数是 110 亿次。

3 月 22 日，支付宝通过其官方微博表示，为配合即将于 7 月 1 日实施的《非银行网络支付管理办法》，将开始实行实名制。

3 月 28 日，蚂蚁金服宣布启动“千县万亿”计划。首家试点落户浙江省安吉县，蚂蚁金服集团宣布与安吉县政府签订战略合作框架协议。

7月22日11时许，支付宝出现较大范围的故障，转账、付款和提现等功能均出现无法操作的情况。

**其他**

2月18日，Apple Pay正式入华，携程、去哪儿、美团等一大批国内应用也宣布即日起支持顾客使用Apple Pay。

4月29日，百度百付宝公司总经理章政华透露，百度钱包将通过消费场景、金融平台、生态体系三大升级，成为用户的“个人金融管家”。

9月1日，小米支付正式上线，首批合作20家银行信用卡和借记卡，覆盖国内各个大行。

移动专车服务商Uber宣布，将全面支持用户使用安卓支付来支付车费。

7月1日，《非银行支付机构网络支付管理办法》（简称《办法》）正式实施，第三方支付平台的用户需要按照《办法》规定完成实名验证。

### 共享单车

4月7日，“ofo共享单车”正式对外宣布已于2015年年底完成900万Pre－A轮融资，投资方为唯猎资本和东方弘道。

4月22日，世界地球日，摩拜单车登陆上海，半小时车费1元。

8月13日，摩拜出台了新规，违停被举报查实，将扣除20分信用分，低于80分的用户将以100元/半小时的价格收费。

9月19日，北京摩拜科技有限公司宣布，与深圳前海征信中心股份有限公司达成战略合作，京沪两地“摩拜单车”的用户信用数据，将被纳入前海征信的个人征信系统。

9月26日，ofo共享单车宣布，获滴滴出行数千万美元战略投资，未来双方将在城市出行领域展开全方位合作。

10月10日，ofo共享单车宣布完成1.3亿美元C轮融资。

10月13日，摩拜单车宣布完成了新一轮的融资，美团创始人王兴和腾讯参与投资。

10月24日，SOHO中国与Mobike摩拜单车宣布双方达成战略合作。

### 无人机

1月24日，智能旅行无人机探索者星图智控正式发布了蜻蜓无人机Pro，挑战大疆。

2 月 24 日，Uber 前公共政策主管克里·欧文斯（Corey Owens）加入中国无人机厂商大疆。

3 月，大疆入围全球机器人公司 50 强，排第 12 名。

3 月 21 日，大疆创新在京宣布即将发售 MG-1 农业植保机，该公司同时公布了其在农业市场的战略规划。

6 月 8 日，京东在江苏宿迁农村送出了无人机配送试运营的第一单。

### 无人驾驶汽车

4 月 16 日，在行驶了约 2000 千米后，我国首个长距离行驶无人驾驶汽车顺利抵达此次测试的终点站首都北京，这也标志着此次超级测试任务结束。

5 月 23 日，千寻位置对外宣布，已与北京智行者科技公司及锣卜科技公司开展合作，即将推出国内首款商用低速自动驾驶电动车。

6 月 3 日，百度高级副总裁、自动驾驶事业部总经理王劲表示，百度计划在五年内大规模生产无人驾驶汽车。

6 月 7 日，美国 IHS 汽车信息咨询公司发表报告指出，到 2035 年全球无人驾驶汽车销量将达 2100 万辆，大幅高于两年前的预估值。

## 2016 年度最具特点的十个数字广告案例

### 支付宝借“敬业福”霸占春节档头条

2 月，支付宝推出集五福分 2 亿元现金的活动，引发全民集五福。而其中稀缺的“敬业福”更是引得所有人在微博、微信等社交平台“跪求”。支付宝因此在春节期间获得超高曝光度，战胜竞争对手微信支付。通过集五福，支付宝引导用户互加支付宝好友，以达到建立用户在支付宝上的社交关系的目的。

### 卫龙辣条靠苹果风打响互联网营销

卫龙辣条通过苹果风的包装、官方网站、天猫店引发网友对营销文的转发，勾起从小吃辣条的一代人的回忆，引起社交网络刷屏。通过“高大上”

的包装“登堂入室”，迎合了新时代的需求。卫龙借此逐步建立自己的品牌调性，成为年轻零食的新潮流。

“叫男朋友送 YSL 星辰”

2016 年 10 月，YSL 通过爱情故事成功吸引了网友的关注。之后，微博、微信营销号、时尚博主推荐、广告等轮番轰炸，加上网友自发的晒图秀恩爱，使得 YSL 圣诞星辰系列形成一种无处不在的态势。“交男朋友送 YSL 星辰”“我怀念那个不懂 YSL 也能追女孩的年纪”等以“YSL”为梗的话题在朋友圈刷屏。

天猫“双十一”霸屏级营销

2016 年天猫“双十一”的营销是一场集常规的推广方式、VR、增强现实、直播等元素于一体的整合营销传播。在“双十一”前，通过 H5《穿越宇宙的邀请函》攻占朋友圈，达到预热的效果；然后通过“寻找狂欢猫”连接线上与线下；“双十一”当天砸重金举办晚会。此外海报、网络广告更是不胜枚举。成功把“双十一”打造成一场全民狂欢。

新世相“逃离北上广”与丢书大作战

艾玛·沃森在英国的地铁丢书工艺行动经国内媒体报道，引起网友讨论之后，新世相第一时间把握热点，联合数十位明星、联合滴滴出行等品牌，迅速作出反应，复制出中国版的“丢书大作战”。虽然这一行动在中国是否可行尚且未可知，但是新世相在把握自己的目标受众——文艺青年的关注点方面，无疑是出类拔萃的。

与此类似，新世相在 7 月与航班管家联合推出“逃离北上广”同样造成了空前的反响。

唯品会周杰伦招聘首席惊喜官助理

从病毒视频开始，并在招聘平台、唯品会、电视栏目等多渠道发布招聘信息，引发公众对惊喜官助理的猜测。3 月 25 日发布会当晚，开启周杰伦站内活动，利用周杰伦相关内容包装专区，发放口令红包，短信推送，促进销售。并通过多家直播平台、23 个网红进行同步直播，即时互动。利用网红加明星的方式，在直播平台、微博、门户网站迅速引起大量关注。

### 薛之谦 H5 广告刷屏朋友圈

11 月 24 日晚间，一个标题为《薛之谦 2 个月没写微博段子，结果憋了个大招》的文章横扫朋友圈，文章的内容其实是一个 H5 广告。这则广告从 24 日晚上 9 点半左右推出，3 个小时内页面浏览量达到 120 万，次日清晨突破 270 万。这次营销的成功主要在于薛子谦的超高人气。此前薛之谦通过综艺节目获得了大量的关注，在微博上写段子积累了大量的人气。同时这则 H5 广告制作精良，迎合了年轻受众的口味，通过微信这个强关系社交网络传播，从而达到了非常理想的效果。

### 支付宝“校园日记”引骂声一片

11 月下旬，支付宝上线了“圈子”功能，推出“校园日记”。规则要求只能是在校大学生发布照片，满足 750 芝麻信用分的人才能够评论打赏，之后引发女大学生在圈子里晒出大尺度照片求打赏，其中不乏“水军”。支付宝希望借此推广其社交化战略，黏住用户，但因为存在严重有悖于正常价值观的噱头，遭到网友的抵制。

### 罗尔卖文救女事件

11 月 30 日上午，一篇《罗一笑，你给我站住！》的文章刷爆朋友圈，文中称深圳本土作家罗尔 5 岁女儿罗一笑，被查出患有重病。但罗尔不愿意接受捐款，希望通过转发一次这篇文章，便会为笑笑的治疗筹款多增一元钱的形式募集治疗费用。但随后被爆出这是一起炒作事件。虽然罗一笑患病是事实，但此事也确实是炒作事件。罗尔遭到网友唾弃，微信网友捐出的 250 万元之多的巨款也被原路退回。

### New Balance 走心广告谈情怀

“New Balance 中国”携手李宗盛推出了推出情怀短片《每一步都算数》，打情怀牌。该短片通过讲述李宗盛潜心手工制作吉他来对照 New Balance 精心打造每一双鞋。用故事打动观众，煽动观众的感情，对受众进行情感植入，从而提升品牌的形象，并收获忠诚用户。